Eres lo que dices

NIURKA

Eres lo que dices

Cambia tu vida con el poder de tus palabras

Traducción de
Sílvia Pons Pradilla

Grijalbo

Título original: *Supreme Influence*

Primera edición: septiembre, 2013

© 2013, Niurka, Inc.
© 2013, Random House Mondadori, S. A.
   Travessera de Gràcia, 47-49. 08021 Barcelona
© 2013, Sílvia Pons Pradilla, por la traducción
© Kathy Klingaman, por la ilustración en página 77 y Barry Selby y Kathy Klingaman, por la fotografía en página 169.

Printed in the United States of America - Impreso en Los Estados Unidos De America

ISBN: 978-84-253-5064-1
Depósito legal: B-16.057-2013

GR 5 0 6 4 1

1

*El despertar de una persona
eleva la conciencia del planeta.
Escribo este libro para esa persona: tú.*

Índice

PRIMERA PARTE
Ilumina

SEGUNDA PARTE
Comprende

Nota de la autora

Bienvenido. Bendiciones. Amor.

Querida «persona»:

Una sincronicidad magnífica nos ha unido en este momento sagrado de eternidad con un propósito elevado, que será revelado a medida que viajemos a través de estas páginas.

De manera individual y colectiva, nos encontramos en encrucijadas permanentes, en un estado de transición entre lo que ha sido y lo que podría ser. Las decisiones que tomamos —a nivel de pensamiento, palabra y acción— crean una onda expansiva que nos influye a todos y a cuanto nos rodea. En cualquier instante, nos encontramos eligiendo de manera consciente (lo que significa que somos conscientes de las consecuencias de nuestras decisiones) o de forma inconsciente (es decir, sin conciencia). Las elecciones conscientes afirman la vida; las que se toman de manera inconsciente la destruyen. Estas elecciones son las semillas a partir de las cuales damos forma a nuestro mundo. Y aquí estamos.

Es posible que ahora mismo estés sosteniendo este libro entre las manos por la misma razón por la que lo escribí: porque sabemos... que ha llegado el momento. Ahora es el momento de ascender al siguiente nivel, de manera individual y colectiva, para que, conscientemente, podamos crear un futuro armonioso, próspero y sostenible al tiempo que honramos la singularidad de cada uno de nosotros. Cada uno de nosotros tiene un papel importante que desempeñar. Para vivir con autenticidad, ayudar a los otros en su recorrido y alcanzar nuestro destino, es fundamental que elevemos nuestro pensamiento, que hagamos evolucionar nuestro lenguaje y que seamos conscientes del modo en que nuestra presencia influye sobre todo lo que existe.

Permíteme que comparta contigo el trabajo al que he dedicado mi vida y lo que me inspiró a escribir este libro para ti.

Me apasiona orientar a la gente para que transforme sus problemas y trascienda sus límites. Desde que fundé mi compañía en el año 2000, he formado y orientado a decenas de miles de personas para que eleven su manera de pensar, de hablar y, en definitiva, su modo de vida. Los cursos presenciales, retiros y seminarios que ofrezco constituyen espacios sagrados para la transformación consciente en los que oriento a las personas para que se libren de todo aquello que las bloquea, a nivel mental, emocional, espiritual o energético.

A una edad temprana descubrí el propósito de mi vida y decidí dedicarla a aprender cómo ayudar a la gente a vivir de manera auténtica, libre y poderosa.

Mi devoción me llevó a investigar e integrar conocimientos de campos diversos: la comunicación, la neurociencia cognitiva, la psicología, la física cuántica, la espiritualidad, el liderazgo y el ámbito empresarial. Mis descubrimientos inspiraron la creación de la influencia suprema.

Al trabajar en la influencia suprema, y entrelazándola con disciplinas como la programación neurolingüística (el estudio de la manera en que el lenguaje afecta a nuestro sistema nervioso), la visualización guiada, la meditación, la hipnosis, la Terapia de la Línea del Tiempo, la sanación pránica, así como con tradiciones de sabiduría antigua, enseño a mis alumnos cómo integrar en su vida prácticas diarias que activen su brillantez para transformar de manera natural viejos hábitos, adicciones y/o emociones reprimidas como enfado, tristeza, culpabilidad o vergüenza. Mis alumnos describen su vida como AIS (Antes de la Influencia Suprema) y DIS (Después de la Influencia Suprema).

Muchas de las compañías más destacadas del mundo, entre ellas Mercedes-Benz, Prudential y Marriott, han obtenido resultados sin precedentes al poner en práctica mis enseñanzas. He trabajado con personas de toda clase y condición social —directores ejecutivos de importantes empresas, emprendedores, artistas, miembros de organizaciones espirituales, niños tachados de «problemáticos», personas recién salidas de la cárcel y otra gente de lo más variado— que elevaron notablemente todas las áreas de su vida cuando aprendieron a comunicarse de manera más efectiva con otras personas y consigo mismas.

El papel que desempeño con mis alumnos y contigo es el de ofreceros un mapa y ser vuestra guía de confianza o hada madrina, conduciéndoos para que trascendáis cualquier viejo modelo de reacción a fin de que vuestras verdaderas aspiraciones se hagan realidad.

No importa lo que hayas experimentado en tu vida, tu ser está más allá de cualquier circunstancia, del pasado, de toda historia o creencia. A lo largo de este libro, explico mi historia y anécdotas porque ofrecen sabiduría y pueden ayudarte a cambiar las cosas, pero los detalles de mis circunstancias personales no son lo que importa. Quien Yo Soy está más allá de cualquier relato. Y lo mismo sucede contigo.

Prólogo

Mi querida amiga Niurka enseña sabiamente que «el modo en que experimentas la vida refleja la calidad de tus preguntas». Cuando aprendemos a formular preguntas espiritualmente aerodinámicas, salimos del caparazón de la comprensión restrictiva que tenemos de nosotros mismos y aprendemos a volar libremente con las alas de nuestra verdadera naturaleza. Piensa en ello: hasta que sepamos quiénes y qué somos, ¿cómo es posible pretender crearnos una vida plena y con sentido?

El simple acto de haber elegido este libro indica que estás listo para participar con entusiasmo en los acontecimientos de textura rica que llenan la vida al estar dispuesto a plantearte preguntas nuevas y recibir respuestas profundas sobre tu existencia. Me estoy refiriendo a preguntas fundamentales e ineludibles sobre el significado de la vida que van más allá de aquello que estamos programados para creer y que es fruto de nuestra crianza, cultura, educación, sociedad y religión. Llega el momento en que nos preguntamos: «¿Estoy avanzando en la dirección que favorece mi mayor progreso evolutivo?».

Niurka recalca que las palabras que utilizamos —que

tienen su origen en nuestros pensamientos— ejercen una poderosa influencia sobre las acciones que decidimos emprender. Nos anima con sensatez a encauzar la energía del lenguaje en una dirección que nos permita cumplir nuestro propósito más elevado. Sus enseñanzas sobre métodos útiles para hacer frente a los desafíos espirituales, mentales o emocionales que puedan surgir en nuestras vidas te guiarán delicada aunque firmemente para que descubras cómo liberarte de falsas percepciones, racionalizaciones, justificaciones y excusas manidas, y cómo sustituirlas por estados mentales y emocionales que te permitirán florecer en todas las circunstancias de tu vida.

Una de las maneras más graduales de empezar o profundizar en tu peregrinación hacia la naturaleza de tu verdadero «yo» es de la mano de un guía de confianza, un individuo que haya recorrido ese camino con compromiso, disciplina y alegría. Niurka es una de esas guías que nos ofrecen una invitación para caminar con firmeza por el sendero del descubrimiento de nosotros mismos, para recorrer los territorios aún por descubrir de nuestro yo.

En las páginas de *Eres lo que dices*, Niurka sintetiza las preguntas a las que se sometió a sí misma, lo que la llevó a estudiar todas las tradiciones espirituales, ciencias cognitivas, teorías de física cuántica y filosofía. Este libro es un mapa para descubrir cómo se introdujo de pleno en sus prácticas espirituales y transformó su vida de dolor y sufrimiento en una de alegría y celebración. Y ahora, también tú puedes aplicarte los prácticos y sabios métodos que descubre en este libro para evaluar las influencias y los patrones habituales que dirigen tu vida, soltar los que no te sirven y

acelerar la energía de los que te resultan útiles. Es muy tran-
quilizador saber que, una vez cobres autenticidad, jamás
volverás a atascarte en la caja claustrofóbica de tu pasado.
Niurka te lleva hasta la raíz de lo que significa ser auténtico. Te presenta un rico banquete de sabias opciones para
que manifiestes tu máximo potencial. Su inteligente mezcla
de métodos se basa en una investigación maravillosa sobre
la fuente y la importancia de descubrir tu fortaleza innata,
tu seguridad y tu alegría en cualquier circunstancia de la
vida. Al aplicarlos, descubrirás la libertad de ser simplemente tú mismo y de responder con autenticidad a todos los
momentos de tu vida.

MICHAEL BERNARD BECKWITH
Autor de *Life Visioning: A Transformative Process
for Activating Your Unique Gifts and Highest Potential*

PRIMERA PARTE

Ilumina

1

El viaje del despertar

Mientras sostienes este libro es probable que te preguntes: «¿Qué es la influencia suprema?».

La influencia suprema es una nueva forma de ser y comunicarse con intención, desenvoltura, precisión y poder. Se trata de una práctica que te permite crear de manera consciente relaciones armoniosas y obtener buenos resultados en todos los ámbitos de tu vida.

¿Por qué es importante la influencia suprema? Porque estamos influenciados por la educación, la sociedad, las escuelas, las religiones, los medios de comunicación y la cultura. Los estudios demuestran que a la edad de ocho años ya hemos sido sometidos a más de veinticinco mil horas de programación lingüística. Se nos han descargado palabras que han grabado en nuestra mente ideas sobre quiénes somos y lo que es posible y lo que no. Estas arraigadas creencias subconscientes alimentan nuestros pensamientos y guían nuestra conducta ¡hasta que despertamos!

Este libro supone un viaje de despertar a un entendimiento más profundo de quién eres y por qué estás aquí. Las páginas que lo componen te ofrecen sabiduría y herramientas prácticas para que trasciendas modelos de reacción y consigas desarrollar toda tu magnificencia. Aprenderás avanzadas técnicas comunicativas para prosperar en tus negocios, mejorar tus relaciones y enriquecer todas las áreas de tu vida. Descubrirás cómo armonizar tus pensamientos, enfoque, creencias, lenguaje corporal, palabras, objetivos y visión con tu verdadero propósito y tu «yo» auténtico.

Independientemente de lo que hayas experimentado hasta ahora, puedes, de manera rápida y absoluta, transformar los problemas, hacer realidad tu visión e inspirar a otros mediante tu ejemplo.

Dejad que os haga partícipes de cómo lo descubrí por mí misma.

EL DESPERTAR

A los quince años emprendí la búsqueda de la libertad, la verdad y la iluminación, solo que en aquel entonces lo llamé «marcharme de casa». Me monté de paquete en la moto robada de un amigo, sin saber adónde iría ni lo que haría allí. Solo sabía que algo tenía que cambiar. Estaba atravesando una fase de rebeldía en la que me enfrentaba a mis padres, estaba en contra de la escuela religiosa a la que me obligaban a asistir y me sentía frustrada en un mundo que, para mí, no tenía ningún sentido.

Así pues, garabateé una nota de despedida, la clavé en una diana y desaparecí una noche. En ese momento, me sentía fuera de lugar, como si mis padres y la gente a mi alrededor no me vieran, no me oyeran y no les importara comprenderme. No dejaba de preguntarme: «¿Cómo he llegado a este planeta?». Me sentía atrapada. Sola. No entendía el mundo en el que vivía y me sentía incapaz de cambiarlo. Supongo que entonces solo veía dos opciones: luchar o huir. Tras años de discusiones y desacuerdos, me marché.

¿Qué me llevó a ese punto? Mis padres eran cubanos y me dieron una educación tradicional y conservadora en Miami; fui a una escuela católica, me confesaba con regularidad, tomaba la comunión, rezaba el rosario, hacía penitencia y vendía donuts tras la misa del domingo. Me enseñaron a distinguir lo correcto de lo incorrecto, el bien del mal, lo moral de lo inmoral. Si mi intuición me llevaba en dirección contraria a la de las normas, no podía seguirla.

Entonces, cuando tenía doce años, un hecho traumático sacudió a mi familia. Mis padres cambiaron de religión y también las reglas cambiaron radicalmente. Sentí que me habían tendido una emboscada. Dejamos de celebrar las fiestas. Asistíamos a la iglesia tres veces a la semana. Cuando tenía trece años, fui a una escuela que no permitía escuchar música rock ni bailar. Recuerdo que alguna vez llevé escondida una cinta de Bon Jovi y pagué las consecuencias en el aula de castigo, donde me obligaban a copiar innumerables definiciones del diccionario (un «castigo» que me ayudó a hacerme una idea del poder de las palabras). Los pantalones cortos estaban prohibidos, incluso en la clase de educación física, y en su lugar llevábamos falda pantalón de color azul pitufo. En ese momento no había oído hablar de las faldas pantalón, pero no tardé en descubrir que eran faldas divididas en dos perneras que llegaban por debajo de las rodillas. Odiaba jugar al fútbol con esas faldas. En realidad, odiaba mi vida. Me sentía confusa y controlada. Para mí no tenía sentido que la nueva elección de mis padres fuera la correcta y que el resto del mundo que siguiera un camino distinto tuviera que arder en el infierno por los siglos de los siglos. Ansiaba respuestas a algunas preguntas importantes: «¿Quién soy? ¿Qué he venido a hacer a este mundo? ¿Por qué estoy aquí?». Anhelaba conocerme, comprender el lugar que ocupaba en el mundo, en el cosmos. Deseaba conocer a Dios, sentirlo, comprender la verdad sobre Él.

Planeé mi huida durante tres años. De vez en cuando metía algunas de mis cosas en la mochila de la escuela, que después escondía en el armario de mi habitación a la espera del momento adecuado, pero al final siempre me rajaba. Finalmente el dolor fue más fuerte que el miedo. No podía seguir las normas y las tradiciones sin entender su origen ni su razón de ser. Me sentía como un volcán a punto de entrar en erupción. La angustia se manifestaba en mi cuerpo en forma de dolencias extrañas que los médicos no eran capaces de diagnosticar, como un abultado labio inferior o el cuello tan rígido que me obligaba a encorvarme hacia un lado como una versión bonita del hombre elefante. No tenía nada que esperar, pero, en ese momento, «nada» sonaba mucho mejor que el «algo» que estaba experimentando. Tenía que marcharme de allí.

Después de irme de casa, también dejé la escuela y pasé los meses siguientes yendo de un sitio a otro. Sin formación ni experiencia, pero con mucha perseverancia, fingí ser mayor para conseguir trabajos y fui vendedora a domicilio de matrículas de gimnasio, datáfonos y cuchillos, y trabajé un día en una tienda de moda ecléctica que se llamaba Ouch por cuatro dólares la hora. Me alimentaba a base de menús de hamburguesa con queso a 33 céntimos y, de vez en cuando, algún tazón de sopa de fideos. Con el tiempo, alquilé una habitación sin muebles y ahorré para comprarme un futón y un televisor que resultó sintonizar un único canal: tan estático que resultaba espeluznante.

Cuando cumplí los dieciséis había dejado oficialmente el instituto, mi mejor amigo había muerto, me habían violado y me sentía fatal conmigo misma y con mi vida. Como no sabía qué hacer, volví a casa. Mi padre se sintió aliviado e incluso me regaló su viejo Honda Prelude rojo. Sin embargo, pronto se rompió la armonía. Mis padres y yo no sabíamos comunicarnos sin enfadarnos. Un día discutí con mi madre y me marché de casa. Al día siguiente, cuando regresé, encontré mis libros y mi ropa dentro de una bolsa, en el porche delantero, a la espera de que pasara el camión que recogía las donaciones, y mi habitación estaba pintada de un color distinto. Sabía que, en el fondo, nos queríamos. Y deseaba descubrir el modo de crear comprensión y acercar nuestros mundos.

De nuevo, me marché de casa. Me sentía agradecida por el pequeño Prelude rojo, que solía aparcar en la calle frente al aeropuerto para ver los aviones despegar e imaginar que viajaba a tierras exóticas y lejanas. Entonces no me daba cuenta, pero el hecho de observar aquellos aviones que surcaban el cielo despertó en mí la búsqueda de la persona en la que me convertiría con el tiempo. Empecé a imaginarme viviendo libre y viajando por el mundo. Me vi montada en un camello al amanecer, junto a las grandes pirámides de Egipto. Me vi nadando con delfines en el mar. Vi imágenes mentales de la vida que quería vivir. Invadida por una oleada de ener-

gía, anuncié: «¡Encontraré el modo de hacer lo que quiero!».
Entonces algo en mi interior se rompió. Me sentí como si mi
alma se abriera por la mitad, desencadenando una intensa
determinación de encontrar respuestas, sentir paz y descubrir el camino para crear una vida espléndida. Más allá
del caos, en mi fuero interno sabía que mi vida tenía una razón de ser: estaba destinada a hacer algo más. Tomé una
decisión. Algo tenía que cambiar... y era yo quien debía cambiarlo.

Mi nuevo propósito me dio una sensación de fuerza personal y dirección. Sin embargo, no tenía ni idea de qué hacer
a continuación. A todas horas del día, recitaba un mantra
que había leído en la Biblia: «Pedid, y se os dará; buscad, y
hallaréis; llamad, y se os abrirá». Pronunciaba esas palabras
con fervor, convencida de que llegaría una respuesta. Y la
respuesta llegó, en forma de un pensamiento repentino: «Vuelve al instituto y estudia empresariales». Seguí esa guía interior. Antes de que mis compañeros se graduaran en el instituto, yo conseguí un certificado equivalente. A los diecisiete
años me matriculé en el centro de educación superior de mi
ciudad. Dejé de ver la televisión, de escuchar la radio y me
liberé de «amistades» que sentía que me retenían. El deseo
de «algo mejor» era tan intenso que corté los lazos con mi
vida anterior y me zambullí en ambientes nuevos que me exi-
gieron más de mí de lo que yo me había exigido jamás.

Empecé a tomar decisiones conscientes y aspiré a ir más
allá de lo que me había guiado en el pasado, y me dije: «Todo
lo que alimentes, crecerá, y lo que mates de hambre, mori-
rá». Invertir en libros se volvió más importante que comprar
ropa o comida. La novela de James Redfield *Las nueve reve-*

laciones me dio esperanza: descubrió a mi conocimiento interior que todo está conectado y que la casualidad divina nos rodea cuando somos conscientes para observarla. *Cómo ganar amigos e influir sobre las personas*, de Dale Carnegie, me proporcionó la inspiración para convertirme en alguien influyente. Quería influir en mis padres, crear entendimiento y tender puentes entre nuestros mundos sin traicionarme. Practiqué lo que aprendía y muy pronto mis padres y yo nos descubrimos escuchando en lugar de reaccionando. Me di cuenta de que podía comunicarme para obtener acuerdo en lugar de resistencia. Antes de cumplir los dieciocho años, volví a instalarme en casa de mis padres.

Más importante que influenciar a la gente fue que empecé a influir sobre mí misma. Mi vida se convirtió en un laboratorio. La lectura de esos libros me abrió los ojos sobre el poder supremo del lenguaje sobre mi pensamiento y su capacidad para transformar las circunstancias. «La Biblia tenía razón —pensé—. ¡Creamos con palabras!» Dejé de quejarme. Dejé de culpar a mis padres. Dejé de hablar sobre lo que estaba «mal». En lugar de eso, escuché, abrí mi corazón, imaginé lo que quería y empecé a hablar de ello como si estuviera sucediendo en el presente. ¡Y ese lenguaje afirmativo funcionó! Durante los primeros semestres obtuve solo sobresalientes, gané premios académicos e incluso recibí una beca. Me convertí en la presidenta de la organización estudiantil de la mayor escuela de grado superior de Estados Unidos. Mi fisiología también cambió. Caminaba más erguida, respiraba hondo y me sentía con más fuerzas. Me veía a mí misma desde otra perspectiva, con amor y reconocimiento.

Unos meses antes de terminar mis estudios, respondí a un anuncio del periódico en el que se ofrecía un puesto de trabajo de media jornada. La entrevista se realizó en un hotel. Cuando me acercaba al portero en el Monte Carlo azul de mi madre, el coche se quedó parado justo delante del hotel. Avergonzada, me dirigí a la entrevista y presencié algo que no había visto antes. Una multitud de personas entusiasmadas apareció en la sala donde iba a tener lugar mi «entrevista». En un extremo de la sala, en la tarima, había una mujer con un traje blanco y adornado con joyas. Cautivada por su exposición, mordí el anzuelo del esquema piramidal. Vi en él el glamour y el éxito que creía desear con todas mis fuerzas e invertí toda mi energía, mis ahorros, e incluso excedí el límite de mi tarjeta de crédito. El gobierno cerró la compañía. Con dieciocho años, me vi con una deuda de casi cuarenta mil dólares y el coche lleno de filtros de agua y vitaminas.

A menudo, las experiencias que suponen un mayor desafío son las que nos ofrecen las mayores recompensas. Este contratiempo me llevó a descubrir el libro que se convirtió en mi mayor inspiración: *Las leyes del éxito*, de Napoleon Hill. «Toda adversidad lleva consigo la semilla de un beneficio equivalente o mayor», escribió Hill. Devoré el texto con un bolígrafo, un rotulador fluorescente y un cuaderno en mano. Busqué las oportunidades que se escondían tras las adversidades. Quería libertad y, en ese momento, el único medio que se me ocurría para conseguirla era el dinero. Con certeza y concentrada intensidad, anoté mi primer objetivo o, en palabras de Hill, mi «firme propósito principal». Manifesté: «Ganaré cien mil dólares o más al año».

Cuando tenía veinte años, conseguí mi objetivo. Gané mis primeros cien mil dólares anuales viajando por todo el país, trabajando como destacada instructora empresarial para Anthony Robbins (el profesor transformacional y gurú de la motivación de renombre mundial). A los veinticuatro años me encontraba recorriendo el mundo, montando a camello junto a las grandes pirámides de Egipto y nadando con delfines en el Mar Rojo, tal y como había imaginado ese día en el aeropuerto. Tenía pruebas de que mi realidad externa cambiaría cuando lo hiciera también mi comunicación interna y externa. Rápidamente, mi vida mejoró en todos los aspectos: mi actitud, mis relaciones, mi situación económica, mis hábitos alimentarios, mi armario, mi vivienda, mi seguridad y mi tranquilidad. ¡Estaba aprendiendo, consiguiendo objetivos, haciendo lo que me gustaba y sintiéndome libre!

Utilicé la concentración y el lenguaje para cambiar mi vida. Me di cuenta de que me habían educado e influenciado para pensar, hablar y percibir el mundo de una manera determinada y previsible, y si bien algunas de esas creencias me resultaban útiles, muchas otras no servían para nada. Ahora podía elegir las creencias que me sirvieran y considerar, cuestionar y por último transformar las que no. Fui consciente de algunos momentos en los que surgieron ideas limitadoras, pero como era consciente de ellas, dejaron de aprisionarme. Podía preguntarme: «Hummm, ¿será esto realmente verdad? ¿De dónde surge esta creencia?». A través de la experiencia, entendí que podía dirigir mi atención hacia lo que quisiera, elegir mi lenguaje y salir reforzada, ¡en cualquier circunstancia! No era una víctima de las circunstancias. ¡Tenía el poder de transformar mi vida! Tenía influencia suprema.

Esta es mi historia. Bueno, parte de ella. ¿Cuál es la tuya? ¿Por qué estás aquí? Si pudieras crear cualquier cosa de manera consciente en tu vida, ¿qué sería? ¿Qué es lo más importante para ti? ¿Qué quieres realmente? ¿Libertad? ¿Felicidad? ¿Un trabajo gratificante que te permita prosperar? ¿Deseas intimidad, una relación sólida, un amor sagrado y picante, o todo a la vez? ¿Quieres transformar un problema recurrente? ¿Dejar de conformarte con menos de lo que puedes conseguir? ¿Quieres estar delgado y sentirte sano y lleno de energía? ¿Ser un padre fantástico y sintonizar con tu precioso hijo? ¿Construir la casa de tus sueños o tu santuario sagrado? ¿Viajar por el mundo? ¿Qué te sientes inspirado para crear? Si tuvieras una varita mágica y al agitarla se manifestara el deseo de tu corazón de manera inmediata, ¿qué pedirías? ¿Y si supieras que en este preciso instante tienes el poder de conseguir y encarnar todas estas experiencias y muchas más? Con influencia suprema ¡puedes hacerlo!

Cuando tus pensamientos, tu atención, fisiología, expresiones, lenguaje, creencias, objetivos y visión fluyen a través de tu ser supremo, ¡tienes poder! Y no me refiero a un poder sobre alguien o algo. Me refiero a un poder auténtico. La clase de poder que no necesita nada porque sabe que lo tiene todo. Es la libertad máxima, la que te proporciona el vivir una vida auténtica, la libertad de desarrollar tu verdadera personalidad y tomar decisiones sin miedo. Este poder y libertad son los frutos de vivir en tu influencia suprema. Allí ves con ojos iluminados, hablas con sabiduría y expresas tu genuino «yo». Allí vives con autenticidad, libertad y vigor.

Todos hemos presenciado la influencia suprema en acción. Es lo que sucede cuando uno fluye. Es el estado natural que produce obras maestras. Es el estado de gracia que manifiesta los milagros. Es pura presencia e inteligencia creativa expresadas a través de tus talentos únicos.

¿A qué me refiero exactamente con «suprema»? Exploremos el significado profundo de esta palabra.

«Suprema» hace referencia al auténtico «tú». Describe tu unión con la Fuente Suprema de todo lo existente. «Suprema» es la energía de fuerza vital que fluye en ti, como tú y a través de ti. Es la inteligencia cósmica que anima todo lo que es. Lo Supremo hace que los planetas giren alrededor del Sol, que las orugas se transformen en mariposas y que los

embriones se desarrollen hasta convertirse en bebés. Lo
Supremo te respira en estos momentos, igual que me respira
a mí. Lo Supremo hace latir tu corazón ahora mismo, y también hace latir el mío. Suprema es la fuente de tu presencia
y tu poder, y la clave para conseguir tu propósito. Cuando
honras lo Supremo, vives con amor auténtico.

¿Cómo se relaciona lo supremo con la influencia?

Influencia es el poder de concentrar tu inteligencia creativa y manifestar con elegancia tu verdadera voluntad. Tienes verdadera influencia cuando lo que piensas, lo que dices
y lo que haces está en armonía. «In-fluencia» implica un fluir
interior. Cuando la comunicación contigo mismo es fluida y
congruente, tus circunstancias externas se transforman para
reflejar la unidad interior.

INFLUENCIA SUPREMA EN ACCIÓN

Influencia suprema es un verbo, no un nombre. Es un modo
de proceder. No es un objetivo ni un destino. Es una práctica. Es una forma de ser y de comunicarte contigo mismo y
con el mundo que te rodea. Es un viaje sagrado, un camino
para conocerte a ti mismo, amar la vida y vivir una existencia
con propósito.

> Siempre he estado presionado por la urgencia
> de hacer. El conocimiento no es suficiente; de-
> bemos aplicarlo. Estar dispuesto no es sufi-
> ciente; tenemos que hacerlo.
>
> LEONARDO DA VINCI

La vida se basa en las relaciones. La calidad de tu comunicación determina la calidad de tus relaciones con los otros y contigo mismo. Cuando vives en influencia suprema, cultivas relaciones armoniosas y de colaboración. Y no se basa tan solo en cómo te relaciones con los otros. Se trata también de tu relación con la naturaleza, de la relación que estableces con el trabajo al que dedicas tu vida, con el dinero, con la comida, con el templo que es tu cuerpo y, lo más importante, de la relación que tienes con tu «yo». El hecho de relacionarte con influencia suprema te permite alcanzar resultados extraordinarios en todas las áreas de tu vida, como rebosar salud, amor verdadero, alcanzar tus metas, conseguir riqueza, auténtica belleza y hacer contribuciones significativas. Al vivir en influencia suprema, estableces relaciones de manera holística, manteniendo tu individualidad al tiempo que reconoces la unidad que fluye a través de todo lo que existe.

El modo en que experimentas la vida está en función de las decisiones que tomes. Cuando te concentras en lo Supremo, eliges acertadamente y de manera lógica los pensamientos, palabras y acciones que reflejan quién eres realmente. Elegirás comida saludable no porque estés «intentando comer sano» o «intentando perder peso», sino porque honras tu cuerpo como un templo, valoras la tierra y el poder vivificante del sol. Sientes paz interior no porque hoy hayas tenido tiempo libre ni porque hayas meditado, sino porque tu vida es una meditación constante. Estás agradecido y eres consciente de que todo es sagrado. Tienes el poder de conectar con seguridad con quien quieras en cualquier momento, no solo porque dominas tus habilidades comunicativas sino porque adviertes la unidad suprema que fluye en el interior de todas las cosas. Si te acercas a alguien a quien te gustaría conocer con timidez o inseguridad es que en ese momento no estás viviendo en influencia suprema. Cuando te suceda algo así, puedes, sencillamente, tomar aire de manera consciente, echar los hombros hacia atrás, erguir la espalda y recordarte: «Soy uno con lo Supremo». A continuación, imagínate estableciendo una conexión auténtica y acércate a esa persona con el corazón y la mente en armonía.

La influencia suprema es influencia consciente

La influencia suprema es influencia consciente impulsada por el amor divino y dirigida con un propósito.

La influencia se da seas o no consciente de ella. Sin discernimiento, permites que el lenguaje del mundo que te rodea influya en tus pensamientos y, en último término, también en tus elecciones, arrastrándote hacia una realidad determinada que puede estar o no en armonía con tu influencia suprema. Sabrás que eso está sucediendo porque notarás discordancia. Pero la buena noticia es que puedes hacer otra elección. Puedes, literalmente, hacerte a un lado e introducirte en un territorio nuevo rápidamente, a menudo de inmediato, simplemente modificando tu atención y tu lenguaje.

Todos hemos estado y estamos influenciados. De pequeños empezamos a formarnos creencias sobre Dios, el dinero, el sexo, el género, el matrimonio, la política, el amor y la moralidad, así como sobre ideas que tenemos sobre nosotros mismos. A menudo no somos plenamente conscientes de todas estas creencias heredadas. En otras palabras, estamos tan acostumbrados a ciertas creencias que ni siquiera nos damos cuenta de ellas. Guían nuestro comportamiento hasta la edad adulta y pueden llevarnos a modelos de reacción inconscientes ¡hasta que un día despertamos!

Por supuesto, muchas de las creencias que vamos incorporando a lo largo del camino favorecen nuestro desarrollo personal. Por ejemplo, recuerdo que de pequeña sabía que era lista. Me encantaba contar con el Conde Draco, de *Barrio Sésamo*. Mi madre era una mujer metódica y yo disfrutaba contando y (a veces) ordenando mis calcetines, los lápices y las pegatinas: «Una... dos... tres». También era miembro del club del libro del Doctor Seuss. Solía sentarme en el regazo de mi padre y leerle, mientras él me sonreía y me animaba a seguir. A veces le definía una palabra, lo que a él le encantaba y a mí me motivaba a aprender más. Mi madre sabía poco inglés, de modo que me pedía que le tradujera algunas cosas, lo que reforzaba mi creencia fortalecedora: «Soy inteligente».

Un día, mi maestra de primer curso me golpeó con una regla y me llamó tonta porque deletreé mal mi apellido. Sin embargo, sus palabras no me afectaron ya que tenía una creencia arraigada: «Soy lista». No obstante, si a un niño se le dice constantemente que es estúpido o que no es lo bastante bueno en algo, eso puede dejar en él una huella que influirá en su vida hasta su despertar. La fantástica noticia es que los programas mentales, al igual que el software, ¡pueden actualizarse! Todos podemos despertar.

Puedes liberarte de tus patrones hereditarios, códigos culturales y creencias sociales y demostrar de una vez por todas que el poder que hay dentro de ti es mucho mayor que el poder que hay en el mundo.

MICHAEL BERNARD BECKWITH

AHORA ES NUESTRO MOMENTO

Así pues, más allá de todas las historias, aquí estamos, juntos, viviendo un momento sin precedentes. ¡Es un momento apasionante para estar vivo! Gente de todo el planeta está cobrando cada vez mayor conciencia y despertando al poder que tiene para crear su realidad. Y tú, mi querida alma gemela, estás al frente. A través de ti, la conciencia suprema está cobrando conciencia de sí misma en la experiencia humana.

Todo está conectado en una red unificada. ¿Dónde termina el aire que respiro yo y dónde empieza el que respiras tú? Hay una única respiración. Cada uno de nosotros es una expresión única e individual en el caleidoscopio de la existencia, y estamos bendecidos con la libertad de elegir y el poder de crear. A medida que cada vez somos más los que elegimos conscientemente vivir en influencia suprema, surge un paisaje global en el que el poder no reside en una estructura o en una determinada manera de ser, sino en el interior de cada individuo. Ahora es nuestro momento. Tenemos todos los recursos a nuestro alcance: la tecnología, el conocimiento, la comunidad y el potencial humano. Estamos despertando como especie; la influencia suprema ya está aquí.

2

Crear con palabras

El habla es el espejo del alma; como un hombre habla, así es.

PUBLILIO SIRO

«Rómpete una pierna»,* me dijo el disc-jockey cuando estaba a punto de salir al escenario. Lo miré y respondí: «Cuidado con lo que dices. Las palabras tienen poder materializador». No lo dije en broma.

«¿Que me rompa una pierna?», pensé. Lo que de verdad necesitaba era tomarme un respiro. Llevaba dos semanas trabajando día y noche en varios proyectos y la vocecita de mi cabeza no dejaba de repetirme: «No corras. Tómate un descanso». Ese día me repetí en silencio muchas veces «necesito un descanso». Y eso fue lo que hice. Ese fin de semana me apunté a una escuela de motociclismo y me tomé un respiro. Me caí de la moto y me destrocé la tibia y el peroné en una triple fractura en espiral.

---

* *«Break a leg»* significa «rómpete una pierna» y es la fórmula que se utiliza en inglés para desear suerte antes de salir a escena. *(N. de la T.)*

¿Casualidad? Tal vez, pero no lo creo. Llevaba años conduciendo motos de manera ocasional y nunca había tenido ningún percance, ¡y fui a caerme en un aparcamiento cerrado, durante una clase de conducción «segura», mientras no dejaba de repetirme que no debía correr!

¿Alguna vez repetiste algo muchas veces y un día de pronto sucedió?

¿Qué sucedería si supieras que cualquier cosa que pensaras o dijeras podría materializarse de inmediato? ¿Cómo hablarías? Seguro que serías más cuidadoso y preciso con tu lenguaje. Supón que no hubiera distancia alguna entre pronunciación y manifestación. Pronto aprenderías a asegurarte de que cuanto dijeras se ajustara a tu verdadera intención. ¿Pronunciarías palabras de ánimo en voz alta si supieras que con ello mejorarías de inmediato el rendimiento de alguien? ¿Gritarías un insulto a un conductor que te cortara el paso si supieras que tus palabras tienen el poder de afectar a la vida de la gente? ¡Es así! Creas con palabras. ¿A qué me refiero con esto? Sencillamente, a que tu lenguaje tiene poder creador, en particular cuando hablas con seguridad.

Al romperme una pierna, manifesté la intención de mi deseo más profundo. Me permití dejar de trabajar, descansar y disfrutar de tiempo de ocio. Cuando mi amigo disc-jockey me deseó que me rompiera una pierna, lo hizo con buena intención. No pretendía lanzarme una maldición, sino desearme suerte. Sin embargo, sus palabras se aferraron a un pensamiento latente en mi mente, puesto que era consciente de que necesitaba tomarme un descanso. La idea de esa necesidad estaba activa en mi campo de conciencia y se convirtió en una profecía que acarreó su propio cumplimiento.

Hoy me comunicaría de manera distinta. En lugar de repetir una y otra vez «necesito un descanso», imaginaría lo que de verdad quiero y después traduciría esa imagen mental en palabras. Es posible que dijera: «Este fin de semana lo pasaré al aire libre para distraerme y disfrutar de uno de mis deportes preferidos». ¿Crees que este sencillo cambio en el lenguaje habría influido en mi atención y habría cambiado el resultado final? Tal vez pienses: «Sí, claro, Niurka, pero nadie habla así». Bueno, si supieras que introduciendo estos sencillos cambios en tu lenguaje podrías divertirte más y tu vida mejoraría en todos los aspectos, ¿te mostrarías dispuesto a tomarte una pausa, volverte un poco creativo e imaginar lo que deseas de verdad, de manera concreta, antes de crearlo con tus palabras? ¿Qué sucedería en nuestro mundo si todos nos comunicáramos de un modo consciente, claro y creativo?

Creas al pensar y al hablar.

Sé consciente. ¿Qué has estado creando con palabras? ¿Qué imágenes has estado formándote en la mente? ¿Has estado viendo y hablando sobre lo que no deseas? ¿O te has concentrado en lo que quieres y en lo que te sientes inspirado para crear? La calidad de tu comunicación determina la calidad de tu vida. Si un hombre se siente estresado y no deja de mencionar lo mucho que «necesita ganar dinero», lo más probable es que se encuentre en un estado de «necesidad» y sin dinero. Y a la inversa, si una mujer se ve a sí misma como una triunfadora y expresa que es una gran estrella y un imán que atrae la prosperidad, entonces es probable que la prosperidad se manifieste. Cada una de las células de tu cuerpo armoniza con aquello que expresas. Como dice el doctor Deepak Chopra: «Tus células escuchan tu diálogo interior» y «El lenguaje crea tu realidad material».

Es así como puedes aplicar esta sabiduría ahora mismo. Es sencillo. Antes de hablar, crea en tu mente una imagen de lo que realmente quieres. Procura que la imagen sea grande, brillante, clara y colorida. Después expresa lo que ves. Con ello creas fluidez interna: tus palabras concuerdan con tu intención auténtica. No hablas de manera mecánica, sino que eres consciente. Tu lenguaje es preciso y tiene un propósito claro. Puedes hacer una pausa y preguntarte: «¿Qué es lo más importante para mí en este momento? ¿Qué quiero expresar o experimentar realmente? El genio de la pintura Vincent van Gogh dijo: «Sueño mis pinturas y luego pinto un sueño». Prevé los resultados con antelación, en tu ojo de la mente. Después, con gratitud, habla sobre lo que te sientes inspirado para hacer, conseguir y/o crear en lugar de hablar sobre lo que «necesitas» o «tienes que conseguir» o «no quieres» o lo que «no está sucediendo». Esta sencilla práctica mejorará todas las relaciones de tu vida. Por ejemplo, en el mundo de los negocios hay una enorme diferencia entre alguien que dice «Tengo que conseguir esta venta» y alguien que se visualiza estableciendo relaciones auténticas y después manifiesta: «Estoy inspirado para iniciar esta relación».

HABLAS DE MUCHAS MANERAS

Cuando digo que «creas al hablar», me refiero a algo más que a la expresión con palabras del pensamiento. Por ejemplo, todos sabemos que nuestro lenguaje corporal transmite mucha información. ¿Y qué decir del impacto de nuestras palabras cuando escribimos una nota a alguien o le enviamos un mensaje? ¿Y si alguien entrara en una habitación llevando determinado símbolo, como una cruz (†) o un símbolo Om (ॐ)? ¡Eso también es hablar! «Creas al hablar» de muchas maneras, entre ellas:

- Los pensamientos
- El diálogo interno (la vocecita de tu cabeza)
- La comunicación no verbal (lenguaje corporal y el hecho de hablar a través de las acciones)
- La visualización creativa (las imágenes, los sonidos y los sentimientos que tienes en la cabeza)
- La expresión artística creativa (externa)
- Las palabras escritas (cartas, correos electrónicos, mensajes, blogs, tuits, contratos)
- El uso de símbolos (☯, ✡, $, @ o el símbolo de Nike)
- La transferencia de pensamiento (también conocida como telepatía)
- El enaltecimiento del espacio silencioso (cuando el silencio habla más alto que las palabras)

El modo en que manejas estas formas de pensamiento y habla determina tu vida y esculpe nuestro mundo colectivo. La influencia suprema es el acto de dirigir de manera consciente estas formas de comunicación para co-crear éxito.

A continuación expondré un ejemplo.

LA FE MUEVE MONTAÑAS

A los diecinueve años ya utilizaba el poder de mi lenguaje para generar confianza y alcanzar mis objetivos. Había empezado a trabajar en una empresa promotora de seminarios que organizaba actos para Brian Tracy, Tony Alessandra y otros gurús de la formación en ventas. Yo tenía el cargo de instructora empresarial y mi trabajo consistía en ofrecer talleres introductorios de cuarenta y cinco minutos a equipos de venta y administración, y en matricular a gente en nuestros futuros seminarios de formación. A causa de mi edad y mi falta de experiencia, me adjudicaron unas reuniones con gente no cualificada que nadie más quería conducir. Esos talleres estaban repartidos por las afueras de la región metropolitana triestatal de Nueva York y agrupaban a equipos de principiantes en grupos de entre tres y ocho personas. Mientras que los otros instructores empresariales vivían en magníficos lofts de Manhattan e impartían sus cursos en la ciudad de Nueva York, yo vivía sola en un apartamento de alquiler en Morristown, New Jersey. Pasaba multitud de horas conduciendo por New Jersey, Nueva York, Long Island, Connecticut, Filadelfia, y en ocasiones llegaba incluso hasta Delaware. ¡Recuerdo una vez que tuve que conducir a diez kilómetros por hora detrás de una calesa en Lancaster, Pennsylvania! Y si bien disfrutaba de la calma de la campiña amish, me sentía como si me hubieran enviado a Tombuctú.

Pese a la situación, en mi mente seguía viéndome impartiendo talleres en el corazón de Nueva York. Los domingos solía ir a la ciudad para empaparme de su energía. Me sentaba en una roca junto al lago de Central Park y me imaginaba dando cursos de formación a las compañías más poderosas del mundo. No dejaba de imaginar lo que quería, mientras me decía que conseguiría triunfar en la Gran Manzana. Y entonces, un día, se abrió una puerta de oportunidad. «¡Niurka! —gritó mi director cuando atendí su llamada a mi móvil del tamaño de un ladrillo—. ¿Cómo de rápido podrías presentarte en Wall Street?»

«Bastante rápido», respondí mientras sacaba mi mapa Thomas Guide para hacerme una idea de la distancia. Me encontraba en mitad de un atasco. «¿Por qué? ¿Qué pasa?», pregunté.

Él enseguida respondió: «Hemos organizado un taller en Wall Street con uno de los principales bancos de inversión. Empieza dentro de unas horas y David no puede ir. Esperan a nuestro mejor instructor, y todos los otros están ocupados con sus presentaciones. ¡Es tu oportunidad, jovencita! ¿Estás preparada?».

«Sí», respondí. Quería sentirme preparada, pero en mi fuero interno sentía miedo y entusiasmo a partes iguales. Respiré hondo, me tranquilicé, erguí la espalda y anuncié: «¡Estoy preparada!».

Me dio todos los detalles y nuestra conversación terminó. Me había comprometido. No había marcha atrás. Me temblaba todo el cuerpo. Estaba nerviosa, pero no quería decirlo en voz alta. Respiré hondo, inspiré y espiré. Conduje hasta el aparcamiento de una cafetería de la zona, me detuve un momento, cerré los ojos y me imaginé conectando con las personas de esa reunión. A continuación me dirigí al baño de la cafetería, cepillé la pelusa de mi chaqueta de terciopelo, que había comprado en una tienda de segunda mano con fines benéficos y que podría combinar con otras prendas de vestir. Me miré en el espejo, me atusé los rizos y dije con determinación: «Con una fe del tamaño de un grano de mostaza, puedo mover montañas».

> Porque de cierto os digo, que si tuviereis fe como un grano de mostaza, diréis a este monte: pásate de aquí a allá, y se pasará; y nada os será imposible.
>
> Mateo 17:20

Estaba invocando la «fe» (que para mí significaba la ausencia de duda) y «moviendo montañas» (que para mí significaba conseguir un gran éxito).

Conduje hasta la estación de tránsito de New Jersey y tomé el tren hasta la ciudad. Después cogí el metro para llegar al distrito financiero. Salí de la estación, subí por las escaleras y miré de frente al toro de Wall Street. Sentí una enorme sacudida por los sentimientos encontrados de terror en estado puro y euforia profunda. Sabía que se trataba de un rito iniciático. Oí una voz en mi interior que me dijo: «¡Estás preparada, Niurka! ¡Puedes hacerlo!». Seguí repitiéndome: «Con una fe del tamaño de un grano de mostaza, puedo mover montañas». Pronuncié esa frase desde lo más profundo de mi ser hasta que sentí que su significado se apoderaba de mí. Avancé con paso rápido hasta encontrar el edificio. Agitada y un poco sudorosa, entré en el ascensor y me dije: «¡Tengo fe y moveré montañas!».

La puerta del ascensor se abrió y me descubrió una enorme mesa de caoba. La recepcionista me echó un vistazo por encima de las gafas mientras me presentaba. «¡Hola! Me llamo Niurka y he venido a ver a Fred.»

Me dirigió una mirada fría. «¿Tiene cita?»

«Sí —respondí—. Soy la instructora que tiene que reunirse con él y su equipo.»

«¿En seeerio? Siéntese», respondió mientras levantaba el auricular del teléfono. «Fred, ha venido a verte Shirley Temple», bromeó.

Se me cayó el alma a los pies. Me fijé en un folleto colgado de la pared en el que se anunciaba un taller de «maestría en ventas» programado para dentro de quince minutos. La gente ya empezaba a entrar en la sala. A medida que las personas entraban, conecté mentalmente con cada una de ellas con amabilidad. Pronto, un hombre alto y elegante de pelo cano que llevaba un traje azul oscuro de raya diplomática apareció en el vestíbulo. Me levanté para saludarlo. Miró a un lado y a otro, como si buscara a otra persona. Me acerqué a él, le ofrecí la mano, sonreí y dije: «Hola, Fred, soy Niurka, su instructora».

El hombre palideció y preguntó: «¿Vas a hacerlo... tú sola?».

Se me ocurrió recurrir al humor para establecer una buena sintonía. Levanté mi maletín y dije: «Bueno, Fred, ¡aquí dentro llevo a un hombrecillo verde que me ayuda cuando estoy en apuros!». No le hizo gracia. Llevaba semanas organizando ese curso para su equipo de agentes de bolsa y analistas financieros de reputada experiencia: ¡mujeres y hombres que ganaban sueldos jugosos y a los que probablemente no les gustaría que los «formara» una novata de diecinueve años!

Fred parecía nervioso mientras me conducía a la sala de formación. Le aseguré que ofrecería la mejor exposición de la que fuera capaz y que todo sucedía por algún motivo. Me dijo que fuera breve; ¡como máximo veinte minutos! Me entregué en cuerpo y alma a pronunciar las palabras de los básicos «cinco pasos para una presentación de éxito» que había elaborado yo misma. Al final de mi charla pregunté: «¿Quién quiere asistir al seminario?». Solo se levantó una mano: la mía. Pregunté de nuevo: «En serio, ¿quién quiere asistir al seminario de formación?». Ni una sola mano en alto. Sentí cómo aumentaba la tensión en la sala. Respiré hondo, sonreí y conté una historia divertida sobre un leñador que ganó un concurso porque afiló su hacha. A continuación, dije en voz baja: «¿Y bien? Estoy segura de que alguien querrá afilar y sacar punta a sus habilidades y asistir a este seminario».

Silencio sepulcral.

Respiré hondo, me llevé una mano al corazón y dije: «Aprecio que me hayan dedicado su valioso tiempo. Por favor, permitan que les cuente una última historia rápidamente». Y entonces sucedió el milagro.

Fred se levantó. Me miró, después miró a sus agentes de bolsa, me señaló y dijo: «¿Veis a esta joven? ¡Esta joven ha tenido las agallas de venir aquí y de hablaros como lo ha hecho! Si este seminario ha hecho que esta joven viniera aquí a hacer esto, ¡yo me apunto! Y creo que todos vosotros necesitáis asistir también, así que si os apuntáis ahora mismo, ¡yo os pagaré la mitad!». Aproximadamente un tercio del equipo de Fred se apuntó al seminario ese día.

Fred me acompañó a su oficina, pero esa vez caminamos

el uno junto al otro. Me comentó: «Mi hija debe de tener tu edad y aún sigue pidiéndome dinero. Así que respeto lo que haces».

Sonreí y aproveché la oportunidad. «¿Sería tan amable de escribirme una carta de recomendación?»

«Haré algo mejor —respondió con una sonrisa—. Observa.» Buscó en su agenda giratoria, levantó el auricular, llamó a varios directivos de división y me recomendó elogiosamente. Al día siguiente me acompañó por el parquet de la Bolsa de Nueva York. Utilicé mi concentración y mi lenguaje para manifestar mi intención.

Con una fe del tamaño de un grano de mostaza, puedo mover montañas.

Ese día, así lo hice.

La moraleja de la historia

Han pasado casi dos décadas desde que Shirley Temple triunfó en Wall Street, y si de algo estoy segura es que también tú puedes mover montañas. Tienes el poder de atraer y encarnar magnificencia. Puedes conseguirlo dirigiendo tus pensamientos (incluidas las imágenes mentales), tus palabras y acciones hacia tu visión. Eso es vivir en influencia suprema.

Los milagros existen a tu alrededor. Los milagros son expresiones del amor. Suceden cuando estás alerta, listo y predispuesto.

EXTRA SUPREMO

Fórmula de ocho pasos para crear
y ofrecer exposiciones dinámicas

Por muy cautivador que sea el tema, el público solo comprende el mensaje si lo presentas de manera auténtica, clara, dinámica y creíble. ¿Cuántas veces has escuchado a un orador y te ha entrado sueño? O puede que la exposición te resultara entretenida, pero no se tradujera en resultados significativos en tus negocios o vida personal. Por este motivo es importante disponer de una estrategia para crear y ofrecer tu exposición con un propósito, con desenvoltura, precisión y fuerza, de modo que la gente se sienta inspirada a escucharte y pasar a la acción para alcanzar unos objetivos bien definidos.

Cuando entiendas cómo seguir unos sencillos pasos, podrás concentrar tu energía en ofrecer exposiciones dinámicas que influirán sobre tu público y conseguirán entretenerlo, inspirarlo y motivarlo realmente en apoyo de tu causa. Puedes utilizar estos mismos pasos para inspirar a tu familia, amigos, clientes y colegas para crear situaciones en las que todos salgáis ganando.

¿Estás listo? Antes de que descubra los pasos, hay un requisito. Tienes que saber las respuestas a estas preguntas: «¿Con qué fuerza crees en lo que dices? ¿Por qué tu mensaje es fundamental? ¿Hasta qué punto estás comprometido con tu causa? ¿Tienes un propósito? ¿Estás inspirado? ¿Has investigado lo suficiente? ¿Has practicado?». Tu público defenderá tu visión en la medida en que tú creas en ella y sepas de lo que estás hablando. Si sientes verdadera pasión por el tema que tratas, las otras personas también la sentirán. Recuerda que no puedes ofrecer nada a otros que tú no tengas. La congruencia es parte confianza y parte conocimiento. Cuando domines el tema a tratar y sigas este esquema de ocho puntos para organizar tus enseñanzas, hablarás con autoridad, siempre. Hables en una sala frente al público o sentado a la mesa para comer, estos ocho pasos te garantizan hacerlo con seguridad.

Introducción y buena sintonía

Suaviza tu energía durante los primeros momentos. Esto te permite armonizar con el estilo de aprendizaje de todos los presentes. Da las gracias a la persona que te presenta. Pronuncia una o dos frases para conectar con lo que los miembros del público estén experimentando, bien en ese mismo momento o en su vida profesional o personal. También puedes introducir un comentario sobre un hecho de actualidad que sea importante para ese grupo en particular. Esto te permitirá crear una buena sintonía de inmediato.

El asunto preliminar

Establece brevemente el tema: «Hoy me siento inspirado para compartir con ustedes...». Deja que tu público sepa enseguida lo que aprenderá de ti. Evoca y encarna el estado de ánimo que quieres que experimenten los miembros de tu audiencia. Por ejemplo, si quieres que se sientan fortalecidos, tendrás que desprender una vibración fortalecedora.

¿Por qué?

Explícales por qué el tema es importante para ellos. Sé específico. Cuéntales historias, dales ejemplos, cita a expertos en la materia y ofrece estadísticas que les descubran el motivo por el que tu mensaje es relevante y fundamental. No pases al punto siguiente hasta que les hayas infundido un poderoso por qué: con ello te aseguras de que quieran escucharte y de que consideréis el asunto del mismo modo.

El asunto fundamental

Ahora que tu público ha conectado contigo, conoce el tema y está inspirado por un porqué cautivador, cuéntales a qué te refieres exactamente. Deberías hacerlo de manera directa y sencilla. Siempre ayuda utilizar material visual.

¿Cómo?

Explica cómo aplicar esos conocimientos en el trabajo, la vida personal o en otro contexto determinado. ¿Qué pasos concretos deberían seguir? Este es el momento ideal para hacer una demostración o guiar a tu público mediante un ejercicio práctico.

Supongamos que...

Plantea situaciones en las que tus enseñanzas resultarían útiles. En este punto puedes aceptar preguntas del público, pero deja claro que solo responderás consultas relacionadas con el tema en cuestión. De lo contrario, te alejarás del asunto principal y perderás fuerza.

Ofrece y propón pasar a la acción

Asegúrate de que tu oferta es clara y atractiva, y que hay una llamada específica a pasar a la acción que inspire a los miembros de tu público a avanzar hasta el nivel siguiente, como adquirir un producto o servicio, matricularse en un programa, ofrecer su información de contacto, o cualquier otro paso que se te ocurra. Nunca propongas más de dos ofertas, porque eso confundirá a la gente y tras mucho análisis se quedarán paralizados. Conviene también que a lo largo de tu exposición plantes sutilmente las semillas para que tu público se sienta inspirado para querer saber más.

Clausura
Da las gracias a tu anfitrión (si hay uno) y al público por haberte dedicado su atención y su tiempo.

Con este esquema te asegurarás de tratar diversos estilos de aprendizaje. Por ejemplo, algunas personas aprenden de manera más visual (mirando), otras de manera más auditiva (escuchando) y otras lo hacen de manera más cinestésica (haciendo y sintiendo). Al seguir la fórmula de ocho pasos para crear y ofrecer exposiciones dinámicas, reconoces y honras todos los estilos de aprendizaje.

Una vez hayas creado la exposición, ensáyala mentalmente. Imagínate ofreciendo la presentación ante tu público de un modo exitoso. Visualízalo con colores amplios, intensos, brillantes y claros. En particular, ensaya tu discurso antes de acostarte, porque así tu mente lo asimilará mientras tu cuerpo descansa.

3

Exprésate con autoridad

El crear con palabras no solo depende de las palabras que eliges, sino de la autoridad con que hablas y de la conciencia con que las expresas.

Quienes son conscientes de la grandeza de un modo auténtico y valiente hablan con un propósito, con desenvoltura, precisión y poder. Eligen sus palabras de manera intencionada y no dan vueltas a las cosas. Cuando nuestros antepasados estamparon sus nombres en la Declaración de la Independencia, crearon libertad e independencia. Su lenguaje fue cristalino, sucinto, firme y estaba respaldado por las «leyes de la naturaleza». El 4 de julio de 1776, esos valientes hombres declararon: «Sostenemos como evidentes estas verdades: que todos los hombres son creados iguales». Si bien en el momento en que se escribieron algunas definiciones, como las de «hombres» y «libertad», eran cuestionables, esos pioneros trascendieron el miedo, se expresaron con poder e impulsaron el cambio.

En el libro del Génesis, Dios (cuyo nombre en este versículo es Elohim [אֱלֹהִים], que se traduce de manera más fiel como «poderes creadores»)* crea el mundo mediante la pa-

---

* La palabra «Dios» describe la fuente de todo lo existente, la inteligencia suprema y los poderes que crean y sostienen el universo, y recibe diversos nombres en las distintas tradiciones.

labra. La traducción de Génesis 1:3 ha sido tradicionalmente: «Y Dios dijo: "Hágase la luz", y la luz se hizo». Sin embargo, la transliteración del hebreo del Génesis 1:3 revela que lo que Elohim dijo fue: «Sea luz». Se pronunció como una orden directa, con la autoridad de lo absoluto. En otras palabras, Dios no se anduvo por las ramas y dijo: «Eh, disculpad. ¿Os parecería bien que hubiera un poco de luz por aquí?». Dios pronunció la Palabra de manera sucinta, con el pleno conocimiento de que así se haría al pronunciarse.

Cuando hablas con autoridad, como lo hicieron los hombres de Estado de nuestra nación, quienes arriesgaron su vida, su fortuna y su honor por aquello en lo que creían, tu voluntad se cumplirá. El miedo es lo único que se interpone en tu camino hacia la realización suprema de la vida que sueñas. Este capítulo trata de trascender el miedo y de apropiarte de tu poder creador para que, cuando hables, obtengas resultados.

QUIÉN HABLA

La vida que no se examina no merece la pena vivirse.

SÓCRATES

Las creencias que tienes sobre ti mismo influirán en tu modo de pensar y determinarán los resultados que produzcas. A continuación encontrarás un ejemplo del modo en que el lenguaje y las creencias influyen sobre el rendimiento en el ámbito laboral.

El león y la ardilla

Durante años proporcioné servicios de consultoría y formación a Mercedes-Benz. Un día me encontraba en un concesionario de Los Ángeles, California, instruyendo al equipo de ventas. Durante esa sesión mantuve una conversación con dos vendedores —el más y el menos productivo—, y su elección del lenguaje reveló la causa de sus resultados tan dispares.

Cuando me senté con el vendedor menos productivo para averiguar la causa de su pobre rendimiento, él recitó una letanía de excusas. En primer lugar culpó a la economía y me preguntó: «¿Es que no lees los periódicos?». A continuación echó la culpa a la falta de publicidad. Después culpó al tiempo, argumentando que «la penumbra de junio» era la causa de su bajo rendimiento, ya que «la gente no compra coches si hace mal tiempo». Yo no había oído hablar de «la penumbra de junio», pero pronto descubrí que es una expresión que se utiliza en California para describir la densa niebla que se instala sobre la costa y que nubla la luz del sol a principios de verano. Acto seguido se contradijo y argumentó que «cuando hace buen tiempo, la gente prefiere estar en la playa».

Lo escuché y seguí haciéndole preguntas. Entonces dijo que los directivos ponían en bandeja las negociaciones a los otros vendedores. «Es un mundo de una competencia brutal —se quejó—. ¿No has estado en la planta de ventas? Eso de ahí abajo es como un tanque de tiburones.» Ese tipo era el rey de los tópicos. Seguí con mis preguntas durante unos agotadores veinte minutos. No pensaba permitir que se librara. Lo escuché mientras soltaba todas sus excusas hasta que por fin, exasperado, chilló: «¡Ya está bien! ¡Caray! ¡Solo soy una ardilla que intenta conseguir una nuez!, ¿entiendes?».

¡Uau! De las innumerables frases que podrían haber salido de su boca, esa metáfora me proporcionó la información que me descubrió cómo se percibía a sí mismo y que explicaba su falta de confianza en el trabajo. Mientras lo miraba con mayor atención, me di cuenta de que incluso empezaba a parecerse a una ardilla, ¡con los mofletes hinchados y todo! No era de extrañar que no tuviera un buen rendimiento. De manera inconsciente, se consideraba una víctima que rapiñaba restos de comida.

En ese momento, el vendedor más productivo entró en el salón de ventas y empezó su turno. Llevaba un traje de raya diplomática en negro y oro perfectamente planchado, con un pañuelo de seda dorado, a conjunto con los zapatos con hebilla dorada y la pluma de oro en el bolsillo superior de la chaqueta. Me volví para mirar a «la ardilla» y pregunté: «¿Cómo consigue Shapoor alcanzar sus cifras de récord?».

«Oh, ¿Shawn? —contestó—. Lleva años siendo el vendedor más productivo.»

«¿Qué es lo que hace para vender tantos coches? —lo interrogué—. Dime, ¿qué es lo primero que hace cuando llega por la mañana?»

«Míralo —respondió—, lo que está haciendo ahora mismo. Se pasea de un lado a otro con su traje impecable y empieza a dar palique a todo el mundo. Hace sentir bien a la gente... todos adoran a Shawn.»

Tenía que seguir profundizando, de modo que continué

haciéndole preguntas concretas para asegurarme de que comprendiera las tácticas y estrategias de Shapoor. Mediante mis preguntas agudas, fue capaz de ir dibujando jugada a jugada el plan exacto de lo que Shapoor hacía y cómo lo hacía para conseguir resultados extraordinarios de forma sistemática.

De manera consciente, ese hombre sabía qué acciones llevar a cabo para incrementar su rendimiento. Describió con detalle un proceso de ventas exitoso, cómo entablar una buena comunicación, atraer a posibles clientes, organizar citas, cerrar tratos, hacer seguimientos e incluso cómo inspirar a los clientes para que le dieran un «sí». Sin embargo, había una brecha entre lo que sabía a nivel intelectual y lo que él se creía capaz de hacer.

Más tarde me dirigí a instruir a Shapoor y le hice preguntas para averiguar sus opiniones y estrategias. Me pareció interesante que también él se describiera utilizando la metáfora de un animal. Con la cabeza en alto, el pecho hacia fuera y los brazos extendidos sobre su mesa, gruñó: «Este es mi territorio». Estaba tranquilo, concentrado y me miró directamente a los ojos. «Yo soy el león», dijo con una sonrisa similar a un gruñido. No fanfarroneaba; realmente se veía de ese modo. Su identidad era la del rey de la selva, en lo más alto de la cadena alimenticia. Su presencia real así lo transmitía. Sus resultados reflejaban su afirmación. En tan solo un mes, instruí al león para que incrementara sus ventas en más de un cincuenta por ciento al tiempo que trabajaba menos horas, y ese año se convirtió en uno de los cinco mejores profesionales en ventas de Mercedes-Benz a nivel nacional.

Los dos hombres trabajaban en el mismo concesionario, en el mismo entorno, tenían las mismas oportunidades en potencia, pero su lenguaje y la percepción que cada uno tenía de sí mismo los conducía a realidades muy diferentes y a resultados enormemente distintos.

En el contexto de las ventas, sin duda resulta más potenciador llamarte a ti mismo león que ardilla. Pero si el león se apega demasiado a su identidad y cree que eso es lo que es, y habla predominantemente desde ese espacio, limita sus oportunidades. Incluso una identidad fortalecedora puede atraparte en un paradigma. Resulta liberador desvincularse de quien crees que eres. Es posible abrazar una identidad poderosa sin crearte la ilusión de que ese eres tú. Al vivir en influencia suprema, puedes adoptar cualquier identidad fortalecedora sin apegos. Las distintas identidades sacarán a la luz distintos aspectos de ti mismo. No se puede experimentar libertad cuando se está atado a una identidad limitada. Tu conciencia no tiene límites y no puede ser contenida. Llámate león y permítete rugir, pero sé consciente de que ese es tan solo uno de los muchos papeles a los que tienes acceso en tu aventura humana.

Todos tenemos talento.

Resultó que «la ardilla» se sabía el señor de su dominio en una cancha de baloncesto. Cuando hablaba del juego, su actitud cambiaba por completo. Sus mejillas hinchadas se relajaban, sus ojos se concentraban y aparecía en él un aura de confianza. A través de nuestras sesiones de formación se apropió de sus asombrosas virtudes y habilidades y aprendió a traspasar sus aptitudes y su determinación de la cancha de baloncesto al mundo de los negocios para obtener éxito.

La moraleja de la historia

De esta historia pueden extraerse varias lecciones. Una de las principales es que aquello que pronuncies después de las palabras «yo soy» es lo que creas, atraes, y aquello en lo que te conviertes, particularmente cuando lo haces con convicción. «Yo soy» es una declaración de identidad.

Fíjate en cómo te describes a ti mismo. ¿Qué dices después de las palabras «yo soy»? Tu respuesta determina el modo en que te ves a ti mismo, en que te ven los otros y lo que es posible para ti.

Muéstrate curioso. Tus afirmaciones sobre «yo soy», ¿surgen del miedo o de la seguridad? Cuando te describes a ti mismo, ¿alardeas e intentas dar una buena imagen ante la gente, o compartes tus verdaderos sentimientos? ¿Pronuncias con más frecuencia frases fortalecedoras o debilitantes? ¿Dices cosas como: «Estoy estresado, estoy aburrido, estoy cansado, me siento decepcionado, estoy sin blanca, soy estúpido, estoy solo, estoy deprimido, no estoy en forma, estoy enfadado»? ¿O, por el contrario, dices: «Estoy centrado, estoy inspirado, soy brillante, estoy concentrado, estoy en una buena racha, soy un puro genio, estoy preparado, estoy estable, soy una fiera erótica, adoro mi vida, estoy agradecido, ¡soy un creador supremo!, soy uno con Dios y Dios lo es todo»?

Una visión profunda de las palabras «yo soy» es la que revela la Torá. En Éxodo 3:14, Moisés pregunta a Dios su nombre. Y Dios responde: «Ehyeh asher ehyeh» (אהיה אשר אהיה), equivalente a: «Soy lo que soy». Ten en cuenta que cuando utilizas las palabras «yo soy» puedes estar invocando el poder de lo Supremo. Estas palabras —«yo soy»— son poderosas. Sé consciente de con qué las relacionas. Lo que manifiestas tiene el poder de alcanzarte y de reivindicarte a ti.

El aplicar esta sabiduría a tu vida es sencillo. Cuando utilices las palabras «yo soy» asegúrate de que realmente quieres decir lo que pronuncias a continuación. Elige las palabras con cuidado para evocar lo mejor de ti.

La siguiente práctica es poderosa. Cuando te levantes por la mañana, manifiesta aquello por lo que te sientes agradecido. Empieza con las palabras «yo soy» o «yo estoy». Por ejemplo: «Yo estoy agradecido por mi hermosa familia. Estoy agradecido por _____». Conviértelo en tu rutina diaria durante cinco minutos todas las mañanas, y sé específico.

4

¿Quién soy?

Conocer a otros es inteligencia; conocerte a ti
mismo es verdadera sabiduría.

LAO TSE

Cuando era una adolescente estudié el *Dhammapada*, una
obra maestra de la literatura budista temprana y la expresión
más sucinta de las enseñanzas de Buda. Entre sus páginas
encontré una cita que impulsó mi búsqueda del entendimiento divino. Rezaba así: «El único esfuerzo por parte de
cualquier persona inteligente de este mundo debería ser,
principalmente, para conocer algo que la muerte no pueda
destruir». Estas palabras despertaron en mí un deseo profundo de conocer aquello que trasciende la muerte, de comprender aquello que es real.

Sabía que un día mi cuerpo moriría, que todos nos en-
frentamos a la muerte, que todo en el mundo material es
pasajero. Decidí que ninguna otra pregunta era relevante ni
merecía la pena que me la planteara si no era capaz de responder a esta pregunta fundamental: «¿Qué es lo que trasciende la muerte?».

Necesitaba descubrirlo por mí misma. Ya me había cansado de que me dijeran lo que debía creer y lo que no sobre Dios o sobre mi propia alma. Me sentía inquieta y confusa sobre la religión y la otra vida. El hecho de encontrar respuesta a preguntas existenciales se convirtió en el aspecto fundamental de mi vida durante la época de mi adolescencia tardía. Nada era más importante para mí. Mi segunda prioridad era conseguir el éxito económico que me permitiera independencia para explorar y descubrir debidamente esas respuestas. Decidí que jamás sabría vivir al máximo si no sabía cómo morir, y que jamás sabría cómo morir si no era capaz de descifrar ese misterioso acertijo. Tenía que saber: ¿Quién soy? ¿Cuál es mi meta? ¿Por qué estoy aquí? Para mí, no había otra opción.

Estoy segura de que también tú te has hecho preguntas profundas. Una de las más importantes que puedes hacerte es: «¿Quién soy?». Presta atención a los sentimientos y a las imágenes que la pregunta evoca en ti. Fíjate en la primera respuesta que te viene a la mente. Ten curiosidad. Pregúntate: «¿Quién soy?». Anota tus pensamientos. Ahora observa lo que has escrito. Presta atención a cómo te hacen sentir esas respuestas. El modo en que respondas a esa pregunta determina el grado de poder que alimenta tus pensamientos, palabras y acciones.

Puedes responder a la pregunta a muchos niveles distintos. ¿Dirías tu nombre? ¿Te identificarías con el papel que desempeñas (es decir, madre, amigo, instructora, artista, médico o emprendedora)? ¿Tu primera respuesta surge del terreno de la personalidad, o de un lugar más profundo? ¿Sintonizarías con la fuente infinita que anima tu vida y hablarías desde ese conocimiento silencioso? ¿Reflejaría tu respuesta que quien eres no puede restringirse a ningún papel, por muchos que desempeñes? ¿O te identificarías más con tu papel o con tus cualidades (soy lista, soy alto, moreno y atractivo, soy padre soltero)? ¿Lo relacionarías más con tu profesión (soy agente de la propiedad inmobiliaria, o abogado)? ¿O lo identificarías con tus logros (soy cinturón negro tercer Dan en aikido)? ¿O lo relacionarías más con el pasado (soy alguien que ha sobrevivido a un cáncer)?

> ¿Quién eres TÚ?
> La oruga de
> *Alicia en el país de las maravillas.*

Lo que crees entre todas las posibilidades infinitas coincidirá con tus afirmaciones sobre «yo soy». Esto significa que los resultados que obtengas no excederán lo que sostengas sobre ti mismo.

Por ejemplo, uno de mis alumnos deseaba una conexión más profunda con sus hijos, pero no sabía cómo crearla. Había emigrado a Estados Unidos y se pasaba la mayor parte del tiempo trabajando para proporcionar a su familia la calidad de vida que él nunca había tenido de pequeño. Le pregunté: «¿Quién eres tú en relación con tus hijos?». El hombre asintió con la cabeza y respondió: «Soy el autoritario». Le pedí que siguiera desarrollando la respuesta. Me dijo que su mujer era la cuidadora, y que el trabajo de él consistía en convertir a sus hijos en hombres. Explicó que era severo y exigente, como su padre lo había sido con él, y que temía comportarse como su padre. Quería a sus hijos, pero no sabía demostrarlo. Mientras me contaba su historia con lágrimas en los ojos, trabajé con él para ayudarlo a expandir su autopercepción, a liberarse de los límites de la manera en que se veía a sí mismo y se comunicaba con sus hijos. A través de mis preguntas, lo guié para que descubriera lo que de verdad deseaba, en el nivel más profundo. Al fin se dio cuenta de que podía elegir cómo quería relacionarse con sus hijos, cómo reaccionar y orientarlos. Y también se dio cuenta de que el amor es lo más importante. Juntos descubrimos nuevos métodos de afirmación para alcanzar su verdadero objetivo.

> No podemos enseñar nada a la gente, solo podemos ayudarla a descubrir las cosas dentro de sí misma.
>
> GALILEO

Creas con palabras a partir de la noción que tienes de tu «yo». Si estás anclado en tu identidad concreta, entonces pensarás, hablarás y crearás en base a ese papel en particular.

Eres un ser multidimensional. Como un diamante, tienes muchas facetas. Por ejemplo, una mujer puede ser madre, hija, emprendedora, filántropa, inversora, atleta, artista, profesora y reina. Puede ser todo eso y más. El hombre también es multidimensional. Puede ser padre, hijo, líder, atleta, amante, poeta y rey. La influencia suprema declara que la persona que eres es suprema. Tu conciencia no puede encerrarse en una sola identidad. Puedes disfrutar y explorar una miríada de identidades mientras te das cuenta de que tu verdadero ser no está definido por ninguna de ellas.

> Cuando descubrí quién era yo realmente, des-
> cubrí que no estoy en la Mente, sino que la
> Mente está en mí; yo no estoy en el cuerpo,
> sino que el cuerpo está en mí; yo no estoy en
> el mundo, sino que el mundo está en mí. Me
> interno hacia mí mismo y voy creando, una y
> otra vez. En esencia, soy Eso que crea todo
> Eso: yo soy Eso, tú eres Eso, todo esto es Eso
> y Eso es todo lo que hay. Si encuentras Eso, en-
> tonces lo tienes Todo.

LOS VEDAS

Como una gota de agua es al océano, tú eres una de ellas en el mar de la conciencia suprema. Eres un tesoro irreemplazable. Nunca ha habido y nunca habrá nada como tú. Eres un fenómeno, un milagro, una maravilla. En todo el cosmos nada ha tenido ni tendrá jamás tu perspectiva particular y tu forma única de irradiar tu luz en el mundo. Sencillamente, eres una emanación suprema del universo, entera y completa en todos los sentidos, perfecta en tu propia imperfección.

RECUERDA LA FUENTE DE TU PRESENCIA Y TU PODER

> Aprender es recordar.

SÓCRATES

A los veinte años ya había empezado a practicar Jñāna yoga, el camino del conocimiento. Estudiaba textos de sabiduría antigua como la Biblia, el Bhagavad Gita, el Tao Te

Ching, la Cábala y muchos otros. Estudié nuevos movimientos de pensamiento, como la ciencia de la mente y el curso de milagros. Busqué las verdades esenciales ocultas en parábolas, sutras, acertijos y relatos. Comparaba mi experiencia con mis descubrimientos, remitiéndome de una fuente a otra, descifrando correspondencias y relacionando las verdades de los textos antiguos con los descubrimientos recientes en física cuántica y neurociencia cognitiva. Me he dedicado a la contemplación y a la meditación y he establecido vínculos profundos con grandes maestros. Mi búsqueda del conocimiento creció hasta convertirse en una relación amorosa sagrada con la vida. He llegado a descubrir que estamos aquí para ser, sentir, evolucionar y amar, y que cuando amamos de verdad, somos supremos.

Mi viaje me ha hecho despertar y ver que el Dios antropomorfo que había estado buscando durante mis primeros años de investigación estaba oculto en silencio en mi interior todo ese tiempo, esperando pacientemente mi descubrimiento y mi atención. El hecho de poseer este conocimiento —«yo soy»— es la clave para trascender el miedo, de modo que puedas hablar con autoridad y crear de manera consciente lo que deseas.

Así pues, ¿cómo puedes hablar con verdadero poder, no solo de vez en cuando sino de manera sistemática? En primer lugar, cree. Eres supremo. Con independencia de tus creencias espirituales o de la organización religiosa a la que pertenezcas (o no), la afirmación está en todas partes cuando te muestras abierto a ella. Esto es lo que las grandes tradiciones espirituales afirman sobre ti: el Evangelio según san Lucas 17:20-21, refiriéndose al Génesis 1:26-27, dice: «He aquí, el reino de Dios está entre vosotros». El reino de los cielos no se encuentra fuera de ti. No es un destino que alcanzar. No es una recompensa que obtienen quienes lo merecen después de muertos. Es un despertar interior. ¡El reino de los cielos y todas las maravillas que siempre has deseado están en ti! ¡Toda la majestuosidad de nuestro universo está viva en tu interior ahora mismo! Y esto significa que el amor, la alegría, la sabiduría, la prosperidad y la paz son un derecho de nacimiento. Eres un ser supremo, creado a «imagen y semejanza de Dios».

Los grandes sabios de la antigua India revelaron «*aham brahmasmi*», que significa «todo lo que existe está dentro de mí». La traducción de este sutra en sánscrito es «el núcleo de mi ser es la realidad suprema, la raíz y la base del universo, la fuente de todo lo que existe».

«Conócete a ti mismo y conocerás el universo», reza un axioma alquímico. En la alquimia hermética (la ciencia y el arte de la transformación consciente) existe un principio destacado: «Como es arriba, es abajo. Como es dentro, es fuera. Como es en el microcosmos, es en el macrocosmos».

¿Qué revelan estos pasajes? Lo Supremo y tú sois uno. ¡Este descubrimiento es lo que alimenta tus pensamientos y palabras y les proporciona autoridad y poder creador! El vivir siendo consciente de ello es el verdadero propósito del yoga. Es la razón para meditar. Es el significado de la iluminación y el descubrimiento de uno mismo. La comunicación que se produce en este espacio inquebrantable es influencia suprema en acción.

Vosotros sois dioses, y todos vosotros hijos del
Altísimo.

Salmos 82:6

«Conócete a ti mismo», como pedía Lao Tse, no consiste
tan solo en la comprensión intelectual de la identidad. No es
algo estático que puedas descubrir o definir. «Conócete a ti
mismo» implica un conocimiento mediante la experiencia
que existe paradójicamente en el misterio. La clave para conocerte como ser supremo es liberarte de la idea de que necesitas encontrar algo que no está ya presente. Relájate en la
sabiduría de tu propio ser. Lo que buscas eres tú.

Eso que lo impregna todo, que nada lo trasciende y que, al igual que el espacio universal
que nos rodea, lo llena todo por completo,
por dentro y por fuera, ese Brahmán Supremo
y no dual, eso eres tú.

Sankaracharya

Hay una antigua historia budista que trata de la época en
la que Buda vagaba por el nordeste de la India, poco después de su iluminación. Se encontró con varios hombres que
reconocieron en él a un ser extraordinario. Le preguntaron:
«¿Eres un dios?». «No», respondió él. «¿Eres una reencar-
nación de dios?» «No», respondió. «¿Eres un sabio, entonces?» «No.» «Bueno, entonces ¿eres un hombre?» «No.»
«Pues ¿qué eres?», preguntaron los hombres, perplejos.
Buda respondió simplemente: «Estoy despierto». Buda significa «El Despierto».

En el budismo, el Sutra del Loto, una de las grandes enseñanzas, explica que la budeidad (un estado de iluminación suprema) es inherente a cada una de nuestras vidas. Nichiren Daishonin, el monje budista del siglo xi, escribió: «Cuando alguien está engañado, se le llama un ser común, pero cuando está iluminado, se le llama Buda». Nichiren añadió: «Si buscas la iluminación fuera de ti mismo, ni siquiera diez mil prácticas ni diez mil buenas acciones servirán de nada».

La influencia suprema está disponible para todos nosotros. El universo no tiene favoritos. Responde de igual manera a la vibración del pensamiento. Lo que siembras es lo que recoges. Cuando plantas semillas de tomate, no recoges berenjenas. Cuando mezclas el azul y el amarillo, ¿qué color obtienes? El verde. Todos obtenemos el verde. El universo no nos da el verde solo a unos cuantos.

EL LOGOS (PALABRA)

Este libro revela una fórmula para la creación consciente a través del lenguaje. En capítulos anteriores hemos hablado de formar imágenes vívidas en tu mente, después hacer coincidir tus palabras con esas imágenes y crearlas al hablar. Este capítulo revela cómo puedes hablar con verdadera autoridad apoderándote de la presencia y el poder de tu «yo soy». A continuación expondré un modelo de posibilidad que demuestra cómo poner esta sabiduría en acción.

«*Logos*» es una palabra del griego (λόγος) que significa «la palabra viva» o vibración de sonido creador a partir de la cual se conforma toda nuestra experiencia de la realidad y sigue evolucionando. Los filósofos estoicos identificaban el logos como «el principio divino creador del cosmos». El logos representa la voluntad suprema creadora. Es la inteligencia fundamental a través de la cual creamos al hablar mediante la expresión y el pensamiento organizados. «*Ordo ab chao*» es una expresión en latín que significa «orden sobre el caos». A partir del caos, se obtiene orden a través del logos. Sin el logos, nada se manifiesta. Por consiguiente, ¿cómo llegar a comprender, integrar y ejercer el poder de este poderoso principio cósmico omnipresente —logos, la palabra— en nuestro día a día? La respuesta a esta pregunta te será revelada en las páginas de este libro.

> En el principio era Brahmán, con quien estaba la palabra; y la palabra era realmente el Brahmán Supremo.
>
> RIG VEDA

> En el principio era el Verbo, y el Verbo era con Dios, y el Verbo era Dios.
>
> Juan 1:1

En el Evangelio de san Juan 1:14, Jesús (cuyo nombre hebreo, «Yeshua», significa «salvación») es descrito como la encarnación del logos. «El Verbo se hizo carne, y habitó entre nosotros.» El ejemplo de Jesucristo nos guía para activar el logos en nuestras vidas y anclar la influencia suprema en la experiencia humana.

Según la Biblia, Jesús obraba milagros con la palabra

porque era uno con Dios. En el Evangelio de san Mateo 9:1-8,
Jesús sana a un paralítico. Hablando con la autoridad de lo
absoluto, Jesús declara que los pecados del hombre quedan perdonados y le ordena que se levante y ande, y el hombre anda. En Juan 14:12, Jesús manifiesta que también tú
puedes lograrlo: «De cierto, de cierto os digo: "El que en mí
cree, las obras que yo hago, él las hará también, y aún mayores hará"». En Juan 14:20, dice: «En aquel día vosotros
conoceréis que yo estoy en mi padre, y vosotros en mí, y yo
en vosotros». ¿Qué revelan estos pasajes? ¿Cómo es posible
que un hombre-Dios pudiera dominar las fuerzas de la naturaleza para caminar sobre el agua, y multiplicar panes y peces, y después dijera que también nosotros tenemos acceso a
ese poder supremo? Es posible ¡porque lo tenemos!

SEGUNDA PARTE

Comprende

5

Modelo de comunicación de la PNL

Uno de los pilares del trabajo al que he dedicado mi vida es el estudio de la PNL (programación neurolingüística), un método de comunicación, psicoterapia y desarrollo personal. La PNL explora la relación entre nuestros patrones de comportamiento y emoción (programación), el modo en que pensamos (neuro) y en que hablamos (lingüística). En este capítulo analizaremos el modelo de comunicación de la PNL para explicar la manera en que cada uno de nosotros puede crear sus propias experiencias de la realidad. Este descubrimiento te ayudará a tomar decisiones más acertadas en cuanto a aquello en lo que te centras y en el significado que otorgas a las distintas experiencias de tu vida.

Echemos un vistazo al significado profundo que hay tras la programación neurolingüística.

Programación: El modo en que codificamos, almacenamos y representamos nuestras experiencias en nuestro sistema neurológico.

Neuro: Se refiere a la neurología y a la manera en que nuestro cerebro y sistema nervioso procesan la información por medio de nuestros cinco sentidos: vista (visual), oído (auditivo), tacto (cinestésico), olfato (olfativo) y gusto (gustativo).

Lingüística: El lenguaje y otros sistemas de comunicación no verbal a través de los cuales nuestras experiencias, recuerdos e imágenes se codifican, ordenan y cobran significado. Esto incluye imágenes, sonidos, sentimientos, olores, sabores y el diálogo interior.

La PNL consiste en un conjunto de trabajos en evolución, y su propósito primordial es estudiar, describir y transmitir modelos de excelencia humana.

Mis inicios en la PNL

A los diecinueve años solía sentarme entre el público a observar al que entonces era mi jefe, Tony Robbins, mientras transformaba milagrosamente la vida de la gente, y entonces ya sabía, sin lugar a dudas, cuál sería mi objetivo. Vi a gente librarse de fobias que habían arrastrado a lo largo de toda su vida. Vi a parejas al borde de la separación olvidarse de sus diferencias y conectar con autenticidad. Observé a familias sanar y trascender circunstancias que hasta ese momento no les permitían ver más allá. Presencié el momento en que una persona que se planteaba el suicidio cambió de opinión al instante y se sintió agradecido por el regalo de la vida. Como un Jedi lingüístico, Robbins era capaz de convertir cualquier problema en posibilidad. Aquello me intrigaba a un nivel profundo. Me quedé completamente cautivada por la transformación consciente.

Embelesada y fascinada, sabía que quería comprender la conexión mente-cuerpo-espíritu. Quería ayudar a la gente a superar los mayores retos de su vida y a crear victoria. Quería unir los puntos entre la ciencia y la espiritualidad. Así, esta parte del camino de mi vida empezó en el momento en que dominé el estudio de la PNL. Fue durante esa época cuando descubrí la profunda relación de la PNL con la física cuántica, la informática, la psicología y la sabiduría antigua, disciplinas que inspiraron la creación de la influencia suprema.

Este es el breve relato de sus orígenes.

La PNL surgió en 1975, cuando Richard Bandler (matemático) y John Grinder (lingüista transformacional), de la Universidad de California en Santa Cruz, empezaron a estudiar a los expertos en comunicación más exitosos del mundo. Al examinar el modo en que esos genios obtenían resultados sistemáticos y sorprendentes, Bandler y Grinder aplicaron la ingeniería inversa a las estrategias de comunicación de Fritz Perls, Virginia Satir y Milton Erickson, tres de los psicoterapeutas más destacados y talentosos de la época. Cuando los dos hombres estudiaron a esos magos de la lingüística y trasladaron sus enfoques a modelos replicables, nació el modelo de comunicación de la PNL.

LAS REPRESENTACIONES INTERNAS Y EL MODELO DE COMUNICACIÓN DE LA PNL

Te rodean miles de millones de bits de información. ¡Vives en un universo de posibilidades infinitas! Experimentas el mundo a través de los sentidos; sin embargo, tu cerebro y tu sistema nervioso no lo procesan todo de manera consciente. Son demasiados datos. Así pues, lo que haces a lo largo del día (y lo que hago yo, y todo el mundo) es elegir entre ese mar infinito de ondas y partículas y prestar atención a un pequeño porcentaje de lo que está sucediendo a tu alrededor. Agrupamos lo similar y a continuación representamos pequeños bits de información hacia nosotros mismos, en forma de representaciones internas. La representación interna (RI) es todo aquello que vemos, oímos y sentimos en la mente: las imágenes, los sonidos y los sentimientos que emergen en nuestra conciencia. Las representaciones internas influyen sobre nuestra comunicación y guían el comportamiento.

Las RI están relacionadas en una red de neuroasociaciones que se codifican y almacenan como creencias, valores y recuerdos y se integran en nuestra fisiología, lenguaje y atención para generar nuestro comportamiento.

Exploraremos el concepto de RI más ampliamente en el capítulo 6. En la página siguiente encontrarás una ilustración de cómo las RI encajan en el modelo de comunicación de la PNL.

Mientras observas la ilustración, imagínate en el centro de un universo sensorial, rodeado de miles de millones de estrellas, todas ellas impregnando tus sentidos las veinticuatro horas del día de todo aquello que ves, oyes, hueles, pruebas y sientes.* La lente de tu conciencia perceptiva es lo bastante grande para recibir la inmensa cantidad de infor-

---

* La ilustración de la página siguiente es mi interpretación del modelo tradicional de comunicación de PNL.

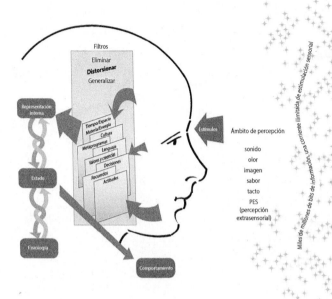

mación, pero en el momento en que los datos originales se transmiten a tu sistema de archivo mental, las eliminaciones y las distorsiones ocurren cuando los estímulos recibidos buscan categorías de «significado» apropiado basadas en tu mapa de la realidad. Esta organización de la información conduce a todo tipo de generalizaciones que afectan a tu perspectiva del universo y el modo en que te comportas en él.

Según Richard Bandler, los tres filtros principales que determinan la manera en que procesamos los datos sensoriales ilimitados en nuestro campo de conciencia son neurológicos (nuestros sentidos físicos), sociales (nuestra familia y nuestro adoctrinamiento cultural) e individuales (nuestras creencias y nuestra historia personal). Filtramos el mundo a través de esas limitaciones al tiempo que eliminamos y tergiversamos grandes bloques de información. Es así como creamos nuestro exclusivo mapa de la realidad.

En *La estructura de la magia*, Richard Bandler escribió:

> Como seres humanos, no actuamos directamente sobre el mundo. Cada uno de nosotros crea una representación del mundo en que vivimos; es decir, creamos un mapa o un modelo que utilizamos para generar nuestra conducta. Nuestra representación del mundo determina, en gran medida, cuál será nuestra experiencia del mundo, cómo lo percibiremos, qué opciones veremos en él.

Un mapa de la realidad no es la realidad, como un mapa de la galaxia de la Vía Láctea no es la galaxia de la Vía Láctea. Un mapa mental, de manera similar a un mapa geográfico, contiene omisiones, distorsiones y generalizaciones; faltan en él toda clase de detalles. La calidad de esos mapas determina de qué manera encontramos sentido a nuestra vida y viajamos por ella.

> La verdad de una teoría está en la mente, no en los ojos.
>
> ALBERT EINSTEIN

Tú eres el cartógrafo. Tu mapa de la realidad representa la suma total, en constante cambio, de tus representaciones internas, creencias, recuerdos, imaginaciones y visiones. Tu mapa se ve modificado constantemente con información nueva a medida que creces y avanzas por la vida. Tu mapa no es estático. Y tú eres la única persona que tiene ese mapa en particular.

Salir de tu mapa de la realidad

Si alguna vez te has sentido atrapado en un «contratiempo», entonces es posible que hayas confundido tu mapa de la realidad. En cuanto expandes tu conciencia, aparecen opciones nuevas. Conseguirlo es tan sencillo como permitir que tu visión se abra a la periferia. Da un paso atrás y observa. Tú eres el espectador. Desde ese espacio de conciencia expandida puedes elegir centrarte en posibilidades al tiempo que mantienes la visión periférica.

Hagamos un breve ejercicio para ayudarte a salir de tu mapa de la realidad y ganar una mayor perspectiva y recursos.

Imagina que estás en un teatro, sentado al fondo de la sala. En la pantalla, alguien que se parece a ti está experimentando un problema. Sin embargo, tú no te inquietas; estás cómodo, comiendo palomitas mientras observas de manera objetiva a la persona que aparece en la pantalla. Fíjate en cómo, al observar la situación, descubres nuevos detalles. También tienes un mando a distancia. En cualquier momento puedes hacer que la película avance más rápidamente o más despacio, puedes rebobinar o hacerla avanzar. La puedes pasar a blanco y negro, acercar determinada imagen o volverla borrosa. Incluso puedes ver la película desde la cabina de proyección. Sigue hasta que la persona en pantalla supera su problema y llega al momento del aprendizaje y la solución exitosa. Entonces aprieta el botón de pausa y unifícate con el «tú» de la pantalla. ¿Qué ha cambiado?

Las soluciones, las posibilidades y las oportunidades siempre están presentes. Sin embargo, a veces no las reconocemos porque nuestra mente elimina, distorsiona y generaliza la información.

ELIMINACIÓN, DISTORSIÓN Y GENERALIZACIÓN DE LA REALIDAD

Imagina un árbol. Un árbol ofrece una gran cantidad de información perceptible. Podríamos fijarnos en el género al que pertenece, la forma de las hojas y la corteza, en su edad y su altura. Podríamos analizar su ecosistema, qué animales viven en simbiosis con él y en qué parte del mundo crece. Podríamos oler su fragancia y tener en cuenta todo lo que ese árbol podría aportarnos, como madera, aceites esenciales o sus propiedades medicinales. Podríamos observar la salud del árbol, o descubrir que sería fantástico escalarlo o construir en él una casa.

Tu cerebro no procesaría toda la información relativa al árbol de una sola vez, sino que extraerías los bits correspondientes a tu mapa.

El modo en que eliminas, distorsionas y generalizas (EDG) revela tu perspectiva: tu relación con los árboles, tu conocimiento sobre árboles, tu imaginación y tu estado de ánimo entre otras cosas. El modo en que percibes y después almacenas tu experiencia del árbol en tu memoria descubre menos sobre el árbol que sobre tu propia percepción.

Un necio no ve el mismo árbol que ve un sabio.

WILLIAM BLAKE

Investiguemos ahora el proceso conocido como «eliminación».

Eliminaciones

Una eliminación sucede cuando el cerebro pasa por alto información.

Hace unos años, John Assaraf, emprendedor, investigador y explorador de la conciencia, habló en uno de mis seminarios. Con un público integrado por quinientas personas, realizó un breve y divertido ejercicio con el que demostró que nuestra mente elimina información que nos rodea. John mostró un vídeo de setenta y cinco segundos en el que aparecían dos equipos pasándose dos pelotas de baloncesto. Uno de los equipos llevaba camiseta blanca y sus integrantes se pasaban la pelota entre sí. El otro equipo llevaba camiseta negra y también se pasaban la pelota. John pidió al público que se centrara en el equipo de la camiseta blanca y contara cuántas veces se pasaban la pelota. En mitad del vídeo, aparecía alguien vestido de gorila y se paseaba entre los jugadores, se daba golpes en el pecho y después se marchaba. La mayoría de los presentes eliminó al gorila. Cuando John les preguntó: «¿Habéis visto al gorila?», el público lo miró perplejo. Estaban tan concentrados contando que no habían advertido la presencia aparentemente obvia del gorila.*

Este vídeo ilustra un aspecto importante: estás rodeado de «oportunidades gorila». Es probable que a veces ni siquiera las veas porque estás concentrado en otra cosa, y por consiguiente tu cerebro las elimina. Imagínate expandiendo tu conciencia y siendo más consciente de las «oportunidades gorila» que te rodean ahora mismo.

Un modo sencillo de conseguirlo es haciéndote preguntas expansivas como: «¿Cómo puedo ser más consciente de las oportunidades que me rodean ahora mismo? ¿Con quién puedo colaborar ahora mismo para alcanzar nuestros objetivos?». Si surge un contratiempo, puedes preguntarte: «¿Qué puedo aprender de esto?».

En el capítulo 14 analizaremos el poder de las preguntas, y en ese punto te ofreceré una fórmula para crear tus propias preguntas fortalecedoras. Fijémonos ahora en el proceso de distorsión.

Distorsiones

Una distorsión ocurre cuando tu cerebro procesa la información, pero sustituye una cosa por otra.

En 1949, investigadores de la Universidad de Harvard

---

* En 1997, Christopher Chabris y Daniel Simons se conocieron en la Universidad de Harvard y colaboraron en una investigación. En 2004, recibieron el premio Ig Nobel de psicología por «logros que primero hacen reír a la gente y después la hacen pensar», por el experimento que inspiró el vídeo de *El gorila invisible*.

desarrollaron un estudio para comprobar la respuesta de las personas cuando se les enseñaba cartas de palos y colores mezclados. Por ejemplo, un tres de corazones negro y un seis de picas rojo aparecían mezclados con otras cartas tradicionales como un cinco de corazones rojo y un siete de picas negro. Los investigadores descubrieron que los sujetos estaban tan acostumbrados a ver cartas tradicionales, que cuando se mezclaban palos y colores, muchos participantes distorsionaban las imágenes. Cuando se les enseñaba un tres de corazones negro, por ejemplo, algunos sujetos veían un tres de corazones rojo, algunos lo veían tirando a violeta y otros se quedaban tan confusos que no eran capaces de identificar la carta.

¿Qué nos revela esto? La PNL sostiene que la gente no responde a la realidad, sino que responde a su mapa de la realidad. Cuando algo de tu conciencia no coincide con tu mapa, tu cerebro puede distorsionarlo para ajustar la realidad a lo familiar. La mente almacena datos en base a la ley de la asociación, lo que significa que agrupa pensamientos similares. Si algo desconocido aparece ante ti y no tienes referencias internas con las que asociarlo, puede que lo distorsiones.

Si alguna vez has dicho algo así: «¡Juraría que dijo que se llamaba Paul!», cuando en realidad el nombre era Peter, es porque tu cerebro ha distorsionado la información. O si alguna vez has metido la mano en el armario para sacar una camisa azul y resulta que has sacado una verde, es porque tu cerebro ha cometido otra distorsión.

La siguiente es una potente práctica para expandir la conciencia. Si algo te supone un desafío, muéstrate curioso.

En lugar de asignar significado a una experiencia, puedes dar un paso atrás (literalmente) y observar la situación desde otro ángulo. Pregúntate: «¿Qué otra cosa podría significar?». Podrías ponerte en la piel de otra persona por un momento y ver las cosas desde su perspectiva. ¡Después podrías colocarte un «sombrero de agudeza sensorial»! Esto es lo que les digo a mis alumnos para recordarles que deben mostrarse presentes en el momento y activar sus sentidos, como si fueran superhéroes. La agudeza sensorial te permite reconocer distinciones sutiles en las imágenes, sonidos, sentimientos, olores, sabores y sensaciones que te rodean.

Ahora exploremos cómo generalizamos.

Generalizaciones

Una generalización se produce cuando tu cerebro elimina y distorsiona información y después la agrupa con falta de detalles.

Puedes utilizar generalizaciones a propósito. Por ejemplo, si crees en la generalización «si me entrego con dedicación, siempre salgo adelante», la realidad se adaptará a tu voluntad. Tu mapa se convierte así en una profecía que acarrea su propio cumplimiento.

Las palabras «siempre» y «nunca» son cuantificadores universales. Establecen generalizaciones y crean la ilusión de una realidad perpetuamente estática que limita la posibilidad de que se materialice algo distinto.

Detente un momento. Considera una generalización que hayas pensado o pronunciado y que ya no respalde tu magnificencia. Por ejemplo, el hecho de decir: «Las relaciones implican mucho esfuerzo». O generalizaciones que suele hacer la gente, como «Soy demasiado joven» o «Soy demasiado mayor». La generalización podría ser sobre otra persona: «Nunca escuchas». Estas generalizaciones nublan la visión y conducen a malas elecciones. Sé consciente. Pregúntate: «¿Pensar y hablar de este modo me hace sentir bien? ¿Me da verdadero poder? ¿Eleva el espíritu de la gente?». Entonces, elige de manera consciente las generalizaciones que te resulten potenciadoras, como «Soy un ser infinito de amor y luz» o «Toda la fuerza que ha habido y que alguna vez habrá está aquí en este momento». Escribe estas frases fortalecedoras. Escoge tus palabras con perspicacia y concisión. Por ejemplo, «Estoy en armonía con mi propósito» o «Tengo éxito». Asegúrate de que crees que lo que escribes es posible. Al fin y al cabo, cuando escribes (igual que cuando hablas), estás formulando una suerte de hechizo...

Las generalizaciones influyen en la percepción y el comportamiento. Algunos ejemplos de generalizaciones son: «Los políticos son unos sinvergüenzas», «Los abogados son unos mentirosos», «Los policías siempre comen donuts y beben café en horas de servicio» o «A las personas espirituales no les preocupa ganar dinero». Las generalizaciones influyen sobre la percepción y la conducta. Si alguien generaliza y comenta que a las personas espirituales no les preocupa ganar dinero, y una persona se identifica como espiritual, entonces puede llegar a sabotear de manera inconsciente sus esfuerzos para atraer dinero.

Honrar y entrar en el mapa de otra persona

Todos eliminamos, distorsionamos y generalizamos la realidad de manera distinta según sea nuestro mapa mental. El hecho de honrar el mapa de la realidad de todas las personas, aunque no estés de acuerdo con él o no lo entiendas, es vivir en influencia suprema. San Agustín no se equivocaba al decir: «Ama y haz lo que quieras». Tu verdadero objetivo no transgrede la voluntad de otra persona.

> Hay cientos de formas de arrodillarse y besar el suelo; hay cientos de formas de regresar a casa.
>
> Rumi

En la Biblia (Juan 8: 1-11) se narra un relato en el que la gente del pueblo se acercó a Jesús para preguntarle qué debían hacer con una mujer a la que llamaban «pecadora». La gente quería apedrearla, pero Jesús les dijo: «El que de vosotros esté sin pecado sea el primero en arrojar la piedra contra ella». El significado profundo de la palabra «pecado» en hebreo se traduce como «errar o no dar en el blanco». Si alguien peca, es que ha errado o que no ha dado en la marca. Un error no es algo que deba ser criticado o condenado, sino entendido para que pueda corregirse. Si conduces por la autopista y de repente te das cuenta de que te has pasado la salida (o que has «perdido la marca») no sigues conduciendo en dirección equivocada ni te detienes en seco presa del pánico. Compruebas la ruta, la corriges y continúas hacia tu destino.

Puedes tomar multitud de caminos para llegar al mismo

destino. Los problemas de comunicación surgen cuando alguien confunde su mapa de la realidad con la propia realidad, y convierte su camino en el correcto y los otros en erróneos. Cuando un individuo proyecta su mapa sobre otra gente, suele causar conflicto en familias, organizaciones, comunidades y naciones. Aspira a comprender los mapas sin juzgarlos. Con actitud de curiosidad, puedes introducirte en el mapa de otra persona si ves, oyes y sientes desde su perspectiva, lo cual te ofrece la posibilidad de hablar con eficacia para ser escuchado y para negociar de manera razonable.

Cuando partimos de un espacio de amor verdadero, prescindimos de la necesidad de controlar a los otros, o de conseguir que sus mapas se ajusten a los nuestros. Aceptamos el hecho de que la gente tiene métodos particulares que les resultan útiles, aunque sean distintos de los nuestros. No nos aferramos a tener razón. Valoramos y aprendemos de nuestras diferencias.

> Cuanto más motivado estés por el amor, más libres y carentes de miedo serán tus acciones.
>
> DALAI LAMA XIV

6

El significado más profundo de las palabras

¡Una de las principales barreras a la comunicación es asumir que se ha producido! ¿Alguna vez has estado seguro de haberte comunicado con claridad, pero aun así la otra persona ha entendido algo absolutamente distinto a lo que querías expresar? Este capítulo te enseña cómo trasladar de manera efectiva tus pensamientos en palabras para conseguir un verdadero entendimiento. También serás más consciente de cómo la gente recibe tu comunicación y aprenderás a formular preguntas que te permitan obtener un significado profundo que vaya más allá de las palabras que utilicen. Esta sabiduría te permitirá minimizar los malentendidos para que puedas conectar y colaborar de manera genuina con quien quieras y en cualquier momento.

Permíteme que exponga un ejemplo divertido de los conflictos que pueden surgir al comunicarse con otra persona y de la importancia de comprender el significado más profundo de las palabras.

Problemas de comunicación titánicos

Una vez me contrataron para dar una conferencia en un crucero por el Caribe. Se trataba de una ponencia transformacional en el mar, con oradores y lumbreras dispuestos a compartir su sabiduría. No había estado en un crucero desde que era pequeña e imaginaba que sería espléndido y de gran opulencia.

Mientras mi novio y yo hacíamos la maleta, me venían a la cabeza imágenes románticas de un fabuloso salón de baile, de damas elegantes con vestidos largos, bajando por amplias escaleras en espiral al pie de las cuales las recibían refinados caballeros con esmoquin. Imaginé una escena de la película *Titanic*, en la que Kate Winslet bajaba por la escalera para encontrarse con su galán, Leonardo DiCaprio. Disfruté creando mi propia escena romántica, en la que yo aparecía con mi vestido y mi novio con su esmoquin más elegante. Entonces le dije: «Cariño, será maravilloso. ¡Será como estar en el *Titanic*!».

Él me miró horrorizado. «¿¡El *Titanic*? ¿Te has vuelto loca? ¡No quiero ir de crucero si va a ser como el *Titanic*!»

Yo le pregunté: «¿Es que no has visto la película?».

«Sí, ¡por eso! —respondió—. ¡En el *Titanic* murió casi todo el mundo!»

A continuación rompimos a reír a carcajadas. Para él, la palabra «Titanic» evocaba imágenes de cuerpos flotando en las gélidas aguas del Atlántico norte. Para mí, la palabra «Titanic» representaba imágenes de elegancia, majestuosidad y el amor de dos almas gemelas. Teníamos representaciones internas completamente distintas de la palabra «Titanic».

Si no hubiéramos estado presentes, con ánimo distendido y ganas de comunicarnos, aquel malentendido podría haberse intensificado. Otra persona (ante la ausencia de influencia suprema) podría haber reaccionado con decepción, proyectando emociones negativas y haciéndose preguntas debilitantes como: «¿Por qué no quiere ir de crucero romántico conmigo? ¿Qué le pasa, o qué tengo yo de malo?».

¿Alguna vez has experimentado una reacción desproporcionada por una confusión similar, o alguien ha reaccionado de manera desproporcionada hacia ti? Si tu respuesta es afirmativa, esta sencilla práctica te ayudará a vivir en influencia suprema.

Ponte el sombrero de agudeza sensorial. Los comunicadores brillantes son conscientes de cómo se recibe su comunicación. Una de las suposiciones de la PNL es: «Mi comunicación es la respuesta que obtengo», lo que significa: hazte responsable del modo en que tu comunicación es recibida por quienes te escuchan. Cuando hables, sé consciente de los sutiles cambios en la respiración de la otra persona, de su tono de voz y lenguaje corporal. Volviendo al ejemplo anterior, cuando utilicé la palabra *Titanic* lo hice con la intención de ser dulce, alegre y romántica, pero mis palabras hicieron que mi novio se pusiera nervioso y se tensara. Independientemente de la respuesta que recibas, recuerda que eres responsable, lo que significa que eres capaz de responder de un modo sano y honroso, en cualquier circunstancia. Invierte un momento en respirar hondo una vez (o dos) antes de responder. A continuación, formula una pregunta con verdadero propósito, diseñada para descubrir el significado profundo más allá de las palabras. Por ejemplo, mi novio podría haberme preguntado: «Cariño, ¿a qué te refieres con que será igual que en el *Titanic*?», y después escuchado mi respuesta. Tal pregunta me habría obligado a revelar más sobre mi fantasía romántica.

> El mayor problema de la comunicación es hacerse la ilusión de que se ha producido.
>
> GEORGE BERNARD SHAW

Curiosamente, el crucero no fue el reflejo de ninguna de nuestras percepciones iniciales. Se trató de un viaje económico dirigido a familias, con iluminación chillona al estilo de Las Vegas y bufet libre de carne frita; nada que ver con mi idea de fastuosidad. Nada de vestidos elegantes ni de maravillosas escaleras, tan solo un malentendido de dimensiones titánicas.

PALABRAS: LOS COMPONENTES BÁSICOS DE NUESTRA COMUNICACIÓN

Las palabras son los bloques a partir de los cuales estructuramos nuestra comunicación. Sin embargo, a diferencia de los bloques, son intangibles. Son fundamentalmente abstractas. Una palabra representa algo, pero no es ese algo. Una palabra es una señal que apunta hacia aquello que representa. Como dijo Aristóteles: «Las palabras habladas son los símbolos de la experiencia mental».

Sirva este breve ejemplo. Piensa en un perro, y mientras

lo haces, ¿lo imaginas? ¿Es un perro grande o pequeño? ¿Tiene el pelaje largo o corto? Date cuenta de que la imagen que te viene a la cabeza tiene estructura. ¿Es en color o en blanco y negro? ¿Es una imagen cercana o lejana? ¿Es clara o borrosa, brillante o apagada? ¿Está en movimiento o es una imagen detenida? ¿Qué más te viene a la cabeza cuando piensas en un perro? ¿Qué significado tiene la palabra «perro» para ti? Hay multitud de imágenes que puedes evocar cuando te pido que pienses en un perro. Cada uno de nosotros tendrá una imagen totalmente distinta de la palabra «perro», basada en su propia experiencia. Algunas personas ven perros grandes, peludos y amenazantes, y otras imaginan mascotas pequeñas y adorables. Otras tal vez vean una fotografía, o quizá un perro animado. ¿Qué has visto, oído y sentido tú al pensar en un perro? Lo que te haya evocado es tu representación interna.

La palabra «perro» no es un perro, pero es una representación muy práctica que nos permite comunicarnos. Cuando digo «perro», te haces una idea general de lo que quiero comunicar, aunque no estés imaginando el mismo perro que yo. La palabra «perro» es un atajo en la comunicación.

> El lenguaje, original y fundamentalmente, no es más que un sistema de señales o símbolos que denotan acontecimientos reales o su resonancia en el alma humana.
>
> CARL JUNG

Las palabras son la punta del iceberg

En el lenguaje hablado y escrito, las palabras representan un constructo mental, que es distinto para cada persona. Esto significa que cuando nos comunicamos, utilizamos palabras en un intento de transmitir imágenes, sonidos y sensaciones de múltiples capas que existen en nuestra mente. Por consiguiente, las palabras son como la punta de un enorme iceberg, que revelan lo que está en la superficie de nuestras profundas y abundantes representaciones internas. Los maestros de la influencia suprema no asumen saber lo que una persona quiere decir cuando habla; en lugar de eso, prestan atención, honran el mapa de esa persona, hacen preguntas con educación, escuchan y crean entendimiento.

Por ejemplo, si alguien te dice que quiere «construir una casa espléndida», eso es tan solo la punta del iceberg. No sabes qué quiere decir con ello, las palabras son demasiado imprecisas. Si quieres apoyar a esa persona, es importante que descubras lo que hay debajo de la superficie. Puedes preguntarle: «¿Cómo sabrás que es una "casa espléndida"? ¿Qué utilizarás? ¿Qué oirás y sentirás que te haga saber que es espléndida? ¿A qué te refieres en concreto con "construir"?». En PNL, el término utilizado para describir esta clase de preguntas es «metamodelo», que se refiere a una serie de patrones lingüísticos que puedes utilizar para acceder al mapa del mundo de una persona y conseguir una representación más completa de su experiencia. Dentro de un momento ofreceré más preguntas del metamodelo. Pero ahora observemos lo que sucede cuando la gente está demasiado apegada a las etiquetas y no se detiene a mirar debajo de la superficie.

MIRA DEBAJO DE LA SUPERFICIE

Imagina cuánta gente ha sufrido y muerto a manos de grupos que, de manera dogmática, sostenían que su Dios era el único y condenaban a los otros. La palabra «Dios» es la punta del iceberg; es un símbolo que señala a la inefable e infinitamente profunda fuente de la existencia por excelencia. A continuación expondré una interesante visión sobre un significado más profundo de la palabra «Dios». Cuando empecé a estudiar tradiciones de sabiduría antigua y a mirar debajo de la superficie, fue muy esclarecedor darme cuenta de que la Biblia se había escrito originalmente en hebreo, arameo y griego. ¡La lengua inglesa ni siquiera existía en la época de los primeros escritos bíblicos! ¡Estrictamente hablando, la palabra «Dios» no se utilizó ni una sola vez en los textos bíblicos originales! En el libro del Génesis, en el que Dios crea el mundo mediante la palabra, la palabra hebrea original utilizada para designar a Dios en este contexto es «Elohim» (אלהים). No hay una traducción exacta para «Elohim». Cualquier traducción de «Elohim» es una interpretación, incluida la mía. La más cercana que he encontrado es «todos los poderes», que es plural. Como el hebreo es una lengua en la que el verbo aparece al inicio de la frase, «Elohim» no describe un nombre (como un patriarca sentado en su trono del cielo), pues es un verbo o proceso creador, puesto que Elohim está en el acto de creación. Por consiguiente, Elohim son los poderes creadores. Y como todos estamos hechos a la imagen y semejanza de Elohim, también nosotros somos poderes creadores. Cuando miramos debajo de la superficie, descubrimos nuestro esplendor y belleza (el «yo soy»). Esto fue un descubrimiento monumental para mí que influyó sobre cómo experimento y me relaciono con la Fuente Suprema de Toda la Existencia, es decir, Dios.

Así pues, las palabras son más que solo palabras. Tienen historia y profundidad. Poseen poderes ocultos que la mayoría de nosotros desconocíamos (hasta ahora). Este descubrimiento me cautivó e inspiró mi devoción por descifrar el poder contenido en el corazón del lenguaje. Quería llegar lo más cerca posible de la fuente original y del significado de los textos y tradiciones más profundas. La Cábala, por ejemplo, misticismo judío antiguo que explora la naturaleza de la existencia y la relación entre el macrocosmos y el microcosmos, asocia cada una de las veintidós letras del alfabeto hebreo con una imagen y un número. Así, cada palabra tiene distintas capas de significado. Consideremos una letra: la tercera del alfabeto hebreo, «gímel» (ג), corresponde a «camello». Gráficamente, la letra representa un camello, asociado a llevar a alguien a salvo a través del desierto, o abismo, que representa la gran brecha entre el mundo material (microcosmos) y su fuente (macrocosmos). Así pues, gímel representa una inteligencia unitiva. El hecho de mirar debajo de la superficie hace que una palabra cobre, mágicamente, un significado más rico y profundo.

Perdemos poder cuando no valoramos el lenguaje y damos por sentado que sabemos lo que alguien quiere decir, cuando en realidad solo hemos visto u oído la punta del iceberg. Analicemos las preguntas que puedes utilizar para adentrarte debajo de la superficie y comprender mejor el mapa de la realidad de los otros.

El metamodelo: descifra la experiencia profunda

Si quieres conseguir verdadero entendimiento en una conversación, el metamodelo te ayudará. Imagínate utilizando el lenguaje para descubrir de manera natural el significado profundo de lo que alguien te intenta comunicar. El metamodelo consiste en una serie de preguntas diseñadas para obtener información que quedó eliminada o distorsionada durante el proceso comunicativo. El metamodelo fue el primer modelo formal de la PNL, que se publicó en 1975.

Considera este ejemplo. Una vez, mientras estaba sentada en un banco del parque, oí una conversación entre una adolescente y su padre. Cruzada de brazos, dijo en tono cortante: «¡No me entiendes!». El padre, que estaba visiblemente alterado, se puso a la defensiva y respondió: «Nada de lo que hago es suficiente para ti». No hace falta decir que se estaban arrojando palabras el uno al otro pero que no había un entendimiento verdadero entre ellos. ¿Y si el padre hubiera utilizado el metamodelo? Podría haber dicho: «Cariño, ¿qué quieres decir? Quiero entenderte. ¿Cómo sabrás cuándo te he entendido?». Si hubiera formulado estas preguntas en un tono afectuoso y escuchando con atención, habría descubierto más información sobre el mapa del mundo de su hija, habría podido hablar con ella aprovechando que lo escuchaba y creado entendimiento entre ambos.

Algunas preguntas del metamodelo son:

- ¿Cómo es eso?
- ¿Cómo lo sabes?
- ¿Qué quieres decir?
- ¿Dónde, en concreto?
- ¿Según quién?
- ¿A qué te refieres concretamente con _____?
- ¿Qué ves en tu mente cuando dices_____?

Como estas preguntas traspasan la superficie, es importante establecer una buena sintonía antes de utilizar el metamodelo. Sin ella, estas preguntas pueden parecer impertinentes. Sé consciente de cómo son recibidas. La persona no debe sentirse acribillada a preguntas. ¡Eso rompería la buena sintonía entre vosotros! Las palabras tienen la capacidad de hacer daño y confundir. Por consiguiente, conviene que suavices tu energía mediante el uso de atenuantes lingüísticos: «Me pregunto (¿cómo lo sabes?)», «Siento curiosidad (¿qué quieres decir?)» o «Por favor, cuéntame (¿qué ves en concreto en tu mente cuando dices_____?)». Observa la respuesta que recibes. Requiere agudeza sensorial, la habilidad de captar distinciones sutiles.

Los comunicadores brillantes notan los cambios sutiles en la persona con la que interactúan. ¿Se inclina hacia atrás o hacia delante? ¿Su respiración se vuelve más profunda o más agitada? ¿Cómo cambia su tono de piel o de voz? Deberías fijarte en los movimientos de los ojos de tu interlocutor cuando accede a distintas partes de su cerebro para recuperar la información que le estás solicitando. Cuando prestas atención, eres capaz de acceder al mapa del mundo de la gente.

VISUALES, AUDITIVOS Y CINESTÉSICOS

La PNL sostiene: «La comunicación es redundante», lo que significa que, por naturaleza, estamos constantemente comunicando. Podrás entender mejor el mapa del mundo de una persona si prestas atención a las palabras que elige. La gente visual tiende a crear imágenes en su mente y a utilizar palabras como «Muéstramelo» o «Descríbeme la imagen». Las personas más visuales suelen levantar la vista, mientras que las que son más auditivas mueven la cabeza de un lado a otro. La gente auditiva habla consigo misma más a menudo. Utilizan palabras como «Cuéntame» u «¿Oyes lo que te digo?». Quienes suelen tener en cuenta los sentimientos cuando se comunican son más cinestésicos. Suelen mirar hacia abajo con frecuencia y eligen frases como «Lo noto» o «Me ocuparé de esto». La mayoría de la gente combina dos o los tres aspectos. Aunque la elección de las palabras pueda parecer algo trivial a primera vista, descubre el modo en que una persona procesa la información y revela la estructura profunda de su mapa mental. En otras palabras, si escuchas atentamente las palabras que elige la gente puedes averiguar cómo codifican sus recuerdos y representaciones mediante imágenes, sonidos y/o sentimientos.

Hemos mencionado que hay distintas maneras de escuchar. Exploremos ahora la relación entre nuestra forma de hablar y de escuchar.

Habla literal e inferencial y maneras de escuchar

Hay personas que, por su naturaleza, tienden a comunicarse de manera más literal, mientras que otras lo hacen de un modo más inferencial. En la PNL, esta tendencia a comunicarse de manera literal o inferencial es un «metaprograma». Es uno de los filtros mentales que determinan el modo en que una persona procesa la información y percibe el mundo que la rodea. Los metaprogramas dependen del contexto, de manera que, en algunas situaciones, una persona podrá hablar y/o escuchar de un modo más literal. Sin embargo, en otros contextos es probable que esa misma persona tienda a hablar y/o escuchar de manera más inferencial. Observemos algunas de las formas en que puede manifestarse esta tendencia:

- Hablar de manera literal: un hablante literal expondrá de manera inequívoca lo que piensa y lo que quiere. Dará órdenes directas y específicas.
- Hablar de manera inferencial: un hablante inferencial insinuará cosas al hablar sin decirlas de forma directa. Puede que se ande con rodeos, dé pistas y espere que leas entre líneas y entiendas lo que desea o quiere decir.
- Escuchar de manera literal: un oyente literal necesita que seas directo. No capta las metáforas, alegorías o pistas sutiles. Necesita que la comunicación sea clara e inequívoca para comprenderte.
- Escuchar de manera inferencial: un oyente inferencial deduce cosas de lo que le dicen y pasa a la acción sin

que se lo pidan. Lee entre líneas y se da cuenta de las pistas más sutiles.

Permíteme que lo ilustre con un ejemplo. Imagina que conocemos a una pareja. La mujer tiene un metaprograma en el contexto de su intimidad para comunicarse de manera inferencial: espera que su pareja sepa lo que quiere y lea entre líneas. Acurrucada en el sofá, en camisón y debajo de la manta, le dice a su amante: «¡Caramba! ¡Aquí hace mucho frío!». Lo que realmente quiere decir, por debajo de la superficie de sus palabras, es: «Cariño, ¿podrías encender la chimenea y acurrucarte a mi lado?». Si el hombre tiene un metaprograma en este contexto para escuchar literalmente, es posible que oiga su afirmación y responda: «Sí, hace frío». O tal vez no responda porque para él no hay nada en esa frase que requiera una respuesta. La interpreta como la constatación de un hecho. A falta de influencia suprema, la mujer podría proyectar toda clase de ideas debilitantes sobre el hombre y esa experiencia: «¡Es tan desconsiderado! ¡Es que no se da cuenta de que le estoy pidiendo un poco de amor y romanticismo!». Puede que guarde silencio y se encierre en sí misma. El hombre piensa: «¿Qué ha pasado? ¡No sé por qué se ha enfadado tanto de repente! Hace un momento estábamos bien». En esta situación, el metamodelo puede ser una herramienta poderosa para conseguir una comunicación clara. El hombre puede reconocer que hay una pieza de comunicación que ha pasado por alto y responder de manera distinta: «Cariño, me encantaría saber qué esperas exactamente de mí. Querría hacerte feliz ahora mismo». La mujer puede identificar que le pide una comunicación literal, y responder en consecuencia: «Me encantaría que encendieras la chimenea y después me abrazaras». Ahora la distancia comunicativa se ha salvado.

Conviene intentar determinar si los estilos de habla y escucha son más literales o inferenciales, porque entonces podrás ajustar tu comunicación al hablar a la manera de escuchar de la otra persona. Presta atención a las palabras que elige. ¿Utiliza un lenguaje directo o rebuscado? ¿Es clara o ingeniosamente imprecisa? ¿Actúa tras recibir pistas sutiles o espera órdenes directas? ¿Y tú? ¿Sueles hablar de un modo más literal o más inferencial? Recuerda que los estilos dependen del contexto, pero ahora que eres consciente de la existencia de estas diferencias, dispones de más recursos para comunicarte de manera efectiva. Puedes utilizar el lenguaje para acceder al significado profundo que está más allá de las palabras: las imágenes, sonidos y sentimientos en lo más profundo de tu ser y de las otras personas.

7

La percepción es proyección

Si las puertas de la percepción se limpiaran,
todo se vería como es en realidad: infinito.

WILLIAM BLAKE

Un día, mientras paseaba por Nueva York, levanté la vista para mirar el Empire State Building y me quedé asombrada. Me gustaba por lo que era, una maravilla del ingenio humano. He llegado a entender que cuando veo un edificio como ese, lo veo con los ojos. Cuando un arquitecto mira un rascacielos, sus ojos detectarán información que los míos no perciben. Sabrá apreciar y reconocer los materiales utilizados, la línea de la escuela de diseño, el tiempo invertido desde su concepción hasta su finalización, la física del espacio, y la historia y la evolución de los rascacielos. Cuando un oficinista mira un rascacielos puede que se vea a sí mismo yendo a trabajar y fichando. Ve el espacio en el que realiza su trabajo. ¿Qué ves tú cuando miras las maravillas del mundo? ¿Qué ves cuando miras a otras personas? La profundidad de perspectiva que tengas y el significado que des a esa perspectiva no refleja la inmensa gama de posibilidades objetivas, sino tus propios paisajes mentales.

Este capítulo trata de la noción de uno mismo. Trata de despertar al descubrimiento de que aquello que percibes en los otros y en el mundo que te rodea refleja algo sobre ti. La percepción no es la realidad, la percepción es proyección. No ves la realidad de manera directa, sino que percibes tu propia experiencia de la realidad en el mundo que te rodea.

A continuación, una pequeña muestra de que la «percepción es proyección».

Imaginemos a cuatro mujeres que están almorzando juntas en un restaurante y a un hombre que pasa junto a su mesa. Una de las mujeres no ve al hombre. La segunda mujer dice: «Es atractivo y parece rico. No creo que esté libre». La tercera mujer dice: «No lo sé, pero hay algo en él que no me inspira confianza». La cuarta mujer dice: «¡Callaos! No querréis que se entere de que estamos hablando de él, ¿no?». ¿Qué está pasando aquí? Cada mujer percibe algo diferente basado en su mapa del mundo. Lo que ven (¡o no ven!) en el hombre no se corresponde necesariamente con quien es en realidad. Sus percepciones están filtradas según los esquemas de su propia mente.

Puede que a la mujer desconfiada la hayan dejado plantada alguna vez, y que el hombre haya despertado ese recuerdo. De ser así, es posible que la mujer haya desarrollado una teoría sobre en quién puede o no confiar. Después proyecta de manera inconsciente tal creencia, que influye sobre el modo en que percibe el universo. La experiencia subjetiva de esa mujer empaña la realidad objetiva, que no es otra que un hombre ha pasado junto a su mesa.

Supón que la madre Teresa, o un santo, o un bodhisattva estuviera sentado a esa mesa y viera al mismo hombre. Es probable que viera en él lo divino, al igual que en toda la gente que estuviera allí.

Todo el mundo mira a través de la lente de su propia conciencia.

Lo que observas en los otros, los aspectos que adoras y los que te molestan, son una pista significativa sobre tu propio mapa. Piensa en cuántas personas te cruzas sin reparar en ellas, mientras que otras te llaman la atención. ¿Cuál es la diferencia entre las que se difuminan ante tus ojos y aquellas de cuya presencia eres plenamente consciente? No solo se trata de la otra persona. Lo que te llama la atención refleja algo hacia ti, acerca de ti. Cada vez que alguien suscita una reacción intensa en ti, algo de tu interior se refleja en el espejo de esa persona. Carl Jung dijo: «Lo que nos irrita de los otros puede ayudarnos a entendernos mejor a nosotros mismos».

> Para mentes distintas, el mismo mundo es el cielo o el infierno.
>
> RALPH WALDO EMERSON

Supongamos que alguien dice o hace algo y tú reaccionas de manera inconsciente. Tu respuesta no tiene que ver con la otra persona. Cuando exprimes una naranja, ¿qué extraes? No obtienes zumo de uva, sino zumo de naranja: extraes lo que tiene dentro. De manera similar, cuando te sientes exprimido por lo que se manifiesta como tensiones de la vida, lo que sale de ti es lo que llevas dentro. Sea lo que sea, hónralo y muéstrate curioso. Pregúntate: «¿Qué talento hay en ello?». Escribe tus respuestas en un cuaderno.

¿Alguna vez te has encontrado en una situación en la que sucedió algo que te perturbó mental o emocionalmente? Tal vez estuvieras seguro de tener razón y de que la otra persona estaba equivocada, y más tarde descubrieras que todo había sido un malentendido. La interpretación que hiciste de tu percepción era errónea, de modo que proyectaste toda clase de significados. ¡Vaya!

Creas tu experiencia en base a tu enfoque y al significado que das a las cosas. No hay dos seres humanos que compartan la misma observación... ni la misma experiencia. La siguiente historia resulta muy ilustrativa.

Un querido amigo mío creció en un ambiente familiar muy complicado. No conoció a su padre y su madre era una mujer desequilibrada y adicta a las drogas. Mi amigo, su hermano mayor y su hermana menor pasaron dificultades enormes de pequeños. Pese a su infancia caótica, mi amigo se creó una vida próspera. Es un padre de familia honesto, con valores espirituales, ha iniciado negocios exitosos, goza de bienestar y de relaciones auténticas. Participa en causas en las que cree y consiguió jugar profesionalmente al fútbol, con lo que cumplió uno de los sueños de su vida. Las vidas de sus hermanos reflejan historias muy distintas. Su hermano estuvo en la cárcel y su hermana murió de sobredosis y dejó huérfanos a dos hijos. Un día mi amigo fue a visitar a su hermano a la cárcel y le preguntó: «¿Cómo has llegado a esto?». Su hermano respondió: «Con un padre y una madre como los nuestros, ¿qué otra cosa se podía esperar?».

Cuando mi amigo me explicó esta historia una noche mientras cenábamos, le pregunté: «¿Y cómo crees que has llegado tú a conseguir todo lo que tienes en la vida?».

Con una sonrisa, respondió: «Con un padre y una madre como los míos, ¿qué otra cosa se podía esperar?».

Una vez, Tony Robbins me dijo: «No es lo que te sucede en la vida lo que marca la diferencia; es aquello en lo que te concentras y el significado que le das a las cosas lo que determina tu destino». Mi amigo utilizó la energía de sus experiencias durante la infancia y la supo canalizar. Las mismas circunstancias que aplastaron la moral de su hermano motivaron a mi amigo a crearse una vida satisfactoria.

> No intentes cambiar el mundo; opta por cambiar tus ideas acerca del mundo.
>
> Curso de milagros

EL SIGNIFICADO DEL SIGNIFICADO: ¡ERES TÚ QUIEN LO CONSTRUYE!

Este es un secreto que enseñan las tradiciones de sabiduría antigua y maestros iluminados.

¿Estás listo? ¡Eres tú quien lo construye!

A través de tu intención, observación y declaración, estás creando tu experiencia de la realidad, al momento. Entre todas las posibilidades infinitas, tienes innumerables maneras de percibir. Porque lo que ves está relacionado por completo con aquello en lo que te concentras y el significado que atribuyes a tus experiencias. Es conveniente elegir de manera consciente significados potenciadores que eleven tu vida.

Presta atención a la siguiente parábola.

Había una vez un anciano que estaba sentado en la parte exterior de las murallas de una gran ciudad. Cuando los viajeros se acercaban, solían preguntarle: «¿Qué clase de gente vive en esta ciudad?». El anciano respondía: «¿Qué clase de gente vive en el lugar del que venís?». Si los viajeros respondían: «En el lugar del que venimos solo vive gente mala», el anciano contestaba: «Seguid vuestro camino. Aquí solo encontraréis gente mala». Sin embargo, si los viajeros respondían: «En el lugar del que venimos vive gente buena», el anciano contestaba: «Entrad, pues también aquí encontraréis gente buena».

> Nada hay bueno ni malo si el pensamiento no lo hace tal.
>
> SHAKESPEARE, *Hamlet*

SISTEMA DE ACTIVACIÓN RETICULAR (SAR)

En el tallo cerebral humano hay una estructura que recibe el nombre de «córtex reticular», que es la responsable de las respuestas autónomas a las que se denomina Sistema de Activación Reticular (SAR). En términos sencillos, el SAR es el responsable de ponerte sobre aviso ante información importante. Te dice a qué debes prestar atención. El SAR actúa como filtro al eliminar los datos irrelevantes y señalarte aquello a lo que debes estar atento. Puedes programar el SAR para centrarte en tu visión.

¿Alguna vez compraste un coche que creías único y diferente, pero en el momento de salir del aparcamiento empezaste a darte cuenta de que había una cantidad asombrosa de coches idénticos al tuyo circulando por la calle? Esos coches siempre habían estado allí, pero tú los eliminaste porque no tenían significado para ti. Sin embargo, en el momento en que compraste el tuyo, programaste tu SAR para fijarte en coches similares.

El SAR existe en una zona primitiva de tu cerebro que regula los estados de conciencia, desde el sueño al estado de alerta, y también tiene gran implicación en la respuesta de lucha o huida. Como puedes imaginar, en la época de las cavernas el peligro acechaba constantemente, y el SAR detectaba ese peligro y estimulaba la liberación de adrenalina para activar la respuesta del cavernícola. En nuestra evolución como humanos, esta parte del cerebro se ha transformado y ha dejado de ser un simple mecanismo de supervivencia. Los investigadores relacionan el SAR con la motivación, porque cuando el SAR se estimula, la persona se muestra más alerta, activa y despierta.

Además, las conexiones neuronales del SAR son esenciales para procesar la información y el aprendizaje. Tu mente consciente solo puede concentrarse en pequeños fragmentos de información a la vez. El SAR es un proceso inconsciente que provoca que percibas información que concuerda con tu pensamiento dominante.

A través del lenguaje, puedes programar de manera deliberada tu SAR para prestar atención a información que te ayude a cumplir tus objetivos. Por ejemplo, ¡mientras lees este libro estás aprendiendo a dirigir tu SAR adecuadamente! Ello te ayudará a conseguir tus objetivos al alertarte de posibilidades que puede que antes pasaras por alto.

LA PERCEPCIÓN PUEDE ACTIVAR LA BRILLANTEZ

Aquello que buscas en el mundo influye en lo que se materializa en él. Lo que percibes en las personas de tu alrededor influye sobre cómo aparecen ante ti. ¿Alguna vez has esperado que alguien fastidiara lo que iba a hacer y así sucedió? ¿Y qué me dices de lo contrario? ¿Alguna vez alguien ha creído más en ti de lo que tú creías en ti mismo en ese momento? Alguien vio tu grandiosidad y a través de su reflejo recordaste tus poderes creadores.

Hace ya muchas lunas, alguien vio mi brillantez en un momento en que me sentía oscura y apagada. Había dejado el instituto en el último curso con una media de expediente de 1,6 sobre 4 y me sentía una fracasada. Empeñada en crearme una vida que me gustara, decidí sacarme el equivalente al bachillerato. Después me matriculé en la universidad antes de que mis compañeros terminaran el curso. Un día, durante mi primer semestre, mi profesor de lengua, el doctor Bredenberg, un hombre excéntrico licenciado por la Universidad de Yale, con el pelo al estilo de un científico loco, me pidió que me quedara después de clase. «Oh, no —pensé—. ¿Qué habré hecho ahora?» Recordé las horas interminables que había pasado castigada después de clase. Sin embargo, el doctor Bredenberg me sorprendió. Aseguró:

«Niurka, eres brillante. No deberías estar en esta clase. Deberías estar en último ciclo». Y a continuación me envió al decano.

El decano y yo conectamos enseguida, y me dijo: «Te invitamos a hacer un programa de último curso de licenciatura gracias a la recomendación del doctor Bredenberg, lo que significa que nosotros nos haremos cargo del coste de la matrícula». ¡No podía creer lo que estaba oyendo! Disimulé mi euforia en silencio y tuve que hacer un esfuerzo para mantener la compostura y no levantarme de la silla y correr a abrazarlo. En esa época tenía dos trabajos con los que cubría gastos y me pagaba los estudios. Entonces el decano comentó: «El único requisito es que mantengas una media de expediente de 3,5 como mínimo». Durante un momento, se me cayó el alma a los pies. ¿3,5? Pero la confianza del doctor Bredenberg me recordó algo que, en mi fuero interno, también yo pensaba: «¡Soy lista!».

Me vi a mí misma en el reflejo del doctor Bredenberg. Su observación activó la cualidad de «brillantez» en mí. Evocó mi genialidad. Sabía que estaba allí, y como él lo sabía, empecé a buscarla. Valoré que viera mi yo auténtico, y me sentí inspirada y decidida a demostrar que no se equivocaba.

Me centré en las clases y en las notas. Al término de mi primer semestre obtuve un 4 redondo. Al semestre siguiente saqué otro 4, igual que al semestre que llegó a continuación. La percepción que tenía de mí misma comenzó a cambiar. Empecé a pensar: «Tal vez no sea esa joven que abandonó el instituto, que se mete en problemas y que se porta mal. ¡Quizá sea brillante! Tal vez pueda hacer lo que quiera y ser quien decida ser».

A medida que cambiaba mi identidad, también lo hacían mis proyecciones. Y la niña pequeña que detestaba la escuela y llegó al instituto asqueada veía ahora el aprendizaje a través de una lente nueva. Empecé a disfrutar de los estudios, un auténtico milagro. Me convertí en la vicepresidenta de Económicas de una fraternidad universitaria, gané premios académicos, fui presidenta del alumnado, fundé una hermandad femenina y cultivé la confianza en mí misma. En menos de un año, había creado una nueva realidad. Era una persona nueva, en un reino nuevo. Mi vida había cambiado para siempre. El momento decisivo que desató ese cambio fue la observación clara y presente de una persona.

Hacer lo imposible es bastante divertido.

WALT DISNEY

Este fenómeno de expectativa transformadora está documentado. Robert Rosenthal y Lenore Jacobson se refieren a él como «el efecto Pigmalión». En 1968, los investigadores crearon un experimento para el que utilizaron a maestros de primaria. A varios maestros se les asignó una clase y se les dijo que los estudiantes tenían un cociente intelectual bajo. A otros maestros se les asignó una clase de niños supuestamente «superdotados». Los resultados demostraron claramente que las expectativas de los maestros influyen sobre el rendimiento de los estudiantes. Las expectativas positivas influyen sobre su rendimiento de manera positiva y las expectativas negativas lo hacen de manera negativa. «Cuando esperamos determinados comportamientos de alguien, es probable que actuemos de modo que ese comportamiento esperado ocurra con mayor facilidad», resumió Rosenthal en 1985.

También tú tienes el poder de sacar lo mejor de cada persona con la que te encuentres. Imagina lo que sucede con nuestro viaje colectivo si todos percibimos de manera activa la genialidad en nuestros hijos, en los otros y en nosotros mismos.

> A veces nuestra luz se apaga y se enciende de nuevo con la chispa de otra persona. Cada uno de nosotros debe un profundo agradecimiento a quienes han reavivado esa llama en nuestro interior.
>
> ALBERT SCHWEITZER

Este es un ejercicio de influencia suprema para activar la genialidad:

Anima a los otros. Descubre a la gente haciendo las cosas bien. Reconoce cuando haces las cosas bien. Honra la presencia de los niños y hazles saber que hacen las cosas bien. ¿Te has dado cuenta de que un niño se comporta de manera distinta con adultos diferentes? En presencia de un adulto el niño puede portarse mal. Sin embargo, en presencia de otro, ese mismo niño puede ser aplicado, curioso y amable. ¿Qué ha cambiado? El niño se adapta a la vibración y a las expectativas de cada adulto.

Cada segundo de vida es un momento nuevo y único en el universo, un momento que nunca se repetirá. ¿Y qué les enseñamos a nuestros hijos? Les enseñamos que dos y dos son cuatro, y que París es la capital de Francia. ¿Cuándo les enseñaremos también lo que son? Deberíamos decirles a cada uno de ellos: ¿Sabes quién eres? Eres una maravilla. Eres único. En todos los años que han pasado, nunca ha habido otro niño como tú. Tus piernas, tus brazos, tus dedos hábiles, la forma en que te mueves. Quizá te conviertas en un Shakespeare, un Miguel Ángel, un Beethoven. Tienes la capacidad para hacer cualquier cosa. Sí, eres una maravilla.

PABLO PICASSO

¿Qué lecciones podemos sacar de esto? Elogia a tu amante. Que tus amigos sepan lo mucho que los valoras. Sigue el consejo de Benjamin Franklin: «No hables mal de nadie, pero di todo lo bueno que sepas de todo el mundo». Honra a los miembros de tu equipo por sus contribuciones. Reconoce la influencia suprema de todas las personas. En el mundo empresarial, esto se traduce en «dirigir sobre la base de puntos fuertes». Todo el mundo tiene un don. Un líder sabe cómo despertarlos.

Cuanto más practiques la conciencia atenta, más claras se volverán tus percepciones. Entras en un espacio neutral, sin ninguna influencia externa a ti.

8

Elige las palabras sabiamente

El lenguaje es un proceso de creación libre;
sus leyes y principios son fijos, pero el modo
en que se usan los principios de generación es
libre e infinitamente variado. Incluso la interpretación y el uso de las palabras implica un
proceso de libre creación.

NOAM CHOMSKY

Cuando abres la boca para hablar, ¿cuántas combinaciones posibles de palabras y expresiones podrían salir de ella? ¡Infinitas! Hay maneras ilimitadas de describir la experiencia humana. Tienes elección. Por lo tanto, disfruta del proceso de creación libre. Aprende a utilizar el lenguaje con gracia y dominio, como un violinista virtuoso que convierte lo que tiene en el corazón y la mente en notas y crea música que nos eleva a todos. También tú tienes una canción. ¿Qué melodía ansía cantar tu corazón? ¿Cómo puedes convertir tu melodía en palabras elegantes y sabias que te inspiren, a ti y a otros, a pasar a la acción? Este capítulo ampliará el poder oculto de las palabras. Arrojará luz sobre el modo en que el lenguaje anuncia lo que cree una persona y te mostrará cómo puedes enriquecer todas las áreas de tu vida mediante la elección acertada de las palabras.

El lenguaje es el inventario de la experiencia humana.

L. W. LOCKHART

El lenguaje revela la conciencia de una persona. Todas las afirmaciones que haces y todas las preguntas que formulas contienen asunciones insertadas que revelan tus valores, actitudes y visión del mundo. Seamos curiosos. ¿Qué ha estado revelando tu lenguaje sobre ti? Si pasaras un día entero con una grabadora (o mejor aún, ¡si pudieras colocarte una en el cerebro!), ¿qué oirías cuando pulsaras el botón de reproducción? ¿Tus palabras expresarían gratitud y ánimo? ¿Tu tono desprendería autenticidad, honor y amabilidad? ¿O la grabación te descubriría charlando de problemas, centrándote en el pasado, mencionando dudas, o tal vez hablando de manera poco amable de otra gente o de ti mismo? A lo largo de ese día, ¿te contradecirías o defenderías tus posturas y tu visión?

¿Y si supieras que creas al hablar? ¡Tus palabras tienen ese gran poder! Cuando hablas, tu lenguaje asume la existencia de algo que esclarece tu mapa de la realidad y atrae lo que declaras. En otras palabras, el lenguaje contiene presuposiciones. Examinemos la palabra «presuposición» un poco más a fondo. El prefijo «pre» significa «antes de». La palabra «suponer» está relacionada con suposición, lo que implica considerar como existente cierta cosa. La palabra «suponer» deriva del verbo latino «*supponere*», que significa «poner debajo». Por consiguiente, las presuposiciones lingüísticas están «sub», es decir, por debajo de la mente consciente. Pueden revelarse fuera del ámbito de tu conciencia, pero aun así influencian todos los aspectos de tu vida. Así que saquémoslas a la superficie. Fijémonos en estas asunciones insertadas en el lenguaje para que puedas elegir conscientemente las palabras que concuerden con tu propósito.

Examina las presuposiciones —asunciones insertadas— en esta frase:

> *Eres cada vez más consciente de la gran cantidad de información que transmites sobre tus actitudes y creencias a través del lenguaje que utilizas.*

En la frase anterior he utilizado las palabras «eres cada vez más consciente». ¿Cuáles son las asunciones insertadas en tal afirmación? En otras palabras, ¿qué información o relaciones hay que aceptar como ciertas para entender lo que se ha dicho? Antes de responder, observa las sutiles diferencias entre las siguientes frases:

1. No eres consciente.
2. La mayor parte de la gente no es consciente.
3. Tal vez no seas consciente.
4. Tal vez todavía no seas consciente.
5. Estás empezando a ser consciente.
6. Eres cada vez más consciente.

Podría haber utilizado cualquiera de estas frases para expresar lo que puede parecer un significado similar, pero ¿cuál de ellas presupone una posibilidad más fortalecedora?

- La frase número 1 no ofrece esperanza ni mérito al lector.
- La frase número 2 ofrece un poco de esperanza personal, pero generaliza demasiado y ofrece poca esperanza a la raza humana.
- La frase número 3 sugiere que podrías ser consciente, pero da por hecho que, probablemente, no lo seas.
- La frase número 4 asume que si no eres consciente, es posible que llegues a serlo.
- La frase número 5 incorpora la posibilidad ¡y crea el espacio para que seas consciente ahora mismo! Acabas de expandirte.
- La frase número 6 implica que ya eres consciente y que lo eres cada vez más, lo que invita a tu cerebro a seguir en esa dirección.

Vuelve a leer las frases. ¡Solo se diferencian entre sí por unas pocas palabras! El cambio de términos es sutil, ¡pero la diferencia en el sentido de lo que comunican es enorme! Este es el nivel de sutileza y distinción que estás aprendiendo y llegando a dominar a lo largo de nuestro camino juntos. Una palabra puede marcar la diferencia.

Esto es especialmente importante en posiciones de liderazgo. Cuando un líder habla, un oyente poco avezado podría verse influido de manera inconsciente para aceptar las palabras del líder como la verdad. Imagina que un mentor experto en negocios admirado por la gente dijera: «La mayoría de quienes establecen su propio negocio fracasan porque no implementan los sistemas adecuados». ¿Crees que tal afirmación resultaría potenciadora para quienes lo escucharan? Bueno, si eres un emprendedor, podrías pensar que es conveniente saber lo que no funciona para así poder centrarte en lo que sí lo hace. Sin embargo, teniendo en cuenta que vivimos en un universo de posibilidades infinitas y que nuestro lenguaje tiene el poder de crear y destruir, ¿es el lenguaje elegido el mejor para crear con palabras? ¿Y si, en lugar de lo anterior, el líder dijera: «Al implementar sistemas de probada eficacia en vuestro negocio y refinarlos de manera continua, creáis las condiciones para conseguir vuestros objetivos»? Fíjate en que esta frase proporciona al oyente una orientación positiva.

Seamos realistas: la autenticidad es poder

La influencia suprema se cimienta sobre tu verdad. No se trata de utilizar lenguaje florido o eufemismos para enmascarar o eliminar experiencias difíciles. No consiste en engañarte para que pienses que las cosas están bien cuando no lo están. La influencia suprema consiste en ser realista con lo que hay, mirarlo de frente sin apartar la vista, y después utilizar los pensamientos y el lenguaje para dar forma a una realidad elevada.

El diccionario define la palabra «eufemismo» como «manifestación suave o decorosa de ideas cuya recta y franca expresión sería dura o malsonante». Por ejemplo, cuando los militares matan por accidente a uno de los suyos, se habla de «fuego amigo». Ese término es un eufemismo. Se trata de un hecho desagradable al que se le coloca una etiqueta bonita con la intención de esconderlo y resultar agradable. El eufemismo presenta la tragedia de manera benigna, para que suene socialmente aceptable y así la gente no la cuestione.

Hablar con eufemismos no es lo que propongo.

Yo sugiero algo evolutivo. En lugar de cambiar la etiqueta, observa lo que es en realidad y lo que podría ser. Céntrate en transformar los problemas en posibilidades imaginando lo que quieres. Después utiliza el lenguaje para crear las experiencias que imaginas. En todas las situaciones encontrarás elementos de luz y de oscuridad, el yin y el yang. ¿Hacia dónde diriges tu atención? Puedes elegir de manera consciente palabras más precisas y potenciadoras para describir cualquier situación. Analicemos cómo hacerlo.

El lenguaje: un portal a la mente

Hace poco hemos mencionado la posibilidad de que una grabadora capturara las palabras que eligieras durante un día. Examina las palabras elegidas. ¿Qué palabras y expresiones has utilizado con regularidad y qué información puedes extraer de ellas? Observa tu lenguaje como si fueras un antropólogo... de Plutón. Fíjate en las palabras que utilizas a menudo. Escríbelas en tu cuaderno. Reflexiona. Sin juzgar, pregúntate: «¿Qué me suscitan esas palabras? ¿Cómo me hacen sentir?». También puedes programar recordatorios.

Por ejemplo, programa el teléfono móvil para que te envíe un mensaje a determinadas horas del día. «¿Qué estás creando con palabras ahora mismo?» o «Respira, relájate y presta atención a tu guía interior». ¡Diviértete con ello! Elige horas curiosas, como las 11.11, 13.13, 15.15, etc. Podrías utilizar un tono que encendiera tu fuego interior, como el tema principal de *Rocky*, o uno que te calmara, como el sonido de campanas tibetanas, como tú prefieras. Este ritual diario te animará a ser más consciente del lenguaje que utilizas y a escoger tus palabras sabiamente.

> Un agente poderoso es la palabra correcta. Siempre que nos tropezamos en un libro o en un periódico con una de esas palabras intensamente correctas, el efecto resultante no es solo físico, sino también espiritual.
>
> MARK TWAIN

El lenguaje es un portal a la mente que revelará si alguien percibe el mundo a través de la lente de...

Problema: Esto jamás saldrá bien.

o

Posibilidad: Siempre hay un modo de salir adelante.

Miedo: No volveré a enamorarme porque siempre se sufre.

o

Amor: Cuanto más amor doy, más amor recibo. El amor me envuelve.

Escasez: Es demasiado caro. No me lo puedo permitir.

o

Abundancia: Valoro y me siento agradecido por todo lo bueno que hay en mi vida.

Confusión: No entiendo cómo ha podido hacer eso.

o

Claridad: Entiendo que hay multitud de maneras de percibir esta situación.

Lucha: La vida es dura, y al final te llega la muerte.

o

Aceptación: Cada momento es un regalo.

Necesidad: Necesito ayuda. No puedo hacerlo.

o

Recursos: Tengo recursos ilimitados dentro de mí y a mi alrededor.

Separación: Estoy solo.

o

Unidad: La misma fuerza vital que hace latir mi corazón hace latir el tuyo en este mismo momento.

Examina la lista anterior y compárala con el lenguaje que has estado utilizando. Mira las notas que has escrito en tu cuaderno y pregúntate: «¿He estado percibiendo el mundo a través de una lente de problema o posibilidad, miedo o amor, escasez o abundancia, confusión o claridad, lucha o aceptación, necesidad o recursos, separación o unidad?». La conciencia es el primer paso para una transformación consciente. Si eres consciente, podrás disciplinar tu lenguaje y

condicionarte para hablar de manera que obtengas resultados deseables e inspires a otros en el proceso. Cuando elevas
tu lenguaje, elevas todas las áreas de tu vida. No se trata tan
solo de pensamiento positivo. Se trata de utilizar el lenguaje
para reprogramar tu cerebro y descubrir tu don en cada
momento.

PRESUPOSICIONES Y LECTURAS DE MENTE

Hemos estado explorando tu lenguaje. Ahora analicemos lo
que oyes en el lenguaje de los otros. Cuando observas a la
gente y la escuchas hablar, sé consciente de lo que se está
presuponiendo. Es fundamental reconocer la diferencia entre las presuposiciones insertadas en la lengua y dar por
sentado que sabes lo que alguien está pensando. Esto último
se conoce como «leer la mente».

Al leer la mente se infiere o se deduce algo que en realidad no se ha pronunciado. Como no se ha expresado, no
podemos dar por hecho con certeza lo que se ha querido
decir. Puedes utilizar el metamodelo que hemos analiza-
do en el capítulo 6 para reunir información, lo que permite
evitar hacer una lectura equivocada de la mente de una persona. Con el metamodelo formulas preguntas introducidas
por «qué», «cómo es que», o «quién concretamente» para
acceder a un significado más profundo. Esto te permite discernir si estás recopilando información exacta. Recuerda
que es esencial establecer una buena sintonía cuando se utiliza el metamodelo; de lo contrario, las preguntas pueden
resultar bruscas.

Desvelemos ahora la diferencia entre presuponer y leer la mente considerando las siguientes afirmaciones:

Afirmación: Esta es la última vez que ella se mostrará de acuerdo con eso.
Lectura de mente: Ha llegado a su límite. Está cediendo. Está enfadada.
Presuposición: 1. Ha habido una vez anterior.
2. Antes se ha mostrado de acuerdo con algo.
3. Se mostrará de acuerdo.
4. Hay algo sobre lo que estar de acuerdo.

Afirmación: Él siempre sonríe al verme.
Lectura de mente: Es un hombre feliz. Lo hago sonreír. Está enamorado de mí.
Presuposición: 1. Sonríe.
2. Me ve.

Afirmación: Es mejor ahora que estamos aquí juntos.
Lectura de mente: Antes no estaba bien. Estar juntos es mejor que estar solos. Se echaban de menos.
Presuposición: 1. Ahora estamos juntos.
2. Se está estableciendo una comparación.

Afirmación: Siempre hablo con mi marido para tomar decisiones.
Lectura de mente: Toman decisiones en común. Es una mujer débil incapaz de tomar sus propias decisiones.

Presuposición: 1. Tengo marido.
　　　　　　　2. Hablo con mi marido.
　　　　　　　3. Tomo decisiones.

Cada una de estas lecturas de mente podría llegar a ser un reflejo fiel de la representación interna de la otra persona, pero es difícil de determinar sin más información. Algunas veces, puedes leer la mente de alguien y estar en lo cierto; en otras ocasiones, la lectura de mente deja lugar a la interpretación y al error. La comunicación está llena de matices. A veces es fundamental leer la mente: leer entre líneas. Otras veces tiene más sentido hacer preguntas para obtener claridad. En cualquier caso, los comunicadores brillantes reconocen la sutil distinción entre lo que se dice y lo que podría deducirse.

Juguemos ahora con el lenguaje y consideremos el modo en que nuestras percepciones y acciones están influidas por las palabras que escogemos.

JUEGA CON EL LENGUAJE PARA EXPANDIR LAS POSIBILIDADES

A continuación te presentaré dos frases. Fíjate en la experiencia que sugiere cada una de ellas: qué imágenes te suscitan y cómo te hacen sentir.

- Soy solo una madre.
- Soy una presencia importante y afectuosa en la vida de mi familia. Soy la madre reina.

Ahora puede que estés pensando: «¡Sí, claro, Niurka! Por supuesto, la segunda es una frase mucho más inspiradora, pero ¡nadie habla así! Y si alguien lo hiciera, ¡la gente la tomaría por una persona un poco exagerada o increíblemente pomposa!». Estoy de acuerdo en que al principio puede resultar un poco inusual. Llevas hablando la mayor parte de tu vida y es probable que nunca hayas sido tan consciente de lo que dices. Pero ¿y si supieras que eligiendo las palabras con mayor precisión, tu vida mejoraría en todos los aspectos? ¿No estaría bien jugar un poco y explorar el potencial que tiene tu lenguaje para crear tu vida soñada?

Avanzarás hacia aquello en lo que te concentres; experimentarás aquello que expreses.

Demos más sabor a nuestro lenguaje para estirar los límites de lo posible. Siempre podemos refinarlo más tarde y crear frases que nos suenen más habituales. Pero ¡ahora mismo te animo a que juegues! Puede que al principio este lenguaje te suene un poco extraño porque todos estamos condicionados a hablar de manera determinada. Pero esta forma de pensamiento extraordinario es genial: ¡es evolutivo! Cuando hablo con la gente, mi lenguaje a menudo les sorprende. Sin embargo, pronto empiezan a reflejarse en mí y a utilizar muchas de mis palabras dinámicas de poder. Esta nueva manera de utilizar las palabras eleva su vida y activa su inteligencia creativa.

Volvamos al ejemplo de «Soy solo una madre» comparado con el de «Soy una presencia importante y afectuosa en la vida de mi familia. Soy la madre reina». Presta atención a las imágenes, sonidos y sentimientos que suscitan cada una de estas frases. ¿Cuál es la diferencia? ¿Cuál sugiere mayor gracia, poder y amor? Cuando una madre pronuncia la segunda frase, exuda confianza por cada célula de su cuerpo. Su presencia se siente. Si antes pensaba que era «solo una madre», ahora se descubre expandiendo el espectro de su autopercepción. Se da cuenta de que no está limitada por una identidad única y estática. Tiene elección. Como su conciencia se expande para incluir otras dimensiones de su personalidad, la gente que forma parte de su vida comienza a verla de manera tan expansiva como ella se ve a sí misma. Puede que alguna mujer que esté leyendo esto piense: «No sé si esto es para mí. ¡Jamás me he considerado una madre reina!». Si te suena un poco extravagante, no pasa nada.

> Piensa como una reina. Una reina no teme el fracaso. El fracaso es una piedra más en el camino hacia la grandeza.
>
> Oprah Winfrey

En los próximos capítulos exploraremos cómo puedes emplear el lenguaje de manera que esté en sintonía contigo y te inspire para crear una vida que adores, rebosante de aventura y éxitos compartidos... incluso si esa vida te ha parecido estar fuera de tu alcance en el pasado.

Cuando eliges un lenguaje potenciador, te reinventas de manera consciente. Dedica un momento ahora mismo y crea conscientemente una afirmación del estilo «yo soy». Antes de escribirla, pronúnciala mentalmente y sintoniza tu cuerpo para asegurarte de que te sientes bien. Después anótala en tu cuaderno. Sé creativo y elige palabras potentes que apuesten por la vida.

Yo soy_____

Ahora mira lo que has escrito y manifiesta que así es. Cuando eliges tus pensamientos y palabras de manera consciente ensalzas la vida de todos y de todo lo que te rodea. Los pensamientos y palabras son los cimientos sobre los que construimos nuestro mundo.

EL PODER DE NOMBRAR

Uno de los mayores poderes que tienes es el de nombrar. En el relato del Génesis, Dios concede al hombre la autoridad de nombrar a todos los seres vivientes. La gente, las marcas, los objetos y experiencias suelen hacer honor a su nombre. En la antigüedad, un nombre no solo designaba a una persona, sino que también representaba su honor, reputación y el trabajo al que dedicaba su vida. Símbolos y emblemas se asociaban al apellido de una familia. Algunas personas que han experimentado profundos procesos de transformación se han cambiado el nombre y han elegido uno que refleje el sentido de su nueva noción de identidad. Muhammad Ali, el gran boxeador, filántropo y activista social, se llamaba Cassius Marcellus Clay Jr. Cuando en una conferencia de prensa le preguntaron por qué se había cambiado el nombre, Ali respondió: «"Muhammad" significa "merecedor de toda alabanza", y "Ali" significa "el más elevado". Sin embargo, "Clay" solo significaba "arcilla", sin más ingredientes... Cassius Clay era el nombre del esclavo de un amo blanco... y yo soy libre». Ali sabía que los nombres están vinculados a la identidad. Se llamó a sí mismo «el más grande» e hizo honor a su nombre. Por consiguiente, pon nombre a tus hijos, empresas, proyectos y esfuerzos con atención y cuidado. Elige nombres que no solo suenen bien, sino que reflejen también tus verdaderos objetivos.

> Soy el más grande. Lo dije siempre, antes incluso de saber que lo era.
>
> MUHAMMAD ALI

ALGO QUE TENER EN CUENTA MIENTRAS HACEMOS EVOLUCIONAR NUESTRO MUNDO

El poder de dar nombre a las cosas influye en las sociedades, naciones y realidades colectivas. Dentro de un momento dirigiremos la atención a las asunciones insertadas en los nombres, títulos y objetivos de algunos movimientos y organizaciones. Cuando lo hagamos, te pido que mantengas la mente abierta. Considera la elección de las palabras. ¿Te inspiran para tomar una acción positiva en el camino de una clara visión? ¿O te alejan de algo indeseado? Como la combinación de palabras y expresiones es infinita, ¿no te parece que tiene sentido crear conscientemente títulos que inspiren a pasar a la acción en dirección hacia un objetivo deseado?

Este libro sostiene que somos creadores y que los nombres que asignamos a nuestros proyectos, productos y organizaciones influyen en nuestra percepción, atención y sentido de la dirección en general. Defiendo que nuestra realidad individual y colectiva mejorará cuando cada uno de nosotros elija llamar a sus creaciones más preciadas por nombres elegidos de manera intencionada y consciente. Cuando elegimos nuestras palabras sabiamente, ensalzamos lo que se manifiesta en nuestras vidas. No podemos hacer evolucionar nuestro mundo en el presente con palabras utilizadas en el pasado.

> La gente que está lo bastante loca para creer que puede cambiar el mundo es la única capaz de hacerlo.
>
> STEVE JOBS

Echa un vistazo a las causas sociales que aparecen a continuación. Pronuncia cada uno de los nombres en alto, uno detrás de otro. Fíjate en cómo repercute en tu interior. Estos ejemplos servirán para ampliar el tema de cómo nuestro lenguaje influye sobre nuestra realidad colectiva.

- La guerra contra las drogas
- Big Brothers Big Sisters
- Prevención de enfermedades
- Antienvejecimiento
- Museo de la tolerancia
- Las Naciones Unidas

En primer lugar, quiero dejar clara una cosa. Alabo a los individuos que apoyan estas causas. Soy consciente de su entrega para servir a la humanidad. Pero puede que (para algunos de estos ejemplos) haya una forma más potenciadora de utilizar el lenguaje, dirigir la energía y conseguir los máximos objetivos. Además, esta argumentación no pretende invalidar la experiencia de nadie. Sí, la drogadicción y el consumo de drogas son perjudiciales. La enfermedad y la intolerancia pueden afectar a la gente. Soy consciente de que son experiencias muy reales. Así ¿cómo podemos crear soluciones fortalecedoras que transformen estas circunstancias? Una de las cosas que podemos hacer es dirigir nuestra atención y lenguaje hacia lo que deseamos en lugar de alejarnos de aquello que no queremos.

Profundicemos un poco más.

La guerra contra las drogas

¿Qué pretende conseguir «la guerra contra las drogas»? ¿Se tiene de verdad la intención de entrar en guerra? La mayoría de la gente estará de acuerdo en que «guerra» es un concepto tan perjudicial y destructivo como el consumo de drogas, ¿verdad? Después de más de cuatro décadas desde que el presidente Nixon declarara la «guerra contra las drogas», la expresión sigue en uso, aunque la Comisión Global de Políticas de Drogas haya afirmado que «la guerra global contra las drogas ha fracasado». Afortunadamente, en 2009 la administración Obama decidió dejar de utilizar la expresión por considerarla «contraproducente».

Espero que la intención primordial de esta campaña sea educar a la gente para que sea fuerte, sana y capaz de tomar decisiones acertadas. Cuando nos centremos en este objetivo, podremos hacer frente al problema. Si una persona se siente con poder, sana y capaz de tomar decisiones acertadas, lo lógico es que el consumo de drogas no se convierta en un problema para ella. Probablemente ni siquiera sea relevante.

En escuelas de todo Estados Unidos, los niños participan en la Semana del Lazo Rojo a fin de demostrar su apoyo a un país sin drogas. Casi el ochenta por ciento de los distritos escolares de Estados Unidos enseña un programa llamado «DARE», por sus siglas en inglés, acrónimo de «Drug Abuse Resistance Education» o, literalmente, «educación para resistirse al consumo de drogas». El programa tiene la intención de educar a los niños. Sin embargo, la educación para «resistirse» al consumo de drogas es distinta a la educación para «tomar decisiones saludables».

Además, advierte la ambigüedad de la palabra «droga». En Estados Unidos existe una agencia gubernamental llamada FDA, por sus siglas en inglés, o «Administración de Alimentos y Drogas», en el sentido de medicamentos, que regula los alimentos y aprueba el uso de fármacos. Así pues, tenemos una política gubernamental que lucha contra las drogas y una agencia que las aprueba. Sin una distinción clara en el lenguaje que le indique el camino a seguir, ¿cómo va a saber un niño qué drogas son las autorizadas y cuáles hay que evitar? Además ¿no es curioso que una misma agencia controle los alimentos y esta clase de drogas?

En la actualidad, en Estados Unidos hay muchas causas en marcha que en un nivel profundo tienen intenciones nobles, pero el lenguaje que se utiliza para referirse a ellas divide la energía, lo que perpetúa la batalla. Por ejemplo, tenemos la «guerra al terrorismo», la «guerra a la pobreza», la «lucha contra el cáncer» y la «lucha contra la obesidad». La madre Teresa sabía que el hecho de luchar contra un problema, en realidad lo aviva. Dijo: «Una vez me preguntaron por qué no participo en manifestaciones en contra de la guerra. Respondí que jamás lo haría, pero que en cuanto se celebre una manifestación en favor de la paz, allí estaré».

El hecho de elegir sabiamente el lenguaje supone un paso importante para mejorar nuestras vidas y nuestro mundo. Por favor, sé consciente de que no consiste tan solo en cambiar las palabras. Se trata de cambiar nuestra concentración y enfocarla hacia una dirección útil en lugar de intentar alejarnos de problemas del pasado.

> Bienaventurados los pacificadores, porque ellos serán llamados hijos de Dios.
>
> Mateo 5:9

Comparemos esto con el siguiente nombre.

Big Brothers Big Sisters (Hermanos mayores, hermanas mayores)

El lema de Big Brothers Big Sisters es: «Todos los niños alcanzan el éxito en la vida». Considera el modo en que la elección del lenguaje dirige la atención hacia un objetivo deseado. Durante más de cien años, la organización Big Brothers Big Sisters ha hecho honor a su nombre y ha ayudado a niños a darse cuenta de su potencial relacionándolos con modelos de conducta adultos («mayores»). Se centran en desarrollar relaciones emocionales significativas que tengan una influencia positiva y duradera en las vidas de la gente joven. Los investigadores descubrieron que después de dieciocho meses de pasar tiempo con sus «mayores», los hermanos y hermanas pequeños tenían un 46 por ciento menos de posibilidades de empezar a consumir drogas ilegales, en comparación con niños que no estaban en el programa. Compara estos resultados con los del DARE, que fue descrito como «programa inefectivo» por la Dirección General de Sanidad Pública de Estados Unidos.

Este es otro ejemplo.

Prevención de enfermedades

Tenemos una agencia federal que lleva por nombre Centro para el Control y Prevención de las Enfermedades. Empezaremos por la palabra «enfermedades». Es importante que aparezca, pero la atención se centra en controlar y prevenir la enfermedad, y no en intentar avanzar hacia la salud y el bienestar, razón por la cual es más probable que la enfermedad se manifieste.

Centrémonos ahora en la palabra «prevención». ¿La energía se centra en lo que se desea o en lo que se quiere evitar? ¿Qué es más potenciador, fomentar la salud o prevenir la enfermedad? ¿Son lo mismo?

Sin una conciencia profunda del poder oculto del lenguaje, estas dos ideas pueden parecer intercambiables, pero ¿lo son realmente? Tal vez a alguien le parezcan ligeramente distintas, pero compatibles. Quizá sea buena idea centrarse en ambos aspectos: fomentar la salud y prevenir la enfermedad. Es una posibilidad, pero como la enfermedad solo puede desarrollarse en un huésped predispuesto, si una persona se mantiene constantemente sana, es posible que no sea necesario invertir energía en la prevención de enfermedades. Que conste que no soy médico y por tanto no hago afirmaciones sobre salud. Esto no sustituye el consejo de un profesional de la sanidad. Pero ¿no es interesante descubrir cómo los cambios en el lenguaje pueden modificar el enfoque? ¿Cómo has estado comunicándote con tu cuerpo? ¿Crees que tu cuerpo respondería de manera distinta a la idea de prevenir la enfermedad frente a la de fomentar la salud? ¿En qué se diferencia fomentar la salud de encarnar la salud o incluso irradiar salud? La palabra «fomentar» puede implicar que la salud está ausente, mientras que «encarnarla» implica que está presente, e «irradiarla» no solo implica que está presente, ¡sino que es expansiva! ¿Y si no solo irradiáramos salud, sino que también disfrutáramos de la magnificencia de la salud suprema? ¿Y si tuviéramos una agencia gubernamental llamada «Centro para la Salud y el Bienestar Supremos»? ¿Cómo modificaría ese cambio en el lenguaje nuestras prioridades culturales? Sin duda, sé que lo que propongo puede resultar controvertido, pero supone un cambio fundamental en nuestros valores. Mediante la comunicación consciente, formamos la infraestructura a partir de la cual construimos nuestro mundo.

Veamos otro ejemplo.

Antienvejecimiento

¿Cuál es la presuposición del movimiento antienvejecimiento? «Anti» significa «contra». Por consiguiente, se lucha contra el envejecimiento. Sin duda, todos queremos tener un estado de salud excelente, y es posible irradiar salud incluso cuando somos mayores. El antienvejecimiento enfatiza las virtudes de la juventud y la belleza (que son muchas) y minimiza las virtudes de la edad. Envejecer es un proceso natural. Es importante que nos demos cuenta de las ventajas que tiene cada una de las etapas de la vida. Como es sabido en muchas culturas indígenas, la edad puede ser símbolo de sabiduría, de vidas repletas de conocimiento, en lugar de algo de lo que huir o a lo que resistirse. En lugar de centrarnos en el antienvejecimiento, podríamos hacerlo en estar sanos y radiantes a cualquier edad.

Un buen amigo mío es experto en antienvejecimiento. Le expuse mi opinión sobre el concepto del «antienvejecimiento» y se mostró de acuerdo en que el término necesitaba una renovación. Aun así, él y yo teníamos RI sumamente distintas de lo que significaba la palabra. Cuando pienso en envejecimiento, me veo como una anciana arrugada y sabia, de pelo largo y canoso, meditando en mi jardín, creando arte, rodeada de jóvenes que vienen a verme para aprender de mi sabiduría. Cuando él piensa en envejecimiento, ve a personas de cincuenta años que mueren antes de tiempo de enfermedades cardíacas, apoplejía, cáncer y otras enfermedades evitables. Para él, el antienvejecimiento se basa en «luchar contra los estragos del envejecimiento y salvar a la gente de la senilidad, inmovilidad y de una muerte prematura». El objetivo del movimiento es ayudar a las personas a que vivan sanas y fuertes, para que sean autónomas y estén en plenas facultades hasta el momento de su tránsito. Estuvimos de acuerdo en que lo más sensato es dirigir los esfuerzos hacia lo que se pretende conseguir: salud, vitalidad y bienestar en todas las etapas de la vida.

Museo de la tolerancia

¿Qué podemos percibir en el nombre «Museo de la tolerancia»? La tolerancia es sin duda la evolución de la intolerancia y supone un salto gigantesco hacia el fortalecimiento a partir del odio. Sin embargo, ¿es la «tolerancia» el objetivo más elevado? ¿En qué difiere la tolerancia de la aceptación, o incluso del ensalzamiento de nuestras diferencias? Imagina que distintos grupos de gente decidieran «tolerarse» los unos a los otros en lugar de abrazar el perdón, el agradecimiento o incluso la curiosidad. ¿Cómo cambiaría eso la experiencia? No es un simple cambio de palabras: las palabras representan una expansión de la conciencia. Tal vez en el pasado «tolerancia» fuera una palabra más ajustada para describir la solución entre grupos que habían experimentados graves tensiones. Quizá el cambio hacia la paz fuera un salto demasiado grande. Tal vez sea necesaria una evolución de la tolerancia a la curiosidad, a la fascinación, al agradecimiento, al entendimiento, a la armonía. Tal vez a la paz no se llegue forzosamente a través de una evolución instantánea, pero podría ser así.

A medida que evolucionamos, es fundamental que nuestro lenguaje también lo haga. A continuación tienes un ejemplo brillante.

Las Naciones Unidas

En 1945, cincuenta y un países que se habían comprometido a garantizar la paz internacional y fomentar el progreso social, los derechos humanos y a mejorar las condiciones de vida de todas las personas, se reunieron y formaron las Naciones Unidas. Esta organización internacional, nacida del dolor de la Segunda Guerra Mundial, es un buen ejemplo de evolución consciente. En lugar de combatir la guerra, sus líderes se centraron en «desarrollar relaciones de cordialidad entre las naciones», y su nombre así lo refleja. La palabra «naciones» está relacionada con «nacer» o «cobrar existencia». La palabra «unidas» se refiere a «una» o «unidad». Así pues, este nombre presupone el nacimiento de la unidad.

El lenguaje de posibilidad allana el terreno

La creación de un mundo como queremos que sea, de manera que honre la singularidad de todas las personas, requiere una comunicación consciente. Por supuesto, este proceso implica algo más que elegir las palabras sabiamente. Comienza por imaginar nuestro propósito más elevado antes de asignarle un nombre y crearlo con palabras. Nuestra elección del lenguaje puede influir en los pensamientos de las personas, lo que a su vez influye sobre cómo se presentan y cómo actúan: todo está conectado en un campo unificado. El nombre que elegimos para nuestros hijos, proyectos, compañías, organizaciones y movimientos forma la base de nuestro estilo de vida emergente. No consiste, sencillamente, en cambiar el nombre de «centros para el control y la prevención de las enfermedades» por el de «centros de salud y bienestar supremos». Este cambio ejemplifica una progresión fundamental. El poder verdadero no existe tan solo en las palabras, sino en la combinación de estas con un cambio en el enfoque, la prioridad y la dirección. Una palabra nueva atraerá una nueva representación interna y una nueva manifestación con la que coincidir.

A través del pensamiento y el habla conscientes, podemos redefinir, recontextualizar y dar nombres nuevos a nuestras empresas, comunidades, naciones y mundo para alinearnos mejor con la verdad de quiénes somos y cómo elegimos vivir: en armonía y colaboración. Con palabras nuevas y diseñadas con atención, podemos crear nuevos mundos. La clave está en centrarnos en el lugar al que queremos dirigirnos. Como dijo Colin Powell: «Hay que conducir por la vida mirando por el parabrisas y no por el retrovisor».

9

Puertas de oportunidades

La naturaleza es una profesora magistral cuando se tiene la conciencia sutil necesaria para reconocer sus señales y símbolos. Una mañana soleada y radiante, en la cafetería de mi barrio, fui testigo de una de sus lecciones. Pocos minutos antes de que llegara allí, un pequeño gorrión había entrado y había sembrado el pánico entre los clientes, que se dedicaban a esquivar al asustado pájaro mientras buscaba desesperadamente la libertad chocando contra una ventana.

A través del cristal, el pajarillo vio su libertad. Hizo acopio de todas sus fuerzas y en un fiero intento por escapar, chocó con fuerza contra el cristal. Agotado y desesperado, pero con la mente concentrada en un único objetivo, se armó de valor una vez más. De nuevo, chocó contra la ventana y su pequeño cuerpo cayó al suelo.

Al parecer, la escena llevaba varios minutos repitiéndose. Todo el mundo quería ayudar, pero nadie sabía qué hacer. Mientras la gente se apiñaba a su alrededor, el pájaro retomó de nuevo su esfuerzo desesperado por huir. Me fijé en una puerta abierta de par en par a unos dos metros de él. El gorrión se estaba quedando sin fuerzas y el latido del corazón era tan fuerte que se le notaba a través de las plumas.

¡En la cafetería de mi barrio se estaba viviendo una trágica escena a vida o muerte! Para alcanzar la libertad, lo único que tenía que hacer aquel pajarillo era mirar alrededor y ¡volar a través de la puerta abierta! ¡Su libertad se encontraba a tan solo unos segundos de distancia!

Invadida por una oleada de compasión, recordé la época de mi vida en la que me había enfrentado a fuerzas en apariencia impenetrables. Había trabajado durante horas y horas, obteniendo resultados a golpe de pura determinación, de la única manera que sabía hacerlo. Seguí por ese camino durante años hasta que un día... me detuve. Como el gorrión, estaba agotada, a punto de desmayarme. Estaba exhausta de darme de cabezazos contra la ventana, cansada de luchar, esforzarme y suplicar. Y todo ¿para qué? ¿Con qué fin? En mi fuero interno sabía que la vida tenía que ser más que un aparente esfuerzo por sobrevivir o salir adelante. Cuando por fin me detuve, respiré hondo, me formé, expandí mi conciencia y algo sorprendente sucedió. Mis plegarias fueron atendidas, con frecuencia antes incluso de que formulara las preguntas. Me di cuenta de que durante todo ese tiempo hubo puertas abiertas de par en par a mi alrededor.

¿Y si supieras con certeza que ahora mismo estás rodeado de puertas de oportunidades, abiertas de par en par? ¿Y si supieras que podrías caminar sobre el fuego de cualquier adversidad, hacia la esencia de tus auténticos deseos? ¿Y si la sabiduría, el entendimiento, una salud óptima, unas relaciones valiosas, un objetivo satisfactorio, la prosperidad, el amor devoto y todo lo que puedas imaginar, dependieran tan solo de tu mentalidad? Este capítulo demuestra que las puertas de oportunidades te rodean, y que puedes reconocerlas, abrirlas y cruzarlas.

Me he convertido en mi propia versión de lo
que es ser un optimista. Si no puedo cruzar
una puerta, cruzaré otra, o haré otra puerta.
Algo maravilloso llegará, por muy oscuro que
sea el presente.

RABINDRANATH TAGORE

Aquella mañana soleada, mientras observaba al pobre gorrión de la cafetería luchar por su libertad, rodeado de un público bondadoso pero incapaz de ayudarlo, supe de manera instintiva que tenía el poder de transformar aquella situación. Mi propósito se volvió claro. Llamé a una camarera y le pedí una toalla. La mujer se inclinó de inmediato sobre la barra, cogió una toalla pequeña y me la pasó. Envolví al pequeño animal en ella y, sin necesidad de que dijera una sola palabra, los clientes se apartaron. El ambiente hasta entonces embarullado de la cafetería se transformó en una danza de rescate coordinado. Avancé con el gorrión hasta la puerta abierta y lo solté hacia el cielo. La cafetería prorrumpió en un aplauso. La camaradería que se creó en ese momento mágico nos levantó el ánimo a todos. Por mi hazaña heroica, me confirieron el título de «clienta de la semana». Me hicieron una fotografía y durante siete días disfruté de mi bebida favorita, cortesía de la casa.

Esa mañana salí de la cafetería inspirada, consciente de que mi pequeña acción había llevado a un animalito a la libertad y, al mismo tiempo, había hecho que todos los presentes recordaran su influencia suprema: la habilidad de introducir el orden en el caos y de crear armonía en cualquier entorno si permanecemos concentrados, alerta y preparados. El estar por completo presente y disponible para el universo es la clave para activar tus poderes. Yo entré a tomar un café, pero estaba preparada para lo que fuera necesario.

Todos tenemos los medios para marcar una diferencia positiva. La manera en que nos presentamos en una cafetería es tan importante como el modo en que nuestros líderes se presentan a la hora de negociar acuerdos internacionales. Las pequeñas acciones son importantes y, además, en el terreno de lo infinito no hay nada que sea realmente «pequeño». Puedes sonreírle a alguien en la calle y elevar el estado de ánimo de esa persona tan solo con un gesto. Puede que esa persona se lleve la dulzura de tu imagen a casa y sea más amable con su familia y esté más inspirado en el trabajo, influenciando a todos y todo lo que toque. Todos los momentos son sagrados, todos los encuentros son un milagro. Tu presencia conlleva una inmensa onda expansiva.

ABRIR PUERTAS INVISIBLES

Ahora mismo estás rodeado de puertas abiertas de par en par. Estas puertas conducen a todas las experiencias que podrías desear: libertad, amor, valentía, felicidad, creatividad, comunidad, crecimiento, éxito, aventura, un estado de éxtasis o cualquier otra sensación que puedas imaginar. Entonces ¿qué las mantiene ocultas? En la filosofía védica existe el término «maya», que hace referencia a los velos de ilusión que crean el sueño de dualidad en el universo manifiesto y pueden empañar nuestra visión. Las puertas de oportunidades permanecen fuera de la conciencia de una persona cuando se está en conciencia reactiva, que es la tendencia a pensar, hablar y actuar a través de la lente del condicionamiento o la programación sin una conciencia del momento presente. Es como avanzar sonámbulo por la vida, realizando movimientos sin detenerse a considerar de manera consciente lo que se piensa, se hace o se dice. De nuestros bienintencionados padres y familiares, de la escuela, de nuestra religión y cultura, hemos heredado un lenguaje y unas creencias sobre lo que es posible y lo que no lo es. Hemos heredado creencias sobre quiénes somos. Estas creencias influyen en nuestras decisiones hasta que despertamos y nos damos cuenta de que tenemos elección.

Resulta liberador cuestionar las creencias que hemos adoptado durante nuestra infancia: de dónde proceden y si están en armonía con nuestro propósito fundamental. ¿Acaso son ciertas? Es importante, puesto que actuaremos en concordancia con nuestras creencias más profundas (algunas de las cuales nos resultarán útiles, y otras no) hasta que nos demos cuenta de que podemos tomar la decisión consciente de elegir en cada momento. En este preciso instante, ahora mismo, estamos decidiendo en qué queremos centrarnos.

A veces nos detenemos durante tanto tiempo a observar una puerta que se cierra que vemos demasiado tarde otra que se abre.

ALEXANDER GRAHAM BELL

Todo aquello que te haya o no sucedido hasta ahora forma parte del pasado. Una vez, Tony Robbins me dijo: «El pasado no es igual al futuro». Lo más importante en este momento es tu energía presente. Puedes dirigir tu atención y tu lenguaje para crearte una vida fabulosa.

A continuación encontrarás una historia sobre la importancia de estar presente para captar la magia del momento y reconocer las puertas de oportunidades.

La conciencia de estar en piloto automático

Una mañana, mientras hacía cola en la cafetería de mi barrio, no pude evitar fijarme en el hombre que estaba delante de mí. Tenía la espalda encorvada, los brazos cruzados con fuerza, soltaba resoplidos y no dejaba de dar golpes con el pie contra el suelo. Le di una palmadita en el hombro, sonreí y dije: «¡Buenos días!». Sin mirarme a los ojos, colocó la palma de la mano a varios centímetros de mi cara y respondió: «No puedo hablar. Aún no me he tomado mi café». Su voz sonó severa y cortante. Di un paso atrás para dejarle más espacio. Una de mis actividades favoritas es observar a la gente. Me encanta estudiar el comportamiento humano. Es fascinante y, en realidad, bastante previsible. Me puse el «sombrero de agudeza sensorial», recordándome que debía estar plenamente consciente y observar con atención.

El hombre pidió su café —una combinación compleja—: «café con leche triple, con la leche desnatada y muy caliente, con un toque de vainilla, sin azúcar y poca espuma». A continuación avanzó hasta el otro mostrador para esperar su bebida y enseguida adoptó una postura similar: los brazos cruzados con fuerza, el golpeteo con el pie, la espalda encorvada. Pedí mi bebida, me senté y seguí observándolo con el rabillo del ojo.

Cuando su café estuvo listo, el hombre lo cogió, se recreó en su olor, se lo acercó a los labios, tomó un sorbo y su gesto cambió de inmediato. Relajó los hombros, ensanchó el pecho y una sonrisa le iluminó el rostro. Levantó la vista, respiró hondo y, con paso decidido, me señaló y dijo: «Ahora sí, ¡que tengas muy buen día!». Entonces me fijé en las letras negras en mayúscula que marcaban su vaso: «DESCAF». Me reí. «Un descafeinado milagroso, por lo que veo.» Volvió el vaso para leer la anotación de la camarera, vio las letras negras, regresó de repente a su estado anterior al café y gruñó: «¡Maldita sea! ¡Se han equivocado!». Encorvó la espalda, se dirigió al mostrador como una exhalación y volvió a dar golpes con el pie.

Ese hombre basaba sus reacciones emocionales en una taza de café, pero su humor no dependía realmente del café. Cuando una persona reacciona de manera desproporcionada a un estímulo externo, la experiencia es similar a la de ser arrastrado por un violento ciclón y arrojado de un lado a otro por los vientos y corrientes. La conciencia implica estar en el ojo del huracán. Cuando estás centrado y tienes claras tus metas, nada externo tendrá fuerza sobre ti. Al contrario, todo irá sobre ruedas. Tú eliges cómo percibir y cómo dar significado potenciador a tus experiencias.

El hombre de la cafetería pronto recibió el pedido correcto y pasó junto a mí de camino a la puerta. Nos dedicamos una sonrisa. Me presenté y lo invité a formar parte de uno de mis seminarios en línea que esa semana trataba del autocontrol. «Gracias —respondió—. ¡Necesito toda la ayuda que pueda recibir!»

El vivir en influencia suprema significa estar abierto a la magia del momento. Un instante puede cambiar la vida de alguien. Cuando ofrecí mi invitación al hombre de la cafetería, una puerta de oportunidad se abrió. Tienes el poder de ofrecer ese regalo a ti mismo y a los otros. Y cuando alguien abra una puerta de oportunidad para ti, muéstrate agradecido.

Seguí observando a la gente y me fijé en que la camarera adivinó hábilmente un buen número de pedidos de los clientes. Les sonreía, pronunciaba el pedido y esperaba su confirmación. Cuando la cafetería estuvo vacía, me acerqué a ella y le pregunté: «¿Cuántas de las personas que vienen hacen siempre el mismo pedido?». «Oh, más del ochenta por ciento. A decir verdad, las pocas veces en que alguien pide algo distinto me quedo descolocada porque es muy raro.» «Fascinante», pensé. Me fijé en el menú y descubrí una amplia oferta de tés, infusiones, zumos de fruta, cafés especiales, batidos, leches de frutos secos, limonadas y otras bebidas.

Cada momento contiene una semilla de potencial enorme. Sin embargo, si alguien elige vivir hoy como ayer, sin conciencia, recreará el pasado y lo llevará al presente. Por supuesto, no hay ningún problema en elegir siempre lo mismo. La pregunta es: «¿Elegimos desde un espacio de costumbre inconsciente o elegimos con la conciencia en armonía con nuestro propósito?». Cuando elegimos con conciencia, ganamos poder.

Sé consciente de los comportamientos inconscientes

Todos hemos heredado tradiciones, hábitos y creencias producto de nuestra educación y nuestra sociedad. Para evolucionar, es esencial honrar las tradiciones antiguas, preservando las que nos aportan un valor vitalista en el ahora al tiempo que transformamos las que no elevan nuestro bienestar. ¿Pertenecen estos rituales de nuestros antepasados al ahora o a una época de conciencia del pasado? Debemos preguntarnos: ¿es esta afirmación la elección más acertada? ¿Descubre puertas de oportunidades? ¿Ofrece amor y compasión? ¿Refleja lo que aprecio y lo que defiendo?

La siguiente parábola aclarará este asunto:

Una vez, había una niña que estaba aprendiendo a cocinar estofado de carne, una tradición familiar. Estaba observando a su madre, fijándose en su ritual, y se dio cuenta de que cada vez que su madre cocinaba estofado, cortaba las puntas de la carne. La niña le preguntó: «Mamá, ¿por qué siempre cortas las puntas antes de cocinar la carne?». La madre respondió: «No lo sé, cariño, siempre lo he hecho así. Es como lo hacía mi madre. Pregúntaselo a la abuela». Así pues, la niña se lo preguntó a su abuela: «Abuela, ¿por qué cortas las puntas antes de cocinar la carne?». La abuela respondió: «No lo sé. Siempre lo he hecho así. Es como siempre lo hacía mi madre. Pregúntaselo a tu bisabuela». Así pues, la niña se dirigió a su bisabuela y le preguntó: «Bisabuela, ¿por qué cortas las puntas antes de cocinar la carne?». La bisabuela respondió: «Bueno, cuando era pequeña no teníamos una cacerola lo bastante grande, y el horno era pequeño, así que cortábamos las puntas de la carne para que cupiera toda».

La niña de esta parábola vive en influencia suprema: se muestra curiosa y no acepta ciegamente el estado de las cosas. Quiere ser consciente y quiere entender. Para discernir la opción más acertada, primero debes ser consciente de que tienes elección. Sé consciente de lo que pones en tu cuerpo. Observa tus sentimientos y tus respuestas emocionales. ¿Qué pensamientos permites que invadan tu ser? Fíjate en las palabras que utilizas y en la energía que emanas. Presta atención a lo que sucede dentro de ti y a tu alrededor, tanto durante tus horas de sueño como de vigilia.

Puedes experimentar el *satori*, que es el despertar instantáneo de tu conciencia, o puede que la evolución se produzca en etapas, como verás a continuación.

Supón que surge en ti alguna antigua tendencia a reaccionar de un modo determinado, con preocupación o queja. Tal vez te quejes y solo seas consciente de ello después de hacerlo. A medida que dirijas tu atención hacia lo que quieres, practicando la conciencia deliberada y atenta, pronto te detendrás antes de quejarte. Es un paso evolutivo. Puede que sigas quejándote porque es difícil resistir la tentación. Pero la tentación señala que eres consciente. Te das cuenta de que tienes elección y de que existe la posibilidad de que no estés tomando la decisión más acertada. Tu conciencia te confiere poder. Pronto podrás detenerte antes de quejarte y elegir no pronunciar esas palabras. La diferencia está en que ahora tienes disciplina y fuerza, aunque es posible que la experiencia aún te haga sentir incómodo. Pronto no te quejarás; serás neutral. A la larga, presenciarás el momento y seguirás adelante. No estás identificado con nada ni atado a lo material. Comprendes lo efímero, la vida y el amor. ¡Eres libre! Descubres que tú eres la puerta de oportunidades.

El Sutra del Loto, una de las enseñanzas más influyentes del budismo, sostiene que tú eres Buda: «el Despierto» habita en el interior de todos nosotros. La única diferencia entre Buda y un común mortal es el grado de conciencia. Un mortal cree que está atrapado en las circunstancias: culpa, se queja, intenta tener razón o demostrar que los otros se equivocan. Buda es consciente de que aquello que es, está más allá de las circunstancias.

Por consiguiente, recurre a tu ser supremo y escucha tu guía intuitiva. Puedes aprender de los otros y conviene que lo hagas. Sin embargo, no es conveniente que transijas ante los deseos de otros, ni que permitas que te digan cómo debes pensar o ser. Tu auténtico poder reside en la voz silenciosa que habita en el santuario de tu corazón.

La fe y la gratitud manifiestan resultados supremos

Esta es una historia sobre la importancia de confiar en tu intuición y tener el valor de decir que sí a las oportunidades.

Un martes recibí la llamada de mi amigo Bill, que me preguntó: «¿Qué haces este fin de semana?».

«Estaré encerrada en mi caparazón de creatividad, escribiendo un poco —respondí—. Puede que vaya a dar un paseo por la playa. ¿Por qué? ¿Qué pasa?»

Me explicó que podía darme la oportunidad de convertirme en la conferenciante que expusiera las ideas principales del congreso anual de una empresa ese sábado por la tarde. El conferenciante que iba a hacerlo había cancelado su asistencia en el último momento. «Cuéntame los detalles», dije.

Bill me habló de la empresa, me explicó que el congreso era en Dallas y que tendría que hablar durante sesenta minutos ante varios cientos de personas. Añadió: «Te pagan el vuelo y el de tu ayudante, además de todos los gastos, pero solo disponen de un presupuesto de cinco mil dólares para pagar al conferenciante». Ese presupuesto estaba bastante por debajo de mis honorarios habituales, pero seguí escuchándolo. «Es un público maravilloso —dijo—. Te encantarán y tú les encantarás. Te recomiendo encarecidamente que lo hagas.» Guardé silencio y él prosiguió: «Puedes vender lo que quieras mientras estés allí. Tan solo tendrías que pagarme el diez por ciento de tus ventas por haberlo organizado».

Le pedí que esperara un momento. Permanecí en silencio, cerré los ojos y realicé un rápido ejercicio de visualización para determinar si ese trato estaba en armonía con mi propósito. «De acuerdo —respondí—. Lo haré.»

Bill me preguntó qué vendería. «Mi seminario de un día sobre las leyes de la influencia suprema», respondí.

«No, tienes que vender un producto, como un set multimedia, de un precio entre 200 y 300 dólares», dijo. Le expliqué que el ámbito multimedia no era mi campo, que lo mío eran los cursos de formación transformacional. Me dijo: «Niurka, si no tienes un producto que vender, invéntate uno».

«Si tuviera que inventarme un producto, ¡sería imposible que estuviera listo para el sábado!», respondí.

«Hummm... —insistió—. Eso suena a pensamiento limitador, y no es propio de la Niurka que conozco.»

«Escúchame bien, de ninguna manera voy a vender algo a menos que me sienta totalmente cómoda con ello.»

«Crea tan solo un folleto y un prototipo. Diles que está recién salido del horno y que lo entregarás al cabo de treinta días. Te he visto hacer cosas más difíciles en menos tiempo. Puedes conseguirlo. Eres una estrella del rock.»

Le respondí que le telefonearía al cabo de una hora.

Me quedé en mi oficina y recurrí a la reflexión, después a la meditación, e invoqué mi sabiduría suprema. «¿Es la elección más elevada? Tal vez el universo me esté ofreciendo esta oportunidad por algún motivo.» Una parte de mí lo consideraba una locura, pero la parte más profunda de mi interior me dijo: «Hazlo». Respiré hondo y manifesté:

«Siento gratitud por haber vendido 200 unidades o más de mi nuevo producto multimedia este sábado.

»Me siento afortunada por haber entregado este producto transformacional en treinta días o menos.

»Estoy agradecida por que se haya materializado adecuadamente y de inmediato.

»Así es.»

Telefoneé al encargado de operaciones de mi oficina y le expliqué nuestro objetivo: las enseñanzas transformacionales en un set multimedia, con vídeo, audio y un cuaderno de trabajo, valorado en 250 dólares. Intercambiamos ideas y establecimos las líneas generales. Después me preguntó: «¿Qué título le ponemos?».

Cerré los ojos y respiré hondo. Las palabras «fe» y «gratitud» destellaron en mi mente como una aurora. Susurré: «*Fe y gratitud*, ¡porque son las dos inteligencias que harán que esto funcione!».

Adéntrate en lo desconocido, con fe, y recibirás un suelo firme que pisar, o alas para echar a volar.

Inspirado por EDWARD TELLER

Suspiré al recordar el papel maravilloso que la fe y la gratitud desempeñaban en el desarrollo de mi existencia. Recordé momentos del pasado en los que la incertidumbre o el miedo me habían arrollado. Sin embargo, fui capaz de salvar las dificultades, diciéndome que el valor no es la ausencia de miedo, sino la voluntad de actuar frente a él. Recordé a Shirley Temple en Wall Street, manifestando seguridad en medio de la incertidumbre, e infinidad de referencias fortalecedoras. Cuando me encuentro en situaciones que requieren una fuerza sobrehumana, me impongo. Los mayores regalos no fueron la victoria y el esplendor de los logros, sino más bien aquello en lo que me convertí durante el proceso: la encarnación de mi yo supremo.

Volé a Dallas, llegué el viernes, y en el aeropuerto me recibió mi chófer, un hombre con botas y sombrero de vaquero y una enorme hebilla de plata en el cinturón de sus tejanos Levi's azul oscuro. «Hola, señorita Niurka, un placer conocerla. Estamos entusiasmados por escucharla mañana», dijo.

Sonreí y respondí: «Gracias, estoy encantada de estar aquí».

Al día siguiente llegué a la conferencia, preparada para presentar mi prototipo casero, que, visto desde lejos, no tenía mal aspecto. En la parte trasera del escenario, pronuncié en silencio una oración de afirmación:

> Con amor y profunda reverencia, invoco una bendición divina, consciente de que los poderes creadores del universo están aquí, fluyendo como yo y a través de mí y mis seres queridos en esta sala. En este espacio de unidad, sé que todas las palabras que pronuncie fluirán directamente del corazón y la mente de lo más elevado. Sé que los corazones y las mentes de la gente están abiertos y que esta enseñanza inspirará a todos los presentes para elegir sabiamente en favor del cumplimiento de la Gran Obra. Sé que se ha hecho. Permito que se haga. Así es. Amén.

El propietario de la compañía me presentó y salí sonriente al escenario. Les enseñé que la calidad de nuestra vida es directamente proporcional a los «estados» emocionales y mentales en que nos encontramos con más frecuencia. Les descubrí que nuestro estado mental determina lo que creamos y atraemos en un universo de posibilidades infinitas. Invoqué el poder de la fe y la gratitud, ofreciéndoles una visión de cómo se desarrollaría la vida si observáramos la realidad a través de esos potentes marcos. Dije: «Con fe, incluso en medio de la incertidumbre, te sientes seguro». La fe disipa la duda. A continuación hablé de la gratitud y les descubrí que esa frecuencia presupone abundancia y, por tanto, la atrae.

Pronuncié con éxito mi exposición de sesenta minutos. A su término, ofrecí mi producto, que estaba a punto de ver la luz: «Fe & Gratitud, el set multimedia», y vendí más de sesenta mil dólares de un producto que aún no se había creado. Esa noche me marché de Texas admirada.

Desde lo más profundo de mi corazón, a aquellos que ese día pasaron a la acción y adquirieron la primera edición de Fe & Gratitud, «¡GRACIAS! *Namasté*. ¡El secreto ha salido a la luz!».

Al regresar a casa, mi equipo y yo trabajamos día y noche durante semanas para asegurarnos de que el producto que entregáramos fuera extraordinario. Ese día se fortaleció en mí la importante creencia de que no hace falta tenerlo todo organizado para empezar algo.

> Cuando tienes el valor de enfrentarte al muro de tu miedo, se convierte en una puerta. Cruza esa puerta. Yo te estoy esperando al otro lado.
>
> PAUL FERRINI, *I am the door*

10

La creación consciente

Cualquier cosa que imagines y en la que creas, la puedes crear. Eres el cerebro creador que está detrás del telón, responsable de todas las escenas que se representan en el escenario de tu vida. A medida que avanzas en tu viaje, escribes continuamente el guión, eliges a los personajes, diriges la acción, reordenas el decorado y representas los papeles. Has brillado como protagonista y como villano, como amante y amado. Has encarnado multitud de arquetipos. En ocasiones interpretaste tan bien tu papel que se te olvidó que estabas actuando y te viste atrapado en una obra dramática. Sin embargo, el hecho de que estés leyendo este libro indica que algo ha cambiado. Puedes abandonar los viejos paradigmas y observar sin ataduras. Tienes una oportunidad magnífica de crear tu propia vida colosal —tu realidad—, y de inspirar a otros por el camino. Este capítulo revela la manera en que tus pensamientos y tu poder de observación determinan tus creaciones.

> El mundo es un escenario, y todos los hombres y mujeres son meros actores: tienen sus entradas y salidas, y un hombre, en su vida, representa muchos papeles.
>
> WILLIAM SHAKESPEARE

Ha llegado el momento de que te adueñes plenamente del poder que tienes para crear tu realidad con determinación. ¡Eres un creador! A través de tu atención e intención, atraes, formas y das significado a tu vida. Cuanto más dueño seas de tus poderes creadores, más sobrehumano te volverás. Todo es posible. Los únicos límites son los que tú estableces. Analicemos lo que dice la ciencia sobre el modo en que tu observación de la realidad influye sobre lo que se manifiesta.

El efecto observador: el experimento más hermoso jamás realizado

> La ciencia sin religión está coja, la religión sin ciencia está ciega.
>
> ALBERT EINSTEIN

La materia y la energía son dos expresiones de la misma esencia, algo así como las dos caras de una moneda. La materia liberada se convierte en energía, y la energía cristalizada se convierte en materia. La materia fluye de manera constante entre el estado material y el energético en forma de ondas y partículas. Al igual que la transición de H_2O de hielo sólido a agua líquida y a vapor gaseoso, las moléculas esenciales —o componentes básicos— siguen siendo los mismos, aunque cambie su expresión física. De manera similar, las ondas y partículas que dan energía a este mundo están en un estado de flujo constante.

En el pasado, se creía que la energía y la materia tenían

las propiedades de una onda o de una partícula, pero no de ambas. Esto sugería una realidad más estática. Los científicos se llevaron una enorme sorpresa al descubrir que las leyes que se aplicaban a los objetos grandes no eran aplicables a los más diminutos. Las leyes de la física de sir Isaac Newton no son aplicables a nivel subatómico, donde la materia exhibe propiedades de onda y partícula. En un momento determinado, la materia o la energía podrían desplazarse de un lugar a otro, fluyendo libremente en un modelo de onda nebulosa sin que pudiera señalarse su localización concreta en el espacio. Y al momento siguiente, pueden cristalizarse en una partícula cuya ubicación podría señalarse con exactitud. Este descubrimiento llevó a observar que la realidad existe como probabilidad de conversión ¡y no como un hecho absoluto e inmutable! Tal vez sea más probable que se manifieste determinado resultado, pero las ondas de posibilidad solo cristalizan en sustancias definitivas cuando hay un observador presente para medir los resultados.

El físico Thomas Young llevó a cabo un experimento conocido como «doble rendija», con el que demostró que la materia presenta propiedades de ondas y de partículas. Este experimento fue considerado el «experimento más hermoso de todos los tiempos» y dio como resultado un descubrimiento que más adelante se denominaría «el efecto observador».

«El efecto observador» confirma científicamente que el proceso de observación influye sobre lo que se manifiesta, lo que confirma que ¡tu atención tiene poder materializador!

> El mundo físico, incluidos nuestros cuerpos, es
> una reacción del observador. Creamos nues-
> tros cuerpos según creamos la experiencia de
> nuestro mundo.
>
> DEEPAK CHOPRA

Los científicos observaron por primera vez el fenómeno de que la energía adoptaba la forma de ondas y partículas al estudiar la luz. Dispararon un rayo de luz —en el que los fotones se emitían de uno en uno— a través de dos rendijas en una hoja de papel y observaron el patrón sobre la placa fotográfica que había detrás. El trazado sobre la placa sorprendió a los científicos.

Cuando una sola partícula atravesaba la doble rendija, llegaba al otro lado como una única partícula, como era de esperar. Sin embargo, cuando varias partículas únicas se disparaban a la vez, una tras otra a través de la doble rendija, aparecía un trazado que indicaba que la luz muestra propiedades de onda. La luz se emitía como partícula; pasaba a través de ambas rendijas de manera simultánea comportándose como una onda de energía potencial y después impactaba sobre la placa fotográfica nuevamente como partícula.

Tal descubrimiento desconcertó a los científicos, que decidieron evaluar lo que sucedía en el momento exacto en que la luz atravesaba las rendijas. ¿Se trataba de una onda o de una partícula? Descubrieron que, cuando se la observa, la partícula atravesaba las rendijas como partícula y creaba el patrón esperado de dos líneas dobles sobre la placa fotográfica.

En resumen: cuando se observa, la luz exhibe propiedades de partícula. Sin embargo, cuando no se observa, aparece como una onda de probabilidad. No tiene una posición en el espacio hasta que se observa. En definitiva, el observador determina la forma que aparecerá. Si el científico busca una partícula utilizando un detector de partículas, entonces encontrará una partícula. Sin embargo, si el científico busca una onda con un detector de ondas, será una onda lo que encuentre. Una entidad cuántica como la luz tiene una naturaleza dual, pero se manifiesta como aquello que se observa. Este es el efecto observador, que tiene implicaciones decisivas sobre cómo creas tu experiencia de la realidad. No es de extrañar que el efecto observador sea considerado «el experimento más hermoso de todos los tiempos».

> Si la mecánica cuántica no te ha impactado profundamente, es que todavía no la has entendido.
>
> NIELS BOHR, físico

La realidad no es estática. Se encuentra en un baile continuo de transformación, lo que significa que no hay nada en tu vida, por muy real o estable que pueda parecerte, que sea permanente. Todo está en un constante fluir que responde al poder de tus pensamientos y tu observación. Esto significa que puedes influir en el resultado de los acontecimientos si influyes sobre ti mismo para imaginar y dirigir tu atención de manera constante sobre aquello que deseas.

Cuando estudio algún asunto de ciencia, no solo observo los hechos. Al ahondar y no quedarme en los datos observables, localizo los patrones aplicables a mi vida. ¿Qué aprendizaje puedo obtener del experimento de las rendijas? Una y otra vez, he aprendido a vivir en el flujo de la vida, abierta y atenta a posibilidades infinitas, mientras intento, de manera consciente, que mis propósitos más elevados se hagan realidad. Suelto y me libero de ideas preconcebidas. Aspiro a descubrir todo lo posible a fin de propiciar una evolución consciente.

A través de mi observación y mis manifestaciones, he materializado deseos a partir del caos. Mis manifestaciones son el universo devolviéndome el reflejo de mi conciencia: mis pensamientos dominantes, representaciones internas y vibraciones correspondientes.

LAS FORMAS DEL PENSAMIENTO SE MATERIALIZAN EN MATERIA

En un pasado no muy lejano nos acostumbramos a mirar el mundo y ver en él materia física, creyéndola más real que otras frecuencias, más sutiles, como el pensamiento. Sin embargo, todo lo que se encuentra en el mundo material emanó del territorio del pensamiento. Todo objeto comenzó como una idea en la imaginación y después cristalizó hasta tomar forma a través de la visualización y la pronunciación. Mesas, sillas, carreteras, coches, casas, ropa y todos los objetos tangibles empezaron como pensamiento en la mente de alguien antes de cobrar existencia.

El pensamiento puede ser una frecuencia más sutil que la materia, pero los pensamientos tienen una fuerza magnética: en particular los pensamientos que se tienen continuamente. Los pensamientos alimentados por la emoción, la atención y la repetición se convierten en formas del pensamiento. Las formas del pensamiento atraen hacia ti las cosas en las que piensas con más frecuencia, y las atraen con gran fuerza. Una forma del pensamiento es una representación interna vívida que tiene sustancia definitiva. Estas formas del pensamiento se proyectan en el lienzo de la vida y constituyen nuestro mundo, lo que constituye la base de «la percepción es proyección»; es así como creas la realidad.

Las canciones, los poemas y los relatos no tienen forma como materia tangible que se pueda ver o tocar, pero son muy reales en nuestra experiencia y en los sentimientos y emociones que suscitan. Un pintor ve el cuadro antes de pintarlo. Antes de aplicar el pigmento sobre el lienzo, el cuadro existe ya en el ojo de la mente: es una forma del pensamiento. Recuerda la frase de Vincent van Gogh: «Sueño mis pinturas y luego pinto un sueño». Aunque aún no tenga una forma física, la forma del pensamiento existe en una dimensión de la conciencia.

Las ideas también pueden desarrollarse como formas del pensamiento. Pueden estar alimentadas por pensamientos múltiples y continuos sobre ellas. Las formas del pensamiento pueden sobrevivir a nuestros cuerpos. Las empresas existen como formas del pensamiento. De hecho, tienen derechos legales igual que las personas, aunque no existan necesariamente como algo que se pueda ver o tocar. Son entidades inmateriales, pero no por ello son menos reales en nuestra experiencia. Las ideas, como el capitalismo, la democracia y los derechos civiles, son formas del pensamiento. Hemos creado conceptos como estos, que hemos estructurado y ordenado a través de nuestra atención y conversación colectivas. Estos conceptos afectan a nuestras vidas: cómo consideramos, sostenemos y experimentamos la realidad en medio de posibilidades infinitas. Es importante recordar que es la mente humana la que los creó. Y puesto que nosotros los concebimos, podemos transformarlos, ensalzarlos y armonizarlos con nuestra visión de las cosas.

EL REGALO QUE SE MULTIPLICA

La siguiente historia ilustra que las formas del pensamiento se materializan en materia.

Hace años, viví unos meses en que los problemas me acechaban por todas partes: relaciones rotas, una pierna rota, inversiones fallidas. Mientras navegaba por el caos, intuí que había llegado el momento de recuperar mi equilibrio antes de decidir cómo proceder. Cumplí con mis compromisos y a continuación me tomé un período sabático en Bali, un viaje de creación y sanación.

Bali es un lugar místico, fundado sobre la tradición, los rituales y la oración, y la tierra me llamaba a la contemplación y rejuvenecimiento profundos. La primera mañana me desperté antes del amanecer y di un paseo por la playa mientras musitaba un mantra desde lo más profundo de mi ser con el que agradecí los regalos de Gea (la madre Tierra). Cuando los primeros rayos de sol se filtraron por el horizonte, sonreí y alcé las manos para adorar al Sol: «¡Salve Tú, que eres Ra en tu elevación!». Este es uno de mis rituales de adoración que me hace armonizar con los ritmos de la naturaleza y me recuerda la conexión de todo lo vivo.

En la cosmología egipcia, Ra es el dios del Sol y figura central en muchos mitos de la creación. En mi saludo, doy gracias a la energía y conciencia del Sol, la esencia única que nos da calor y vida en este planeta. Puede que hayas visto el símbolo. Se llama el «ojo de Ra».

Tras unas semanas de silencio y meditación a lo largo de una costa solitaria, intuí que había llegado el momento de explorar aquella isla mágica. Me dirigí a un templo remoto en el que el agua fluía a través de nueve cañerías de piedra, con grabados en sánscrito en su interior. Por encima de cada canalón había la estatua de piedra de una deidad. Bali honra a muchos dioses como aspectos de una Fuente Suprema que tiene innumerables emanaciones. Igual que te ocurre a ti, que eres un único ser con muchos nombres —Susan, señora Smith, mamá, amante, diosa, Suzy y demás—, y cada uno de ellos evoca un aspecto único de tu yo infinito. Cada Dios representa un aspecto único de la conciencia unitaria que vive dentro de cada uno de nosotros: «Como es en el macrocosmos, es en el microcosmos». Una estatua representa la sabiduría, otra la comprensión, otra la belleza. Cada deidad adopta un mudra, un gesto simbólico de la mano que provoca un estado mental, propicia la concentración y ofrece bendiciones. Varias deidades sostienen un arma mágica particular de su forma de conciencia. En la espiritualidad balinesa, las armas son instrumentos sagrados que ayudan a la concentración e invocan las fuerzas de la naturaleza. En este contexto, las armas se empuñan con un propósito divino. Una de las deidades del templo sostiene la *bajra*, una campanilla que, según el *manku* (sumo sacerdote), corresponde al este, por donde se levanta Ra, y al poder del logos, al que se honra con «Om».

Salí del templo entusiasmada y la casualidad me llevó hasta Ubud, el centro cultural y una ciudad muy animada. Mujeres balinesas vestidas con los *sarongs* tradicionales charlan frente a las tiendas y venden preciosos productos artesanales. Allí donde vayas, arde incienso como ofrenda a los dioses. Paseé por la calle principal, Monkey Forest Road, cubierta por las copas de los árboles y con los monos deambulando por las calles y esquivando hábilmente los ciclomotores. Inspirada por la aventura en el templo y los tesoros artesanales que había visto durante mi paseo, ¡se me ocurrió una idea brillante! «¡Crearé un talismán especial, un anillo trabajado a conciencia que llevaré de templo en templo! Lo bendeciré, cargaré y consagraré al servicio de lo Supremo», me dije. Ese anillo sería un ancla, embebida de las frecuencias de mi meditación concentrada. Sabía que tenía que encontrar a un artesano especial; no me servía cualquier joyero, sino que necesitaba a alguien que tuviera pureza de espíritu y conocimientos esotéricos. Alguien que pudiera captar la profundidad de mi intención.

Mientras caminaba, empecé a forjar una representación interna del talismán. En el ojo de mi mente, veía oro, plata, ónice, diamantes y rubíes, dispuestos hermosamente junto a un mantra grabado a cada lado. El tetragrámaton יהוה, cuatro letras hebreas que se corresponden con «YHWH», el nombre de Dios tan sagrado que no debe pronunciarse, en relieve en la parte exterior. Y con mi propio sígil en la base.

Un sígil es un símbolo consagrado creado con un propósito determinado. Este es el sígil de mi empresa. Simboliza los poderes creadores del universo (lo masculino sagrado y lo femenino divino), unidos para dar a luz a todo lo existente.

El anillo empezó a cristalizar en mi mente. Me miré la mano izquierda y lo vi ya terminado. En ese instante supe con certeza que atraería a mi *anam cara* (amigo espiritual), que tendría un corazón puro y fabricaría a conciencia ese tesoro.

Con gran concentración proyecté mi representación interna sobre el lienzo de la vida e invoqué al artista en el que podría confiar la creación de tal pieza. Apenas había terminado de pronunciar mi plegaria de afirmación cuando levanté la vista y vi un hermoso cartel sobre una pequeña joyería, como si se hubiera creado para ese preciso momento. En él se leía: «Serafines». Supe de inmediato que había sido guiada hasta allí. Los serafines constituyen un coro de ángeles, lo que no era ninguna coincidencia. Entré en la tienda y me recibió una preciosa joven balinesa con gafas de montura negra y vestida con el atuendo tradicional. Enseguida me preguntó si quería hablar con el propietario. Respondí que sí y la joven fue a buscarlo.

Eché un vistazo a la tienda y me quedé fascinada por las hermosas joyas. Todas ellas distintas, iban acompañadas de una nota escrita a mano con su descripción. Detrás del amplio mostrador, en el extremo del local, había varias fotografías de un balinés rechoncho de aspecto jovial estrechando la mano de diversos famosos y dignatarios de todo el mundo. En una foto aparecía junto a Jimmy Carter, en otra con Demi Moore.

Entonces, de detrás de una cortina apareció el hombre de las fotografías: un hombre balinés corpulento que lucía un *sarong* blanco y una amplia sonrisa. Su presencia era notoria y su alegría rebotaba en las paredes y el techo. Sentí una conexión inmediata e intuí que tenía que ser él. Me mantuve alerta y desapegada. Ambos juntamos las manos al mismo tiempo delante del corazón, en posición de oración, con la cabeza ligeramente inclinada mientras nos dirigíamos el saludo tradicional balinés «*Om swastiastu*» (equivalente a «*Namasté*», y que significa «lo divino que hay en mí ve, reconoce y honra lo divino que hay en ti»). A continuación, el hombre anunció en tono solemne: «¡Soy Ra!».

«Por supuesto que lo eres», respondí mientras me recreaba en la gloriosa magia del momento al recordar mi adoración diaria al sol. «Yo soy Niurka.» Nos miramos fijamente durante un instante, reconociéndonos en silencio. Nuestro encuentro era cosa del destino.

Le expliqué mi propósito, quién soy y cómo su tienda se materializó ante mí en el momento en que tuve una imagen clara en la mente de lo que deseaba y así lo manifesté. Desvelé detalles de mi intención mientras, amablemente, prestaba atención a cómo recibía mi comunicación. El hombre se iluminó, se cargó de intensidad, me tomó las manos, me miró directamente a los ojos y preguntó con decisión: «¿Vas a ayudar a la gente?». «Sí —respondí, convencida—. Eso haré y eso hago.» Sintonizamos y no solo nos comunicamos con palabras, sino a través de la intención energética. Ra bajó la voz y dijo: «Es el destino. ¡Como ayudas a la gente, te haré el arma sagrada más poderosa de Bali!». Ra sacó una hoja de papel y empezó a dibujar un mapa. No era un mapa cualquiera. Se trataba de un mapa construido con capas de conocimiento astrológico, cosmológico, de historia y rituales balineses, de tradiciones, mitología y espiritualidad.

Me explicó que debía purificar mi cuerpo, visitar varios templos de Bali y reunirme con *mankus* (sumos sacerdotes) y *balians* (curanderos chamanes), llevarles regalos especiales, recitar mantras secretos, asegurar el agua sagrada y otros objetos selectos que se escondían en el centro sagrado del templo, y que solo veían la luz en circunstancias sumamente sagradas. Tenía que escalar montañas, rezar en templos cuando diera la medianoche, invocar los poderes creadores en las noches de luna llena y oscura antes de *mukimit* (pernoctar en el templo hasta la salida del sol). Se trataba de la búsqueda de un tesoro durante dos meses en una tierra misteriosa, orquestada para asegurar el poder energético óptimo. Una parte de mí pensó: «Esto es una locura». Otra parte replicó: «Es la aventura de toda una vida». Acto seguido miré al hombre y le dije: «Tienes que venir conmigo».

Él respondió: «Habla con mi mujer. Si está de acuerdo, iré contigo».

A continuación, Ra sacó otro pedazo de papel y juntos diseñamos el anillo. Estaba tan inmersa en el momento que se me olvidó que mi ayudante estaba a punto de llegar al aeropuerto. A menudo me acompañaba en mis aventuras. De inmediato me di cuenta de que no podía crear un talismán de tal calibre para mí y no diseñar nada para ella. Me detuve y me refugié en mi interior en busca de mi sabiduría interna. «¿Qué debo diseñar para ella?» La respuesta llegó al instante. Miré a Ra y dije: «Tenemos que crear otra pieza: un amuleto». El hombre conectó de inmediato con mis pensamientos y empezó a dibujarlo. Trazó un círculo, colocó el sígil en el centro y a continuación dibujó ocho círculos concéntricos que representaban las fuerzas protectoras del universo, procedentes de todas las direcciones. Mientras él dibujaba, imágenes de mis queridos amigos afloraron a mi conciencia. La voz en el interior de mi cabeza dijo: «Crea ciento once piezas». En ese instante tuve una representación interna vívida, y me vi haciendo ese regalo a las personas más importantes de mi vida y sintiéndome feliz al hacerlo. Las ideas no dejaban de fluir. Me dirigí a Ra: «Numeraremos los amuletos de modo que cada uno sea único. Anotaré el nombre de quienes lo reciban en un libro sagrado que estará siempre en mi altar».

En un primer momento quise crear un talismán para mí, después un amuleto para mi ayudante. Gracias a mi deseo de dar y compartir, mi pieza mágica se multiplicó como los panes y los peces de Jesús. Cuando regresé a casa, entregué los regalos a mis seres queridos. Muy pronto, se corrió la voz sobre los amuletos y la gente empezó a preguntarme dónde se podían conseguir. Mi creativo período sabático o viaje de sanación desembocó en una provechosa aventura sagrada con abundancia de regalos para mis seres amados.

Ahora, quienes llevamos esa pieza sagrada formamos parte de una tribu en la que todos apreciamos nuestra magnificencia y los unos estamos presentes en las oraciones y meditaciones de los otros. Sabemos que no necesitamos ningún objeto que inspire nuestros poderes creadores, ya que son inherentes a nosotros. Cuando elegimos llevar algo en el templo de nuestro cuerpo, coincidimos en que tiene sentido que esté trabajado a conciencia y con intención suprema. Y así es.

En Bali, imaginé y manifesté mi propósito. Después presté atención y las señales me indicaron el camino. Guiándome por mi intuición, supe con claridad lo que quería, fui receptiva y me fue revelado el paso siguiente.

Cuando estamos en el flujo de la vida, creamos con armonía y facilidad. La gente, los lugares o los objetos en los que necesitamos apoyarnos aparecen milagrosamente. La sincronicidad abunda. Cuando te concentras en dar, el universo te obsequia con regalos y bendiciones. Es dando cuando recibimos. Esta es la conciencia creadora. Esto es vivir en influencia suprema.

> Nada real puede incrementarse si no es compartiéndolo.
>
> Curso de milagros

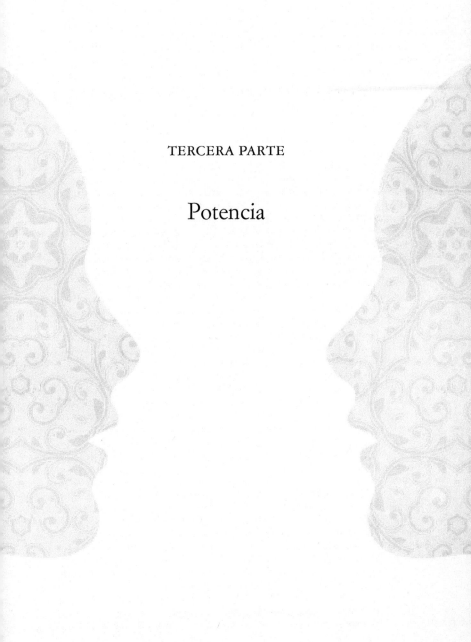

TERCERA PARTE

Potencia

11

Abracadabra

Palabras y magia fueron al principio una y la misma cosa, e incluso hoy las palabras siguen reteniendo gran parte de su poder mágico. Con ellas podemos darnos unos a otros la mayor felicidad o la más grande desesperación, con ellas imparte el maestro sus enseñanzas a sus discípulos, con ellas arrastra el orador a quienes lo escuchan, determinando sus juicios y sus decisiones. Las palabras apelan a las emociones y constituyen, de manera universal, el medio a través del cual influimos sobre nuestros congéneres.

SIGMUND FREUD

De niña, la magia me fascinaba. Cuando David Copperfield, el gran ilusionista, hizo desaparecer la estatua de la Libertad, me quedé cautivada. En ese momento supe que en la vida hay cosas que no se ven a simple vista, y quise descubrirlas, destapar el Gran Misterio. Así pues, empecé a investigar con dedicación y la vida fue regalándome pistas.

Un día, en un parque, conocí a un mago que me preguntó si quería ver su actuación. «Sí», respondí con sumo entusiasmo.

«Apártate un poco —me pidió—. Ahora sacaré un conejo de este sombrero vacío. ¡Abracadabra!» Y lo que era en apariencia «imposible» sucedió.

Con los años aprendí que la palabra «abracadabra» se traduce fielmente del arameo como «creo al hablar». «Abra» significa «crear», y «cadabra» significa «al decir».

El juego del mago apuntaba a una verdad esotérica más profunda: nuestro lenguaje tiene poderes mágicos. Fíjate en la etimología de la palabra «magia» y descubrirás que su significado ha cambiado a lo largo de los últimos siglos. A finales del siglo XV, «magia» significaba «el arte de influir en los acontecimientos y producir maravillas utilizando las fuerzas ocultas de la naturaleza». Nuestros pensamientos e imaginación son ejemplos de esas «fuerzas ocultas de la naturaleza» que utilizamos para crear. El utilizarlas de manera consciente es influencia suprema.

Un día desperté y me di cuenta de que la magia realmente existe y de que yo soy la maga. Ahora descubro a otros que también ellos son magos.

¿Qué quiero decir con la palabra «mago»?

No me refiero al mago que actúa sobre un escenario y provoca asombro mediante actuaciones que desafían la lógica humana. Me refiero al mago que tiene la habilidad de invocar y dirigir las fuerzas de la naturaleza para lograr un objetivo determinado.

Los términos «magia» y «mago» han adquirido una connotación limitada y, a veces, incluso negativa. La magia se ha relacionado con el engaño, y los magos se han visto relegados a la categoría de artistas del entretenimiento. Para entender la verdadera esencia y el poder de la magia es necesario un conocimiento esotérico más profundo. La palabra «*magus*» se ha utilizado desde antes del siglo IV a.C. y tiene múltiples significados. En el Evangelio de san Mateo 2:1-12, los «magos de Oriente» son magos que intuyen que va a nacer un nuevo Rey. Esos hombres sagaces viajaron lejos para honrar y ofrecer presentes sagrados al Niño Jesús. ¿Cómo supieron esos sabios que ese acontecimiento trascendental estaba a punto de suceder? Según la Biblia, los sabios vieron una estrella luminosa que se alzó por el este. Estaban en sintonía con los patrones de energía celestial de las constelaciones.

Los magos auténticos han integrado el conocimiento de su naturaleza divina y los mecanismos de la energía. Al honrar su unidad con lo Supremo, se sirven de sus pensamientos y palabras para crear de manera consciente. Son inabarcables y crípticos, humanos e inmortales. Caminan entre nosotros, pero viven en la eternidad. Son maestros de la concentración. Disciplinados y con una mente estable, hablan con la autoridad y la precisión del logos, y el universo responde al poder de sus órdenes. De ahí que su verbo se haga carne. ¡Abracadabra!

Yo creo al hablar

YO: «Yo» es la autoridad para provocar y atraer lo que imaginas. Cuando dices «yo», te apoderas de la presencia del «yo soy», la unión de la conciencia suprema y humana que se activa mediante tu conciencia, intención y pronunciación.

CREO: «Creo» es tu pensamiento concentrado que se convierte en acción consciente. Es tu habilidad de imponer orden a partir del caos. Si bien la palabra caos tiene connotaciones de desorden y confusión, en su origen significaba «informe» o «vacío». Según la mitología griega y los teóricos más importantes del Big Bang, nuestro universo surgió a partir del caos, el inmenso y abierto vacío de posibilidades infinitas. Incluso en el Génesis se observa que: «En el principio creó Dios los cielos y la tierra. Y la tierra estaba desordenada y vacía».

Por consiguiente, el «caos» es en realidad lo que precede a la creación. Es la forma en potencia a partir de la cual creas de manera consciente lo que has imaginado.

Cuando dices «yo creo», te adueñas de tu poder para imponer el orden a partir del caos, en cualquier situación.

HABLAR: «Hablar» es tu influencia. Es el modo en que utilizas tus pensamientos, palabras y acciones de manera consciente para obtener un resultado deseado. Cuando hablas, conviertes la idea que tienes en la mente (tu creación) en una realidad tangible. «Hablar» encarna la plenitud de tu comunicación: lo que manifiestas, tanto en alto como a ti mismo, tu lenguaje corporal, lo que escribes, tus acciones y tu propósito enérgico. Hablas a través de palabras, de una mirada, un gesto, una caricia, una respiración, una postura, un regalo, un sonido, una expresión facial, una actitud, un tono y más.

Di en voz alta: «CREO AL HABLAR», y siente el poder que tienes para esculpir tu realidad.

El Dios Vivo... creó el universo... con... palabras.

SEFER YETZIRAH (Libro de la Creación)

BENDICIONES Y MALDICIONES

Se suele decir que un gran poder conlleva una gran responsabilidad. Y así es. Un sábado por la tarde estaba tranquilamente en mi jardín cuando mi vecina aparcó en la entrada de su casa. Me vio
y se acercó a saludarme. Parecía agitada. Empezamos a char-
lar y me contó que unos días antes alguien le había robado
las tijeras. Era esteticista y acababa de comprar unas tijeras
especiales. Le pregunté si estaba segura de no haberlas dejado en algún otro lugar. Con tono encendido, gritó: «¡No! Sé
exactamente en qué parte del cajón las dejé, y sé de cierto
quién me las ha robado». Le pregunté que cómo lo sabía.
Respondió: «Porque en el momento en que me di cuenta de
que me las habían robado, grité: "¡A quien me haya robado
las tijeras, espero que se le caigan los dedos!"». Y entonces, al
cabo de unos días, oí decir que el repartidor de uno de mis
productos estaba ayudando a un amigo a cambiar el tejado
de su casa y se quemó las manos con alquitrán hirviendo».

Al margen de lo que sucediera realmente, en la Edad
Media sus palabras se habrían considerado una «maldición». Una maldición es la expresión del deseo de que alguien sufra una adversidad o una desgracia. Es una forma de
magia negra, que por lo común sucede de manera incons-

ciente cuando una persona manifiesta algo en un estado emocional de intensa carga negativa, generalmente en un estado de ira apasionada. Pronunciar una maldición tiene repercusiones kármicas porque es dando cuando recibimos. Las maldiciones son producto de la ignorancia. En ese momento, la persona se olvida de su auténtico yo y pierde el control. Su chispa divina se ha visto ahogada por formas de pensamiento negativas, un pensamiento debilitante que se alimenta de la emoción y la repetición.

Tus palabras tienen un poder materializador mayor cuando se apoyan en una emoción fuerte, tanto si es potenciadora como si es debilitante. Si te sientes cargado de energía, puedes aprovecharla y transmutarla. A través de la transferencia intencional de energía, desatas tu evolución, alentando a quienes te rodean.

> Primero aprende el significado de lo que dices, y después habla.
>
> Epicteto

Puedes ser luz en la oscuridad. Si entras en una habitación a oscuras y quieres luz, ¿qué haces? Darle al interruptor. Tú eres la luz que puede reavivar la llama de otros. El primer paso: observa conscientemente «lo que es», en un estado de presencia total, sin juzgar. Yo lo llamo «mantener el espacio sagrado». Traspasa velos y sombras y busca la esencia suprema que anima la vida, la llama divina que hay en el interior de cada ser. A través de tu reflejo puro y tu vibración agudizada motivas a quienes se les ha olvidado recordar. Puedes realizar milagros de transformación de

oscuridad en luz: ¡tienes el poder de iluminar el universo!
Eres una estrella.

Si hay luz en el alma, habrá belleza en la persona. Si hay belleza en la persona, habrá armonía en el hogar. Si hay armonía en el hogar, habrá orden en la nación. Si hay orden en la nación, habrá paz en el mundo.

Proverbio chino

Uno de los tesoros más preciados que puedes ofrecer es tu bendición. Una bendición es una oración pronunciada de manera consciente y afectuosa desde lo más profundo de tu corazón, con autoridad suprema, confiriendo gracia a tu destinatario. Tradicionalmente, un hombre pide la bendición a otro hombre para pedir la mano de su hija en matrimonio. Este ritual, que precede a un rito iniciático, honra a las familias y crea una atmósfera armoniosa y próspera para todos. Son fundamentales para construir una comunidad consciente. Bendice a tu familia, bendice a tus hijos, bendice a los niños del mundo. Bendice a nuestra amada Gea, la madre Tierra, bendice a Ra, el Sol majestuoso, a nuestro sistema solar y a la Vía Láctea. Bendice tu corazón. Mientras escribo sobre bendiciones, mi madre me ha llamado y ha pronunciado una bendición. La he recibido con agradecimiento y yo también la he bendecido. ¡Asombroso! ¡Creamos con las palabras!

Aquí tenéis una bendición para vuestros seres queridos:

Que tu día sea radiante y resplandeciente, lleno de alegría, paz y amor. Que seas audaz, auténtico y sigas a tu corazón. Que tu respiración sea tranquila y relajada, porque eres consciente de que eres una expresión perfecta de divinidad con forma humana. Que seas consciente de tu magnificencia ¡y permitas que tu luz brille para que todos la vean! Benditas sean tu salud, tu riqueza y tus relaciones. Que se cumplan tus metas y manifiestes tu visión. Que así sea.

Las bendiciones no tienen que ser largas. Pueden ser cortas y poderosas. Tú eliges. Tan solo debes hablar desde las profundidades infinitas de tu hermoso corazón y disfrutar haciendo ese regalo.

También puedes bendecir cosas. Por ejemplo, yo obtengo gran placer y poder bendiciendo la comida. Me dirijo a la comida con gratitud, honrándola por el hecho de que me sea ofrecida. Me doy cuenta de que mi bendición recorre toda la cadena alimentaria hasta llegar a las manos que la cultivaron, y así regresa a la tierra y al sol. Este ritual corrobora mi unión sagrada con la existencia. Me purifica la mente, me activa las células y prepara el templo que es mi cuerpo para recibir todos los nutrientes.

Cuando alguien te ofrezca su bendición, sé receptivo. Es el universo haciéndote un regalo.

12

La fórmula para la creación consciente

Todo lo que hay en tu vida, tanto lo que amas como lo que te gustaría cambiar, está ahí porque tú lo has incluido en tu experiencia. Refleja la conciencia y la perspectiva que has mantenido hasta ahora. Tu realidad es un eco de lo que has estado pensando, percibiendo, sintiendo y haciendo. ¡Es una buena noticia! Significa que puedes cambiar la realidad simplemente cambiando tu manera de pensar.

En este capítulo, compartiré contigo una fórmula para la creación consciente. La he utilizado infinidad de veces y he conseguido que los milagros se manifestaran rápidamente en mi vida. También la he enseñado en un curso de materialización mágica, que diseñé en base a esos principios exactos. Y mis estudiantes han utilizado esta fórmula para conseguir resultados extraordinarios en sus vidas.

Prerrequisito para la creación consciente

Antes de analizar la fórmula, hay un prerrequisito para que puedas llegar a dominar tus poderes para la creación consciente:

Asume la responsabilidad de todo (pasado/presente/futuro)
lo que sucede en tu vida, sin apego.

¿Qué quiero decir? Me refiero a que debes adueñarte
(sin «si», «y» ni «peros») de todos los resultados de tu vida,
y darte cuenta de que en algún nivel, tú los atrajiste o los
creaste. No se trata de culpar a nadie. Se trata de tener libertad. Si los creaste, los puedes transformar. Eres consciente
de que en cualquier situación estás «como causa» o «como
efecto». La PNL lo explica como una ecuación.

CAUSA>EFECTO:
RESULTADOS CONTRA RAZONES

Vivir «como causa» implica aceptar la responsabilidad de
toda tu experiencia de la realidad. Te haces responsable
de cuanto se manifiesta en tu vida, sin juzgarlo. Eres el dueño
de tus resultados; de todos ellos, la luz, la sombra y de todo
lo que hay en medio. El hecho de adueñarte de los resultados, deseados o no, te libera para que puedas cambiar de
rumbo cuando así lo desees.

Y al contrario, cada vez que pronuncias una excusa, cul-
pas a alguien o te quejas, estás «como efecto». El estar «como
efecto» implica que has olvidado temporalmente tu poder.
Cuando alguien está como efecto, su comunicación lo refleja. La persona se preocupa, se queja, critica, reacciona de
manera desproporcionada ante distintas circunstancias o
está ausente. Estar «en efecto» es asumir el papel de perse-
guidor o víctima. Implica desviar la atención hacia el entor-

no en lugar de hacia tu propia mente o poder interior para crear cambios.

Tú eres el gran arquitecto. Tienes más poder que cualquiera de los retos que afrontes en tu vida. Eres responsable y capaz de reaccionar de manera consciente, sean cuales sean las circunstancias. El modo en que reaccionas a la vida allana el terreno para manifestaciones futuras. Aunque te encuentres en una situación complicada, o en un conflicto de comunicación titánico, e incluso si sientes que una respuesta negativa estaría justificada, eres capaz de ser elegante en tus palabras y tus acciones. Si bien no eres responsable de las acciones de otros, eres capaz de reaccionar de manera consciente a todo lo que constituye tu realidad. El poder que tienes de reaccionar es el poder que tienes para crear. La calidad de tu respuesta influye sobre las respuestas relacionadas y los acontecimientos posteriores.

Cuando vives en influencia suprema, lo haces «como causa» y eres capaz de responder. Aportas tu totalidad al presente: estás plenamente despierto, plenamente vivo y plenamente aquí.

Ahora, ¿estás listo para abrazar esta potente fórmula para la creación consciente?

La fórmula de diez pasos para la creación consciente

Esta es la fórmula de diez pasos para la creación consciente. Mientras la leas, permite que tu conciencia y tu imaginación exploren cada uno de estos pasos, de uno en uno. Aplícalos todos ellos para alcanzar tu objetivo.

1. Observa «lo que es» con valentía y sin ataduras.
2. Elige lo que pretendes crear o experimentar.
3. Asegúrate de que tienes un propósito.
4. Ve, oye y siente el resultado final alcanzado en el ojo de tu mente.
5. Inspírate en el éxito y crea un hito.
6. Amplía las imágenes, sonidos y sentimientos que tienes en la mente.
7. Manifiesta lo que quieres con autoridad y sé consciente de que así será.
8. Actúa sin ansiar los resultados.
9. Muéstrate alerta y preparado.
10. Permite que la vida se despliegue.

Observa

Mira alrededor y observa tus circunstancias. ¿Cómo estás siendo? ¿Qué estás haciendo? ¿Qué se ha manifestado en tu salud, tu situación económica, tus relaciones, negocios y tu calidad de vida en general? Detente un instante y observa «lo que es». Ese «lo que es» que te rodea, ¿refleja lo que hay en tu interior? ¿Tu vida refleja lo que más valoras? Podría parecer más sencillo observar «lo que es» cuando «lo que es» refleja lo que quieres. Sin embargo, a menudo lo que nos supone un desafío contiene también el mayor tesoro para tu evolución.

> No deseo protección ante los peligros, sino valentía para enfrentarme a ellos. No pido que se extinga mi dolor, sino el coraje para dominarlo.
>
> RABINDRANATH TAGORE

En el mundo son muchas las cosas que pueden parecernos duras o complicadas. Mucha gente sufre enfermedades, injusticias y pérdidas. En ocasiones puede parecer más sencillo evitar o negar las dificultades. Si bien es conveniente centrarse en lo que se desea en lugar de en lo que no, apartar la vista de la adversidad no siempre hace que desaparezca. Albert Einstein dijo: «El conocimiento de lo que es no abre la puerta directamente a lo que debería ser». Observa y mira a través de lo que es para descubrir lo que podría ser. No huyas, no te escondas, no finjas ni ocultes nada. Eres un creador. No estoy exagerando. Puedes activar tu voluntad para transformar las circunstancias. Lo que aparezca como un problema, afróntalo y tendrás el poder de transformarlo. Consigue un estado mental y emocional firme, neutro y resuelto. Si experimentas emociones destructivas como el enfado o el miedo en presencia de lo que es, puedes aprovechar esas frecuencias y transmutarlas en energía. Eso fue lo que hizo Gandhi: presenció injusticias (lo que es) y sin apartar la mirada transmutó el enfado que invadía su ser y lo convirtió en el impulso evolutivo que llevó a la India a la independencia e inspiró movimientos pacifistas en favor de los derechos civiles y la libertad. En el budismo, este proceso se conoce como «*hendoku-iyaku*», o convertir el veneno en medicina.

A través de la amarga experiencia he aprendido una lección suprema: a acumular la rabia, e igual que el calor acumulado se transforma en energía, la rabia controlada puede convertirse en una fuerza capaz de mover el mundo.

MAHATMA GANDHI

Si te sientes atrapado en el dolor de «lo que es» y notas tus emociones descontroladas, detente, centra tu fisiología, respira hondo, y cuando lo sueltes... sal de ti mismo durante un momento. Imagina que estás en una sala de cine, sentado al fondo, comiendo palomitas y observando al «tú» que está en la pantalla, atrapado en una situación difícil. Puedes ver las imágenes en blanco y negro, o convertirlas en una película de cine mudo, como las de Charles Chaplin. Ahora, pregúntate: «¿Qué puede aprender? ¿Cuál es la elección más elevada?». A menudo, el contraste de no desear «lo que es» desencadena un nuevo deseo o motivación interesantes. Permite que «lo que es» habite en tu conciencia el tiempo justo para saber lo que quieres en realidad. A continuación...

Elige

Ha llegado el momento de elegir lo que quieres. ¿Qué deseas? ¿Cuál es tu aspiración máxima? Sé específico, pero no te aferres a cómo pueda manifestarse. Pregúntate: «Si pudiera crear cualquier cosa, lo que quisiera, ¿qué sería? Si pudiera dar cualquier cosa a la gente, ¿qué daría? ¿Qué quiero experimentar? ¿Qué elegiría si no tuviera miedo? ¿Qué haría el amor?».

Es imperativo que te decidas. La palabra «imperativo» tiene sus raíces en un verbo latino antiguo que significa «poner en orden». El hecho de tener un objetivo claro te proporciona un sentido de dirección y armoniza tu vida con el orden divino. Las esperanzas y los deseos son tenues. Un deseo auténtico promueve la acción.

Asegúrate

Asegúrate de que lo que quieres concuerda con tu verdadero propósito. Sabrás que tu elección es la acertada porque:

- No interfiere con la voluntad de otra persona.
- Te hace sentir bien.
- Es una expresión única de tus singulares talentos.
- No hay parte de ti que se oponga a experimentarla o materializarla.
- Hay múltiples formas de conseguirla.
- Se inicia y se mantiene de manera autónoma; en otras palabras, no dependes de nada ni de nadie para su cumplimiento.

Ve, oye y siente

Una vez hayas observado lo que es, elegido lo que quieres y sepas que estás en armonía con tu verdadero propósito, puedes empezar a dar forma, colorear y crearte una imagen mental cristalina. ¿Cómo sabrás cuándo has conseguido tu objetivo? ¿Qué verás? ¿Qué oirás y sentirás que señale la consecución del objetivo que has elegido? Piensa en el resultado final obtenido y, mientras lo haces, presta atención a las imágenes, sonidos y sentimientos que experimentas en el ojo de tu mente. Percibe las sensaciones de tu cuerpo como si se hubiera realizado. Concéntrate en experimentar la esencia de tu resultado deseado sin aferrarte a que se manifieste de una determinada manera.

Inspírate y crea un hito

Si alguien puede alcanzar un resultado, las otras personas pueden aprender a conseguirlo. No hace falta que reinventes la rueda. Puedes investigar, buscar y aprender del éxito de otros. ¿A quién conoces que sea un modelo de posibilidad? ¿Quién crea éxito de un modo que te inspira? Los modelos de conducta están por todas partes. Puedes encontrar maestros de multitud de maneras inesperadas: en libros, en internet, a través de amigos, de los medios sociales. Podrías estar documentándote, descubrir lo que a ese autor le gusta y ofrecer un detalle a esa persona. Dirígete a ella con una carta, un obsequio, una oferta o algo que demuestre tu agradecimiento. Permite que tus nuevos aprendizajes estimulen tus pensamientos y se incorporen a tus talentos. Piensa: ¿cuál es el primer y más importante hito que esperas conseguir?

Amplía

Piensa en lo que quieres. Al hacerlo, observa con atención las imágenes, sonidos, sensaciones, olores y sabores que percibes en el ojo de tu mente. A continuación, agudiza tus sentidos. Amplía la imagen, hazla más brillante, más nítida y clara, sube el volumen lentamente, siéntela en las entrañas. Mírala, escúchala, siéntela, huélela, saboréala, respírala. Asegúrate de estar mirando a través de tus ojos. Amplía e intensifica la experiencia hasta introducirte en un territorio atemporal. Ya no estás limitado por el espacio ni por el tiempo, estás en la eternidad, y los poderes creadores están en ti, y a tu alrededor. Ahora, con seguridad y sin ataduras, centra tu atención y tu concentración. Eres libre y creas por el puro deleite de expresar tu naturaleza divina. A continuación, dobla la intensidad, siente el remolino de energía en tu interior. Siéntela fluyendo y serpenteándote por la columna vertebral como un número ocho líquido. Llegará el momento en que sientas el triunfo. En ese instante, habrás hecho cristalizar tu representación interna. Siente gratitud, consciente de que has alcanzado tu visión.

> Tu visión solo se volverá clara cuando mires en tu propio corazón. Porque quien mira hacia fuera sueña, y quien mira hacia dentro despierta.
>
> CARL JUNG

Manifiesta y sé consciente

En el momento en que tu representación interna alcance su punto más alto, en ese instante, crea con palabras tu objetivo. Pronuncia lo que ya se ha realizado en tu corazón y en tu mente. Sé audaz, sé sucinto. Habla con autoridad y anótalo en una hoja de papel. Utiliza un rotulador rojo y escribe tu declaración como si se hubiera cumplido. Así:

Estoy agradecido porque _____ (introduce una breve descripción de tu objetivo ya cumplido) o algo aún mejor se haya materializado a fecha de _____ o antes. ¡Así es!

Concéntrate al hablar y al escribir. Debes ser resuelto en tu enfoque. Alimenta tus palabras con tu intención enérgica. Fíjate en la representación interna que se proyecta en el lienzo de tu vida. Sé consciente de que se ha cumplido, suéltalo al universo y permite que así sea.

> Por la palabra de Jehová fueron hechos los cielos, y todo el ejército de ellos por el aliento de su boca [...] Porque él dijo, y fue hecho; Él mandó, y existió.
>
> Salmos 33: 6,9

Actúa

Ahora que has hecho cristalizar tu representación interna y que has creado con palabras, ha llegado el momento de pasar a la acción de manera centrada e inspirada. En ocasiones, la acción más sensata es la inacción, o bien abstenerse de tomar medidas precipitadas o ignorantes. El Bhagavad Gita, las escrituras sagradas en lengua sánscrita cuyas enseñanzas me llegan al corazón, sostiene: «Quien ve inacción en la acción y acción en la inacción es sabio entre los hombres. Ha alcanzado el objetivo de todas las acciones y es libre». La clave es ser consciente y pasar a la acción de manera decidida y sin ataduras. Renuncia a ansiar resultados. Este es el camino supremo de la vida porque se basa en el conocimiento de «quién eres» y «por qué estás aquí». Estás pleno y completo, y no creas por necesidad, sino desde un espacio sagrado de amor y devoción. Tu creación es lo que ofreces a lo Supremo; es tu arte, el talento consagrado a ti mismo y a toda la humanidad.

El apego mata el poder materializador porque se basa en el miedo y en la separación. El apego presupone ausencia o falta, y como eres un ser vibrante, cualquier vibración que desprendas regresará a ti de nuevo. Igual que en la expresión «sea la luz», la luz es. Confía en el universo y haz tu trabajo. Sé consciente de que cuando plantas semillas de tomate y honras los ciclos de la naturaleza, tu cosecha está garantizada. Y aunque no obtengas tomates, confía en que algo mejor, la esencia de tu verdadero deseo, está por llegar. Pasa a la acción y confía en que los poderes creadores actúen... a su debido tiempo.

En el Bhagavad Gita, Krishna, al que se venera como la manifestación de lo Supremo, aconseja al héroe épico Aryuna en mitad de una crisis. Krishna recomienda a Aryuna que practique el karma yoga. «Karma» significa acción; «yoga» significa unión. Por consiguiente, la traducción literal de karma yoga sería «el camino de la unión mediante la acción». En este texto antiguo, Krishna le dice a Aryuna que al renunciar a los frutos de la acción debería actuar en base al deber sagrado, pues sin ataduras es como se alcanza lo Supremo.

Hay verdadera libertad y alegría en ofrecer la renuncia a los frutos de la acción como sacrificio a lo más alto. La palabra «sacrificio» se malinterpreta cuando se utiliza con el sentido de renunciar a algo en favor de una causa mejor, o incluso en el de ofrendar a los dioses airados una víctima que se mata en su honor. Estas malinterpretaciones relacionan el dolor y el sufrimiento con la noción de sacrificio, pero estos significados se hallan a años luz del sentido profundo de la palabra sacrificar: «convertir algo en sagrado». Al sacrificar

los frutos de la acción, los consagras como ofrenda sagrada
al ser supremo. Puedes disfrutar y compartir los frutos, pero
no te aferras a ellos. Por consiguiente, trabaja y extasíate
trabajando. Honra el flujo y reflujo de la vida. Vive en la sabiduría de la inmortalidad, pues tan solo una conciencia
atrapada en el miedo acumularía aquello que ha de convertirse en polvo. Tu espíritu es eterno. La influencia suprema
atrae lo eterno al contexto del espacio y el tiempo.

> Mis acciones son lo único que realmente me
> pertenece. No puedo huir de las consecuen-
> cias de mis acciones. Mis acciones son el suelo
> que me sostiene.
>
> THICH NHAT HANH

Muéstrate preparado

Presta atención. Permite que tu conciencia se expanda hasta
alcanzar una visión periférica. Agudiza tus sentidos mediante la observación de las sutiles señales de cómo te sientes y
los ricos detalles que te rodean. Sé consciente, muéstrate
alerta y preparado. Empezarás a notar indicios y señales que
te indicarán la dirección que quieres tomar. Al tener un propósito, el universo conspira para deleitarte y te trae la esencia de tus deseos, a menudo más espléndidos de lo que los
imaginabas. Sé observador y receptivo, pues encuentros
prometedores y azarosos se cruzarán en tu camino de manera espontánea. Cuando lo hagan, escucha tu intuición y actúa en consecuencia. Honra tus sentimientos y ellos te seña-
larán el camino. Y sobre todo... disfruta del viaje.

Permite

Ahora ha llegado el momento de dejar que la naturaleza siga su curso. En tus manos está aplicar la fórmula para la creación suprema, pero no lo está cómo microgestionar los detalles. Al igual que en el tiro con arco, centras el cuerpo, te quedas quieto, te concentras en un objetivo y lanzas la flecha de tu verdadera intención al centro de la diana. Sin embargo, una vez sueltas la flecha, tienes que desprenderte del deseo de que la flecha vaya en la dirección que esperas o hacia donde crees que debería impactar. Deja que la flecha vuele con libertad.

Cuando apliques esta fórmula de diez pasos, adquirirás una fuerza sobrehumana para crear de manera consciente tu realidad. En el siguiente capítulo encontrarás historias y sugerencias sobre cómo hacerlo.

EXTRA SUPREMO

Cómo enriquecer tu mapa del mundo agudizando los sentidos

El enriquecer tu mapa del mundo te ayuda a crear de manera consciente una vida que ames. Una manera de enriquecer tu mapa mental es agudizando los sentidos y sintonizando las energías más sutiles. Al hacerlo, harás distinciones nuevas y disfrutarás la vida a un nivel más profundo, rico y pleno que con anterioridad.

Filtramos el torrente de información a través de los sentidos, nuestras limitaciones neurológicas. A diferencia de las
creencias y los recuerdos (limitaciones individuales), nuestros
filtros sensoriales físicos trabajan con información que se presenta en el ahora. Tu cuerpo está en el momento presente.
Puede que tu mente vague hacia pensamientos del pasado o
el futuro, pero tu cuerpo está solo en el presente.

Nuestros sentidos nos permiten interpretar las frecuencias
que nos rodean. Nuestro sentido del oído nos permite recibir
información sobre las vibraciones del sonido en nuestra experiencia. Nuestro olfato recibe frecuencias en relación a información olfativa. Lo mismo sucede con el tacto, nuestro sentido
cinestésico, que nos permite sentir calor, qué lugar ocupamos
en el espacio, dolor, equilibrio y aceleración. La vista capta un
amplio espectro de frecuencias de luz, y el gusto absorbe distintos estímulos. Nuestros sentidos físicos actúan como recep-
tores que recogen información y la transmiten a través de
nuestro sistema nervioso y el cerebro, comunicando la información de manera que podamos responder al mundo que nos
rodea.

Otros seres tienen filtros de los que dependen más. Los
pájaros y las abejas dependen de su sentido del magnetis-
mo para orientarse. Es tan importante para ellos como el olfato para los perros. Estos sentidos agudizados y filtros únicos
hacen que los animales tengan percepciones que a la mayoría
de los humanos se nos escapan.

Tenemos sentidos muy agudos tradicionalmente no reco-
nocidos que también juegan un papel importante en relación
a la información que recibimos del mundo que nos rodea. Por
ejemplo, tenemos la habilidad de aprovechar nuestro sentido
intuitivo de la clarividencia y la clarisentencia. Accedemos a
ellos al ampliar nuestra conciencia y sintonizar con territorios

más sutiles, lo que proporciona más información. No hace mucho tiempo, las experiencias sensoriales agudizadas se relegaban a lo «paranormal» o incluso se relacionaban con el concepto de «brujería». Los libros de historia están llenos de relatos sobre gente que fue quemada en la hoguera por conectar con esos sentidos. Sin embargo, esas percepciones extrasensoriales son normales. Consisten en capas de información a las que accedemos cuando atravesamos los velos de lo que comúnmente se define como «la realidad».

Los sentidos agudizados se desarrollan con la práctica. Una vez desarrollados, descubres un espectro de experiencia más pleno. Recibes información y orientación claras por parte de la naturaleza. También te comunicas de manera más precisa cuando eres consciente de los territorios más sutiles.

¿Cómo puedes sintonizar con tus sentidos más sutiles? Es, sencillamente, cuestión de enfoque y receptividad. Presta atención a los espacios vacíos entre los momentos. Realicemos un ejercicio. Ve a por una manzana roja y grande. Ahora prepárate para comerte la manzana y concede a esa experiencia toda tu atención. Huele la manzana antes de morderla y deja que el aroma te inunde antes de llevártela a la boca. Siente la textura en la yema de los dedos, su forma y su peso en la mano. Observa las transiciones de color, el jugo de su interior. Cuando la manzana entre en contacto con tu boca, penetra en su carne y deja que el sabor se disuelva en tu lengua. Escucha el crujido y escúchate mordiéndola. Presta atención a la jugosidad y consistencia mientras la manzana se transforma de sólido a líquido con cada bocado. Al tragarla, siente su esencia deslizándose por tu garganta. Tómate tu tiempo. Honra el espacio entre un bocado y otro, entre una y otra respiración. Cuanto más vivos estén tus sentidos, más rica y jugosa se vuelve la vida. Es una práctica sencilla para conseguir presencia.

Este ejercicio no consiste tan solo en disfrutar de la comida; se trata de trasladar la plenitud de tu conciencia a la vida. Esto aporta beneficios a todas las áreas de tu existencia, te encuentres en una reunión de negocios y seas capaz de reconocer distinciones que otros pasarían por alto, o estés jugando con tu hijo y disfrutando del momento. Al agudizar tus sentidos, tienes la opción de detenerte a oler las flores. Y cuando lo hagas... y cuando disfrutes oliéndolas y mirándolas, disfrutarás de la vida.

13

Creo mi realidad

Andrew Carnegie emigró a Estados Unidos con unos peniques en el bolsillo y gracias a sus esfuerzos se convirtió en multimillonario y en uno de los filántropos más importantes de su época. Creía que el proceso del éxito consistía en una fórmula que cualquiera que la entendiera podría aplicar después. Encargó a un hombre llamado Napoleon Hill que entrevistara y estudiara a las personas más ricas y triunfadoras de su tiempo. Hill fue el autor de obras sumamente influyentes como *Las leyes del éxito* y *Piense y hágase rico*, en las que detalló cómo se alcanza el éxito.

Hill dijo:

> Mi trabajo me llevó a estudiar las fuerzas espirituales que todos tenemos la suerte de poseer. Y... di con la clave que me ha permitido ayudar a millones de personas a descubrir su destino en este mundo... Cualquier cosa que la mente pueda concebir y creer, se puede alcanzar.

Cuando Carnegie le planteó a Hill la posibilidad de crear la primera filosofía práctica sobre el éxito personal, Hill tuvo pensamientos limitadores y le dijo a Carnegie que él no era la persona adecuada a causa de su juventud, su falta de formación y de recursos económicos. Carnegie le respondió con una lección que sería decisiva en la vida de Hill, pues le dijo que tenía a su disposición un poder enorme, un poder mucho mayor que la pobreza y la falta de formación, más grande que todos sus miedos juntos. Se trata del poder de dominar la propia mente y dirigirla sabiamente. Este poder, agregó Carnegie, es el mayor talento del Creador, porque es lo único que da al hombre el total e irrefutable derecho de control y dirección.

Empecé a estudiar la obra maestra de Hill (*Las leyes del éxito*) cuando tenía diecinueve años. Mientras la leía, anoté tres objetivos en los que quería concentrarme: ganar más de cien mil dólares al año (lo que resultaba casi inconcebible en aquel momento), descubrir mi propósito y comprar un descapotable nuevo. A los veinte años, un año después de haber declarado mis objetivos, había cumplido los tres. A lo largo de los años he conseguido incontables éxitos, y por eso sé que tú también puedes hacerlo. En el capítulo anterior te he ofrecido la fórmula para dirigir tu mente, sean cuales sean las circunstancias, y crear de manera consciente tu visión. Este capítulo te ayuda a integrarla. A través de historias y sugerencias, tu mente se sentirá estimulada e invocará estados fortalecedores que te ayudarán a crear conscientemente tu vida soñada.

Todos estamos dotados de una fuerza sobrehumana

Uno de mis mejores amigos es un atleta sobrenatural. Se llama doctor Nick. Un día, mientras cenábamos, me dijo:

«La semana que viene voy a batir el récord mundial de fuerza y resistencia. ¿Te gustaría presentar el acto?».

«Claro», respondí. En esa competición tendría que levantar mancuernas de entre once y dieciocho kilos, en cada mano, desde la cadera, doblando el codo y después por encima de la cabeza, durante una hora seguida y sin ninguna interrupción. Le dije: «Cuéntame cómo bates esos récords». Y me contó su fórmula para el éxito. Había diseñado una estrategia precisa, que incluía: una alimentación específica (era casi vegano); una hidratación específica; una temperatura corporal ideal durante los levantamientos; el conocimiento de los intervalos que debía tener en cuenta; el peso que quería levantar, en qué plazo y cómo enfocaría su concentración. Había entrenado y en su mente ya había batido el récord en numerosas ocasiones. Cuando llegué al gimnasio la noche del acontecimiento, Nick ocupaba su lugar. Lo miré y supe de inmediato que ganaría. Esa noche, a sus cincuenta y dos años, Nick batió el récord mundial con 1.974 levantamientos, un total de 22.950 kilos, ¡superando así el récord anterior de 18.600 kilos en casi cinco mil!

Cuando le pregunté qué lo inspiraba, me dijo: «El creer en la capacidad que tenemos para sobrepasar los límites humanos y ayudar a recaudar fondos para niños con autismo».

El estado mental y emocional que desprendes cuando formulas tu objetivo será el estado en que tu objetivo vuelva a ti. Nick tenía la seguridad absoluta de que batiría el récord mundial. La noche de ese acontecimiento se propagaron violentos incendios por todo el sur de California. Recuerdo que tuve dificultades para llegar allí por culpa del humo. Muchos expertos le recomendaron aplazar la competición argumentando que se dañaría los pulmones al intentar tal hazaña en unas condiciones tan desfavorables. Pero Nick no escuchó a esos negativistas. Contempló «lo que es» sin ataduras y se concentró en la victoria. Su estado era imparable, y el universo le devolvió lo mismo.

Un estado mental fortalecedor es esencial para dominar los diez pasos de la fórmula para la creación consciente que aprendiste en el capítulo anterior. ¿Por qué? ¡Porque esta fórmula funciona! Y funciona para todos, sin favoritismos. La vibración que desprendas cuando utilices esta fórmula será la vibración que te será devuelta. El universo es justo. No es posible aplicar esta fórmula para atraer poder si se está en un estado dubitativo. Esto significa que si alguien pone en práctica todos los pasos pero al hacerlo tiene dudas, entonces, según sea la intensidad de la duda, esta quedará incrustada en el objetivo en «forma de duda», y la duda volverá a él. Lo que atraes refleja los pensamientos dominantes de tu mente.

Un estado centrado te permite manifestar tu visión. La neutralidad te libera de las trampas del ego y te libra de estar manipulado por falsos deseos. Cuando tu mente está en calma y sin ataduras, creas las condiciones adecuadas para que la energía divina fluya sin obstrucción. Al igual que una bellota requiere las condiciones adecuadas —un suelo fértil, luz del sol, agua fresca en abundancia, aire puro— para desarrollarse y convertirse en un imponente roble y alcanzar su máximo potencial, también nosotros nos desarrollamos en el medio adecuado.

Cuando eres neutral y estás presente, eres más capaz de discernir la opción más conveniente. Se vuelve obvia al instante. Las emociones debilitantes envenenan la mente y nublan la visión, lo que conduce a una mala creación. En el budismo, los tres principales venenos de la mente (o *kleshas*) —la ignorancia, la ira y la codicia— son la raíz del sufrimiento y facilitan la mala creación. La ignorancia es primaria porque conduce a las otras dos. Sin embargo, la ignorancia no es algo sustancial. Es tan solo la ausencia de conciencia: implica estar «como efecto». Por consiguiente, si tienes dudas no apliques todavía la fórmula. Primero expande tu conciencia. Una manera de hacerlo es saliendo a pasear por la naturaleza y permitiendo que tu visión se expanda y se vuelva periférica al respirar cada vez un poco más hondo. Siente el amor que tienes por la madre Tierra. Practica un mantra. Limpia tu mente imaginando una ola de agua purificadora en cascada sobre tu conciencia. Después invoca un estado fortalecedor, como la desenvoltura, o la valentía, o cualquier otro estado que se ajuste a la situación.

Esta es la historia de cómo transformé las dudas y creé de manera consciente mi realidad.

LA FE ME DIO ALAS

Después de casi cinco años en la carretera, viajando a una ciudad distinta cada dos meses y tras haber batido récords de ventas para Tony Robbins, decidí que había llegado el momento de un cambio. Aunque me encantaba mi trabajo, estaba cansada de viajar y en la organización no veía la clase de crecimiento que deseaba. No sabía adónde me llevaría el Espíritu, pero mi intuición me decía que era esencial para mi evolución. Me reuní con mi director y le expliqué mis motivos para querer marcharme de la compañía al cabo de dos meses. Supuse que sería tiempo suficiente para descubrir qué pasos tomar a continuación y dar a la compañía oportunidad de sobra para sustituirme. A fin de facilitar la transición, me ofrecí para formar a nuevos miembros del equipo. Un par de días después de la reunión, recibí una llamada telefónica de una ejecutiva de la compañía que, cosas del destino, se llamaba Faith.* Me dio las gracias por mi colaboración y me informó de que mi reemplazo se llevaría a cabo de inmediato. Yo no sabía dónde viviría, adónde iría ni a qué me dedicaría. Pero la fe me dio alas.

Mis pensamientos se embrollaron y durante los minutos siguientes me sentí perdida en el caos: «¿Cómo ha podido pasar esto?», me dije. Sentí que me habían dado la patada. Por primera vez desde que me había marchado de casa, noté el cuello rígido y pinzado hacia el hombro. Había recorrido un largo camino, pero en ese momento me sentí vulnerable, vacía, sin un hogar y sin una tribu.

A la mañana siguiente fui a la consulta del quiropráctico, consciente de que no podría empezar a tomar decisiones hasta que mi cuerpo estuviera de nuevo alineado. El quiropráctico me examinó la espalda y dijo: «Tienes la columna como un signo de interrogación».

«Eso es porque me hago muchas preguntas», respondí.

---

* *Faith*, en inglés, significa «fe». (*N. de la T.*)

Después de la sesión, conduje hasta la playa para dar un largo paseo e hice un gran esfuerzo para transmutar mis sentimientos de dolor, descifrar mis percepciones de tristeza y decidir qué haría a continuación.

Me senté en una roca y lloré mientras veía las olas romper. Empecé a practicar Japa, una disciplina espiritual que consiste en la repetición de un mantra (sonidos sagrados con propiedades de transformación) o un nombre de poder divino. Aprendí Japa de un Maharishi indio en Nueva York. Él me enseñó a transmutar las formas de pensamiento negativas mediante la pronunciación de «Om» y «Ah». Es imposible tener un pensamiento o una vibración negativa cuando se medita en Om. En su línea particular, enseñaba a sus alumnos a pronunciar «Om» a última hora de la tarde con gratitud, y «Ah» por las mañanas, con intención creadora. Nos descubrió que muchos de los nombres sagrados de Dios contienen la vibración del sonido vocálico «A»: KrishnA, YAvé, BrAhmÁ, RAmA, AdonAi, BudA, IshvArA, AlÁ, ShivA, RA, JeovÁ, MesíAs.

> Dios tiene mil nombres; o, mejor dicho, es innombrable. Damos culto o rezamos a Dios con el nombre que más nos agrada. Todos dan culto al mismo Espíritu.
>
> MAHATMA GANDHI

Permanecí sentada en la postura del loto, recé para obtener claridad y susurré «Ah» desde lo más profundo de mi ser. Al cabo de un rato empecé a notar calma, y después paz.

Mi respiración se volvió más profunda y mi postura más erguida, y así seguí musitando durante horas, haciendo una pausa de vez en cuando simplemente para abrir los ojos y dejar que el poder curativo de la naturaleza me invadiera. Me di cuenta de que durante todo ese tiempo de altos y bajos, de giros y vueltas, la roca en la que estaba sentada simplemente... era. La vida es.

A través de la meditación, el dolor se disolvió hasta desaparecer. Permanecí en silencio... en el vacío. En la quietud del momento, una voz interior habló: «Decide tu próximo paso, no es necesario que tengas una imagen completa de lo que será tu vida». De inmediato, la imagen de un Mercedes-Benz rojo se iluminó en mi mente, junto con el siguiente pensamiento: «Necesito un coche nuevo, ese es el primer paso. Después buscaré un lugar donde vivir, ese será el segundo paso. Pero primero, el coche».

Respiré hondo y elaboré una imagen nítida de mí misma, conduciendo un Mercedes nuevo a toda velocidad por la costa californiana, con el pelo al viento. Miraba a través de mis ojos mientras conducía mi coche nuevo. Vi la riqueza de los colores, oí el rugido del motor, sentí el tacto del volante en los dedos y olí la sal en el ambiente. Entonces manifesté: «Soy NiurkA, y este es mi coche».

Invadida por una nueva sensación de entusiasmo me levanté para marcharme. Me volví y vi a un hombre que, al parecer, me había estado observando. Se acercó a mí y me preguntó: «¿Estabas hablando con Dios?».

«Sí», respondí.

Entonces él añadió: «Yo también hablo con Dios». En la mano sostenía unos prismáticos caros, que me ofreció mientras decía: «Son para ti». Me quedé sorprendida. «Por favor, acéptalos, son un regalo para ti, para que siempre veas con claridad la verdad, más allá de las apariencias.» «Gracias», dije, del todo estupefacta mientras los sujetaba contra el pecho. «¿Puedo contarte una historia?», preguntó. «Por supuesto», respondí. El hombre hablaba con suavidad y afecto. Me contó la historia de dos perros, uno negro y otro blanco, que se peleaban con frecuencia. Había un hombre que siempre adivinaba qué perro ganaría. La historia me desconcertó y al principio me sentí algo inquieta. «¿Por qué se peleaban los perros?», pensé, pero seguí escuchando. «¿Sabes cómo sabía qué perro ganaría?», preguntó. «No», respondí. «Lo sabía porque todas las noches prestaba atención para ver a qué perro alimentaba su amo.» Estaba confusa. «¿Acaso me estoy perdiendo algo? No le encuentro sentido», pensé. A continuación, el hombre añadió: «Hay dos perros dentro de ti. Uno es de la luz, el otro de la oscuridad; aquel al que alimentes, ganará. Hoy te he visto alimentar la luz y estoy aquí para decirte que la luz se impondrá. Sigue alimentando la luz». Dicho eso, se volvió y se marchó, dejándome asombrada y con unos prismáticos nuevos. Caí en la cuenta de que no le había preguntado su nombre, pero tal vez fuera el mismo Dios.*

---

* En el original, se plantea la posibilidad de que el nombre del hombre sea «Dog» al revés. «Dog» significa perro y alude a la historia que acaba de contar. Leída al revés, la palabra es «God», que significa Dios. (N. de la T.)

Salí de inmediato de mi trance hipnótico. «Ha sido un viaje», me dije. Al mirar el regalo supe que era una señal de que estaba en el camino correcto. De regreso a mi apartamento, me detuve en una tienda de materiales de embalaje y compré cajas y cinta adhesiva. Estuve hasta la medianoche empaquetando libros y otras pertenencias. Después, antes de tumbarme en el sofá, musité «Om» como señal de gratitud por la revelación y la conexión sagrada que había establecido con el hombre misterioso.

Me encontraba en una encrucijada, me sentía llamada a atravesar territorios desconocidos de mi ser, a descubrir aspectos de mi yo que me garantizarían la sabiduría necesaria para emprender mi nuevo camino. La inspiración y la guía llegaron en forma de un hombre con prismáticos, que me recordó que debía mirar a través de ojos iluminados. Bajo esa luz, mi problema se convirtió en un regalo.

A la mañana siguiente decidí ir a buscar mi coche nuevo. Solo había un problema. Después de haber estado ganando un sueldo de seis cifras y conduciendo vehículos de empresa durante casi cinco años, no tenía nada de saldo. El estilo de vida fastuoso, los viajes alrededor del mundo, los hoteles de cinco estrellas, las buenas comidas, las compras sin freno... todo pagado en efectivo. Ahorrar dinero nunca fue una prioridad porque sabía que un día ganaría millones. Así que, ¿para qué iba a ahorrar? Pensé que era mejor disfrutar del dinero mientras era joven, lo que ahora no me parece la opción más acertada.

Después de valorar mi situación, consideré las maneras de conseguir mi objetivo. Empecé a ampliar los límites de mi pensamiento y me hice la siguiente pregunta: «¿Cómo puedo entenderme con la persona que toma las decisiones, el director general del concesionario, y posicionarme de manera creativa para salir de allí hoy mismo conduciendo un coche que me encante?». La respuesta me llegó de inmediato: ofreciéndole a cambio mis servicios de formación a empresas (que todavía no existían).

Musité «Ah», me puse mi traje y salí hacia la zona de concesionarios de automóviles de Los Ángeles. Si bien quería un Mercedes-Benz, la representación interna que tenía en mente era supremamente específica, lo que significa que tenía claro el resultado —conseguir un coche nuevo que me encante hoy mismo—, y que no me aferraba a cómo se manifestara, permitiendo así que el universo aportara la esencia de mi deseo en cualquier forma que reflejara orden divino. Organicé mis pensamientos y estrategia para asegurarme más de una vía para conseguir mi objetivo. El plan B era un Porsche. El plan C era un BMW. Estaba dispuesta a cambiar el enfoque si era necesario. Estaba segura de que no me marcharía de aquella zona sin mi coche nuevo. Estaba decidida. No aceptaría la derrota; no aceptaría una negativa. Se trataba de un equilibrio único en el que se entretejía estrategia y claudicación. La clave era mantener claridad de intención y desapego, renunciando al ansia por los resultados.

Conduje hasta el concesionario en el coche de empresa que tenía que devolver al cabo de dos días. Mientras conducía, accedí a la representación interna que había creado sentada en la roca de la playa. «Estoy paseando en mi nuevo Mercedes-Benz rojo. Miro a través de mis ojos y está sucediendo en el ahora.» Había decidido que quería un Mercedes rojo, pero podría haberlo transformado sin esfuerzo en un Porsche negro, en un BMW plateado o en algo todavía mejor. Era flexible. La esencia de mi objetivo era clara, brillante y expansiva. Estaba sentada al volante, mirando a través del parabrisas de mi nueva realidad. Aunque solo sucedía en mi imaginación, era «real». Observaba cuanto había a mi alrededor de manera panorámica mientras recorría la Pacific Coast Highway. En mi mente, el trato estaba ya cerrado y amplifiqué la sensación de certeza absoluta. Con la cabeza y el corazón en armonía, manifesté:

Estoy agradecida por haber materializado debidamente y de manera inmediata mi coche nuevo hoy mismo. Así es.

Aparqué frente al concesionario de Mercedes-Benz en Downtown L.A. Motors. Mientras entraba en el salón de exposición, me hice preguntas potenciadoras: «¿Cómo puedo ser útil? ¿Cómo puedo comunicarme con el director para que se dé cuenta de que soy la persona más cualificada del planeta para ayudarlo a conseguir sus objetivos?».

¿Recuerdas la historia del león y la ardilla del capítulo 3? Fue el león, el mejor vendedor, quien salió a recibirme. Me acompañó a la oficina del director y con una sonrisa similar a un gruñido expresó su entusiasmo por nuestra posible colaboración. El director y yo establecimos una conexión amable. Me cayó bien y me sentí inspirada para trabajar con él y con su equipo. Hablamos sobre sus objetivos comerciales, los desafíos a los que se enfrentaba y su visión empresarial. Le expliqué exactamente cómo podría ayudarlo a conseguir sus metas y le propuse un intercambio.

En lo más profundo de mi corazón sabía que ese día cerraría un trato, con él o con otra persona, pero quería que fuera con él. Era mi primera elección, y así se lo comuniqué. Hablamos, reímos y negociamos durante horas. Nuestra reunión terminó con un apretón de manos que cerró un acuerdo de intercambio por un año de usufructo, valorado en más de mil quinientos dólares al mes, de un Mercedes-Benz rojo nuevo a cambio de mis servicios de formación empresarial, aún no desarrollados. El director y yo nos hicimos buenos amigos y en menos de un año el concesionario rebasó notablemente las previsiones de ventas. Eso me abrió una puerta de oportunidad a trabajar en otros concesionarios Mercedes-Benz, como Fletcher Jones Motor Cars, donde incrementaron sus ventas entre un 10 y un 20 por ciento al año durante los años en que les proporcioné formación e impulsé iniciativas con los directivos.

La ley de la atracción: atraes tu equivalente vibracional

OM (también escrito «AUM»)

Ese día, en la playa, musité «Om» y «Ah» en unión con los poderes creadores. Me encontraba en un estado vibracional tan elevado gracias a las preguntas, afirmaciones, visualizaciones, meditaciones y mantras potenciadores que la duda se disipó. Mi visión se cumplió en los territorios ocultos. A continuación creé mi visión con palabras, de manera que se hizo realidad.

La ley de la atracción enseña que eres un ser vibracional y a través de tu vibración creas tu realidad. Permíteme que me explique.

La ley de la atracción se basa en la ley de la vibración: todo cuanto hay en el universo manifiesto vibra, y las vibraciones similares se atraen. Cuando tu vibración es elevada y pura, atraes a gente y experiencias que concuerdan con esa vibración. Creas tu realidad a través de tu vibración. Aquello que ofreces es lo que obtienes.

Cuando alguien entra en una habitación, percibes su vibración. Notas de inmediato el estado de ánimo de esa persona. Lo ves en su lenguaje corporal, lo oyes en su voz y lo sientes en el ambiente que se crea a tu alrededor, aunque no diga una sola palabra. Los pensamientos crean una atmósfera. Algunas personas parecen dominar una sala con su energía, mientras que otras pasan del todo inadvertidas. Hay personas que parecen inclinadas de manera natural a crear vibraciones pacíficas y amables, mientras que otras producen energía de tensión o angustia. Tienes el poder de entrar en cualquier sala y ajustar el termostato a través de tu intención y de tu vibración.

En física existe un concepto llamado «resonancia», que sostiene que cuando dos frecuencias armonizan en resonancia, la vibración se vuelve más fuerte y genera más potencia. Compruébalo tú mismo con un breve experimento. Abre un piano y pellizca una cuerda do. Observa lo que sucede. ¡Todas las cuerdas do del piano vibran aunque solo hayas pellizcado una! Lo mismo sucede contigo. Tu vibración influye en la vida que te rodea.

¿Alguna vez has notado que en la radio ha sonado una canción que te hablaba directamente a ti? Entonces, cada célula de tu cuerpo baila y responde. Es como si la sintieras en los huesos. Estás en resonancia. Otras veces escuchas esa misma canción y no te motiva en absoluto. En esos momentos no estás en resonancia con la frecuencia de la canción. Esta es la base de la ley de la atracción. Atraes a tu experiencia lo que resuena con tu vibración. Cuando modificas tu vibración, cambias lo que se materializa en el mundo que te rodea. Una forma de conseguirlo es entonando o musitando. Elige un nombre de poder, cualquiera que te haga sentir bien. Puede ser tu nombre, un nombre sagrado o el sonido sagrado «Om». Siéntate o quédate de pie con la espalda erguida y la planta de los pies pegada al suelo. A continuación entona o musita ese nombre. Permite que la vibración inunde tu ser y fíjate en cómo eleva tus sensaciones.

Cuando estás realmente en armonía con tu objetivo, no necesitas repasarlo todos los días. Puedes liberarlo con el conocimiento de que se ha cumplido. A muchos nos enseñaron a anotar nuestros objetivos y leerlos cada día. Eso solo funciona en parte. Si alguien escribe un objetivo pero tiene dudas, entonces la forma de la duda podría quedar incrustada en ese objetivo. Obsérvalo solo si al observarlo te sientes bien.

Plantéate lo siguiente: ¿cuál es esa área de tu vida en la que tienes éxito de manera natural? Digamos que sabes con absoluta certeza que eres un padre extraordinario. Si lo crees con todo tu ser, es probable que no tengas que marcarte demasiados objetivos al respecto. No hará falta que te mires en el espejo y afirmes: «Soy un padre fantástico. Soy un padre fantástico. Soy un padre fantástico». No necesitas afirmaciones para las cosas que ya sabes que son verdad. Antes de manifestar tu objetivo, crea el conocimiento de que ya se ha cumplido, y así será.

EXTRA SUPREMO

Invocar la inteligencia intuitiva a través del mantra Gayatri

Cuando viajé a Bali por primera vez, me estaba recuperando de la fractura de pierna y cojeaba mucho. Salí del aeropuerto en silla de ruedas. Después de una semana vibrando con la recitación del mantra Gayatri y cultivando el espíritu, volvía a caminar bien y me sentía más viva y centrada. Se trata de un mantra en sánscrito que suena angelical y tiene enormes poderes místicos, lo que significa que eleva tu vibración de un modo que no puede describirse con palabras, sino que tiene que experimentarse. La clave del mantra es la acción, la repetición (preferiblemente en silencio o susurrada) de esas palabras divinas de poder.

Las oraciones en sánscrito se han recitado y cantado durante milenios. Cada tradición tiene sus propios mantras y oraciones. Conviene que practiques las que estén en armonía con tu ser. Hay estudios que sostienen que una persona tiene aproximadamente sesenta mil pensamientos al día, y muchos de esos pensamientos se repiten. Todo pensamiento es creador, y pensamos con bastante frecuencia. Un mantra es una vibración sagrada que sustituye el pensamiento inconsciente y disperso por sonidos sagrados de poder. Esta transferencia de energía crea un suelo fértil para que nazca en él algo nuevo.

Recuerda que mantra es vibración, así que no te quedes atrapado en la traducción intelectual de letras o palabras. Los místicos saben que el mantra te revela sus secretos cuando tienes la práctica suficiente. He estudiado muchas traducciones del mantra Gayatri y no he encontrado ninguna que describa su inmenso poder. En mi experiencia, este mantra activa tu inteligencia intuitiva. Esta es la mejor traducción a la que he llegado del mantra Gayatri:

> Con amor y veneración profundos, meditamos en la gloria de ese Ser que crea y sostiene este universo. Que ese Ser ilumine nuestras mentes.

Susúrralo ahora mismo, y una y otra vez durante una hora, y durante la siguiente. Siente su poder. Descubre su magia y permite que bendiga tu vida y la haga evolucionar.

En la página siguiente, se reproduce el mantra Gayatri en sánscrito.

ॐ

Om

भूर्भुवः स्वः

Bhur Bhuvah Suvaha

तत् सवितुर् वरेण्यं

Tat Savitur Vareniyam

भर्गो देवस्य धीमहि

Bhargo Devasya Dheemahi

धियो यो नः प्रचोदयात्

Dhiyo Yo Nah Prachodayath

14

Pregunta y recibirás

Tu vida refleja la calidad de las preguntas que formulas. Las preguntas dirigen tu enfoque. Determinan lo que percibes, atraes y materializas en un universo de posibilidad infinita. Las mentes más brillantes de nuestro tiempo han enriquecido el mundo mediante preguntas imaginativas. Los avances tecnológicos más significativos de la historia tuvieron su origen en una pregunta. Las preguntas abren portales a territorios hasta entonces no imaginados. Einstein llegó a sus teorías de la relatividad después de plantearse: «¿Qué pasaría si viajase a la velocidad de la luz?». Walt Disney se preguntó: «¿Cómo puedo crear el lugar más feliz de la Tierra?». Steve Jobs empezaba todas sus jornadas preguntándose: «Si hoy fuera el último día de mi vida, ¿querría hacer lo que estoy a punto de hacer hoy?». Tales preguntas llevaron a estos genios a descubrir, crear y dotar al mundo de innovaciones que mejoraron nuestras vidas. Claramente, las preguntas de este estilo conducen a resultados radicalmente distintos de las que plantean: «¿Qué tengo que hacer hoy?».

Las preguntas pueden servir para reunir información, comprender el mapa del mundo de otra persona, entablar buenas relaciones de comunicación, aclarar significados, explorar oportunidades, dirigir un enfoque, invocar estados fortalecedores, expandir la imaginación, transformar desafíos, perfeccionar tu visión de las cosas, ampliar tu poder materializador y mucho más. Este capítulo muestra cómo utilizar las preguntas para activar tu potencial. Serás más consciente de las preguntas que te hagas a ti mismo y aprenderás una fórmula para crear de manera consciente preguntas fortalecedoras que activen tu brillantez.

A lo largo de la historia, muchos gurús, profesores y maestros iluminados han elegido enseñar solo a aquellos alumnos que construyen bien sus preguntas. Las preguntas propician una respuesta. Pueden destruir viejos paradigmas y abrir formas totalmente nuevas de pensar y de ser. Cuando una pregunta se formula de manera adecuada, la respuesta se vuelve accesible.

Cuando estés listo para recibir las respuestas, estas llegarán.

Recuerdo varios momentos decisivos de mi vida en los que el hecho de contemplar una pregunta lo transformó todo, modificó mi atención, que pasó de centrarse en los problemas a hacerlo en el asombro y la posibilidad. Este es uno de esos momentos.

UNA PREGUNTA LO TRANSFORMA TODO

Recuerdo que, hace mucho tiempo, viví una época en que me sentí desorientada y sola. Al volver la vista atrás, me doy cuenta de que me hice multitud de preguntas que dirigieron y atrajeron mi atención hacia experiencias que no deseaba explorar. De manera inconsciente, estaba invocando y reforzando sentimientos negativos a través de preguntas como: «¿Por qué me sucede esto? ¿Qué voy a hacer? ¿Qué sentido tiene todo? ¿Qué me pasa? ¿Qué le pasa a la gente? ¿Qué le pasa al mundo? ¿Cómo llegué a este planeta?». Y ¿sabes qué? Mi vida reflejaba la vibración de esas preguntas. Durante esa época, miraba alrededor y principalmente veía caos, dificultades y decepción. Mis preguntas estaban configurando mi mapa de la realidad. Permíteme que te lo explique.

Tenía diecinueve años y trabajaba en el negocio de los seminarios, antes de afiliarme con Tony Robbins. El propietario de la primera empresa me despidió. La segunda empresa se declaró en quiebra y me quedó a deber ocho mil dólares. Al mismo tiempo, descubrí que mi novio se estaba acostando con otra chica que, según me explicó más tarde, era más guapa y más delgada. Vivía en una habitación del hotel Marriott en Hartford, Connecticut, hasta que me echaron cuando un día, por accidente, estuve a punto de prender fuego a la habitación con una vela. Me sentía fuera de lugar, cansada de salvar obstáculos, y supe que necesitaba un cambio. No tenía un sitio al que ir, planes, dinero ni la menor idea de qué hacer con mi vida.

Un día, mientras veía pasar el tiempo en aquella solitaria habitación de hotel, telefoneé a mi amigo Dave. Quería orientación. Dave y yo nos conocimos cuando su hermano me contrató para mi primer trabajo en el mundo de los seminarios. Me compró mi primer par de botas de negocios cuando yo no podía permitírmelas. Me gustaba Dave y valoraba la orientación que me proporcionaba.

Me quejé a Dave de las injusticias que me sucedían, de lo

deprimente e inútil que me parecía el mundo y de que no conseguía encontrar la salida de ese embrollo. Estaba harta. Pero Dave no aceptó mi historia. Esperó a que terminara de quejarme y después, con un tono de voz estoico, me preguntó: «Niurka, si ahora mismo pudieras estar en cualquier lugar del mundo, ¿dónde estarías?».

«¿En cualquier lugar?», pregunté. La pregunta me hizo reflexionar durante un momento. ¿Qué significaba realmente «en cualquier lugar»? ¿Dónde estaría si pudiera estar en cualquier lugar? Mi mente viajó hacia el centro infinito del cosmos. La dejé girar alrededor del mundo.

Entonces Dave dijo: «Sí, en cualquier lugar».

Respondí: «¡Estaría paseando desnuda y sola por el desierto!». Esas palabras salieron bruscamente de mis labios como el restallido de un látigo.

Se produjo una pausa. Luego Dave dijo: «Si allí es donde quieres estar, entonces es allí donde deberías estar». Silencio sepulcral... seguido de un tono continuo. Dave me había colgado. Me quedé mirando el teléfono horrorizada.

Las palabras de Dave me resonaban en los oídos como puñales en la conciencia, cortando las excusas estúpidas de raíz. Supe al instante que tenía razón. Si quería pasear desnuda por el desierto, entonces era allí donde debía estar. Tenía opciones. La profundidad de ese descubrimiento sacudió mi destino. Al día siguiente metí mis cosas en el coche, compré un mapa de Estados Unidos y me dirigí al desierto más grande que encontré: el Gran Cañón.

A veces, los mayores regalos para nuestra evolución llegan en envoltorios de lo más extraño. Cuando mi antiguo jefe se declaró en quiebra y dejó de pagarme, comentó con total naturalidad: «El negocio es así, jovencita, pero puedes quedarte todos esos casetes». Así pues, heredé una gran caja negra llena de cintas sobre la mayoría de los temas relacionados con mi antiguo empleo: motivación, influencia, liderazgo, psicología del éxito, PNL, hipnosis y ventas. Metí la primera cinta en el radiocasete de mi Mitsubishi Spyder Eclipse negro y empecé a conducir. Escuché esas cintas una y otra vez, como si me fuera la vida en ello. En cierto modo, así era.

El conducir por el condado de Apache y Navajo, el parque nacional del Bosque Petrificado y el desierto Pintado, y por la colorida zona desértica de Arizona fue una experiencia reconfortante para el espíritu. Me detuve en varias ocasiones y caminé entre las dunas, hacia la puesta del sol, que teñía de tonos anaranjados la vasta extensión de cielo. Caminé, observando la vida, mientras las serpientes cazaban ratones en las horas de penumbra entre el día y el atardecer. Me senté en trozos de madera fosilizada, con lagartos, y reflexioné, sintiéndome congelada en el espacio-tiempo. Allí sentada, en silencio, me quedé mirando las hogueras de los campamentos mientras escuchaba el tenue silbido de las flautas de los nativos que llegaba de entre los árboles. Observé mis pensamientos y los anoté en mi cuaderno, y encontré gran solaz en transformar el dolor en poesía:

¡Presta atención!
Nunca elijas la necesidad.
Solo entonces podrás liberarte
de la ignorancia y la ambición,
o de un credo dogmatizante,
diseñado para cegarte.

*Has de saber que todo momento contiene una semilla
de oportunidad que puede llevarte
rápidamente a un éxito brillante
porque tu esencia verdadera verás brotar
en el momento en que decidas actuar.*

La pregunta de Dave había despertado una posibilidad completamente nueva. Había estado atrapada en un problema, sin poder escapar de las creencias y percepciones inconscientes que yo misma me había impuesto, incapaz de encontrar una salida. Una sola pregunta me recordó que tenía opciones. Tenía la libertad de elegir lo que quería hacer con mi vida, cómo ser, adónde ir, con quién estar. Las posibilidades eran infinitas. Y aunque oía una vocecita en mi interior que me decía «¡Espera un momento! ¡Es una locura! ¡Es peligroso! ¡Tienes muy poco dinero! ¿En qué estás pensando? ¡No puedes recorrer más de cuatro mil kilómetros hasta el desierto sin tener un plan!», tales pensamientos se volvieron irrelevantes. Los vi llegar e irse como el flujo y el reflujo de la marea. No me identificaba con ellos. Al contrario, me preguntaba dónde se originaban y si realmente eran míos. Estaba cansada de luchar. Me sentía preparada para soltar lastre. Me susurré: «Con una fe del tamaño de un grano de mostaza, puedo mover montañas». Y en cuanto esa afirmación salió de mis labios, sonreí. Sentí la energía en esas palabras que elevaron mi espíritu y volvieron mi respiración más profunda. Sabía que estaba en una puerta entre dos dimensiones. Fue un momento decisivo. Me encontraba en una encrucijada, y estaba preparada.

Llegué a Flagstaff, Arizona, al sur de la sierra de San Francisco coronada de nieve y negocié el alquiler de un minúsculo estudio cerca de la universidad.

Compré lo estrictamente necesario: una taza, un plato, un tenedor, una toalla, una almohada y una sábana. El desierto me proporcionaba una relajante sensación de aventura. El suspense y la libertad me llamaban para que explorara los límites de mi humanidad, las profundidades de mi alma y el potencial que se estaba desplegando en mí. Durante seis semanas allí, caminé sola por el desierto, siguiendo ese impulso evolutivo hasta donde me condujo. Estaba en un estado de alerta, receptivo, y me hacía preguntas distintas, como: «¿Qué es lo más importante para mí? ¿Qué me siento inspirada a hacer? ¿Qué quiero aprender? ¿Con quién quiero jugar y crear? ¿Por qué me siento agradecida? ¿Cuál es la elección más acertada?¿Cómo puedo manifestar un milagro ahora mismo?».

¡Estas eran preguntas radicalmente distintas a las que me había estado formulando unas semanas antes! Estas preguntas despertaban una conciencia absolutamente nueva para mí. ¡Toda mi realidad se transformó de manera casi inmediata! Utilicé preguntas para catapultarme a un nuevo territorio de la existencia. Allí tenía elección.

Después de seis semanas quise ponerme en contacto con la civilización. Llamé a mi amigo Jeff desde una cabina. Jeff había trabajado conmigo en la última compañía, y cuando esta se declaró en quiebra, Jeff fue a trabajar para Robbins Research International (RRI, o lo que es lo mismo, la empresa de Anthony Robbins). Jeff me transmitió una conversación que había mantenido con los directores de RRI sobre «una niña» que había batido todos los récords de ventas. Me dijo que querían contratarme. Así pues, hice de nuevo las maletas y me marché del Gran Cañón para comenzar la siguiente fase de mi aventura.

Las preguntas se convirtieron en un portal poderoso hacia el progreso. Solía conducir durante horas hasta las empresas para ofrecer mis exposiciones. Por el camino, solía estimular mi mente con un mar de preguntas fortalecedoras: «¿Cómo puedo ser de utilidad? ¿Qué resultado aspiro a obtener con esta reunión? ¿Cómo sabré concretamente que lo habré conseguido? ¿Cómo puedo conectar de inmediato con la persona que toma las decisiones? ¿Cómo puedo averiguar qué es lo más importante para ella? ¿Cómo puedo inspirar a la gente para que pase a la acción? ¿Cómo puedo establecer una conexión auténtica con cada uno de los presentes?».

El hecho de hacerme preguntas potenciadoras se convirtió en un ritual que utilizaba para armonizar mi enfoque, lenguaje y fisiología con mi visión. Esa práctica me ayudó a volverme todavía más presente y clara en mi comunicación, lo cual mejoró mis relaciones y disparó mis resultados.

LAS PREGUNTAS ATRAEN SU EQUIVALENTE

> Lo importante es no dejar de hacerse preguntas. La curiosidad tiene su razón de existir.
>
> ALBERT EINSTEIN

Las preguntas nos hacen buscar, expandirnos y aprender. Los humanos somos seres en busca de crecimiento, y las preguntas nos abren el camino para que exploremos más allá de los límites de nuestro pensamiento anterior.

Puedes formular una pregunta para conseguir lo que deseas igual que un misil termodirigido está programado para buscar un objetivo en concreto. A medida que sigas elaborando preguntas de manera consciente, aparecerán los recursos apropiados y a menudo te parecerá que surgen de la nada. Las preguntas tienen poder de manifestación. Atraen cosas hacia ti, aportan personas y experiencias a tu vida. Las preguntas filtran las posibilidades infinitas y atraen su equivalente vibracional. Sin embargo, si se utilizan de manera inconsciente, pueden traer experiencias indeseadas. Usadas con inteligencia, allanan el terreno para la creación consciente.

¿Qué ocurrirá en tu vida cuando hagas preguntas de calidad, que inspiren tu genialidad y presupongan el éxito? ¿Y si solo formularas preguntas para las que quisieras respuesta? El dominio del arte de crear preguntas de manera consciente te garantiza un enorme poder.

Exploremos el poder de las preguntas desde una perspectiva neurológica. ¿Recuerdas el SAR, el «Sistema de Activación Reticular» del que hablamos en el capítulo 7? Es la parte de tu cerebro que te dice a qué prestar atención.

LAS PREGUNTAS ESTIMULAN EL SAR PARA ATRAER
LO QUE DESEAS

Hacer preguntas es un modo primordial de estimular el SAR para descubrir la esencia de lo que buscas. Vivimos en un universo de posibilidades infinitas que responde a nuestros pensamientos. Pero la posibilidad infinita contiene demasiada información para que el sistema nervioso humano la pueda asimilar. Por consiguiente, es necesario filtrar el caos (aquello que precede a la forma) y recibir solo las partes más importantes. De otro modo, experimentaríamos una sobrecarga sensorial, como intentar descargar la totalidad de internet sin un motor de búsqueda.

El comportamiento puede ser subconsciente, lo que significa que las acciones de una persona pueden aparecer de manera automática o sin conciencia. Una de las directrices principales de la mente subconsciente es que sigue órdenes claras y concisas. La mente subconsciente también se aviene más a las sugerencias que a las órdenes directas. Hacerte preguntas puede resultar más atractivo que decirte lo que tienes que hacer. A través de las preguntas, puedes programar el SAR para que revise datos y proporcione descubrimientos específicos. El hecho de formular preguntas fortalecedoras hace que atraigas aliados y recursos incluso cuando no estás pensando activamente en ellos. No es necesario que sepas la respuesta a tus preguntas. Tan solo formúlalas con sinceridad y con la seguridad de que llegará una respuesta. Y así será.

> Y todo lo que pidiereis en oración, creyendo, lo recibiréis.
>
> Mateo 21:22

¿Qué preguntas has estado haciendo? Muéstrate curioso. Tu observación (el efecto observador) y declaración (logos) influyen sobre lo que se manifiesta en tu vida. Aquello en lo que creas y declares a través de tu pregunta, ¡será! Creas al hablar. Imagínate formulando continuamente preguntas de realidad ilimitada, del estilo: «¿Qué es lo que puedo hacer en este preciso instante para elevar todas las áreas de mi vida?». ¿Qué atraerán esas preguntas? ¿En qué oportunidades hasta entonces eliminadas te fijarás o percibirás ahora?

LA FÓRMULA PARA CREAR PREGUNTAS FORTALECEDORAS

Las preguntas fortalecedoras son preguntas creadas de manera consciente que te haces a ti mismo (o a otros) para inspirar la acción afirmativa dirigida a un objetivo claro y deseable.

El hecho de hacer preguntas fortalecedoras es importante porque las preguntas dirigen tu atención, lo que determina aquello que atraes y lo que se manifiesta. Todo pensamiento es creativo. El pensar implica el proceso de hacer y responder tus propias preguntas en tu mente. ¡Es algo que ya haces! Tu vida refleja la calidad de las preguntas que formulas. Cuando elevas las preguntas, elevas también toda tu experiencia de la realidad. Imagina que tuvieras una sencilla fórmula para crear preguntas que activaran tu inteligencia superior, fortalecieran tu propósito y dirigieran sabiamente tu atención hacia tu objetivo deseado. ¡Aquí la tienes! Utiliza la siguiente fórmula de tres pasos para crear preguntas que te inspiren y fortalezcan para vivir tu grandiosa vida.

La fórmula de tres pasos para crear preguntas fortalecedoras:

1. Tiene que empezar por «cómo», «qué» o «quién».
2. Formula una pregunta afirmativa, dirigida hacia lo que deseas.
3. Crea intensidad con palabras como «ahora mismo», «mientras» o «todavía más».

Paso 1

Empieza tus preguntas potenciadoras con «cómo», «qué» o «quién». Estas palabras crean el marco adecuado para comprender y obtener éxito. Las preguntas que empiezan con «por qué» tienen más probabilidades de llevar a conversaciones filosóficas y de acrecentar los problemas. Por ejemplo: «¿Por qué sucede esto?». Si utilizas preguntas con «por qué», asegúrate de que sean potenciadoras: «¿Por qué me siento inspirado para lograr esto?». Las preguntas que empiezan por «por qué» pueden invocar un fuerte propósito, pero, utilizadas de manera inconsciente, estas preguntas conducen a una espiral de caída en picado. Sé consciente. Empieza tus preguntas potenciadoras con «cómo», «qué» o «quién».

Paso 2

Formula la pregunta en forma afirmativa. Asegúrate de que tu lenguaje fluya en la dirección adecuada, hacia tu visión. Esto significa que debes manifestar lo que quieres, no lo que no quieres. ¿Qué quieres crear o experimentar? Supongamos que debes tomar una decisión importante. Podrías preguntarte: «¿Cuál es la elección más acertada en el contexto de esta decisión? Cuando haya tomado esta decisión, ¿cómo me sentiré?».

A continuación, un ejemplo de lo que no funciona. Supongamos que alguien pregunta: «¿Cómo puedo cambiar y no dejar siempre el trabajo pendiente para más adelante?». Consideremos lo que presupone esta pregunta. Puede que la persona esté intentando motivarse para trabajar. Sin embargo, el problema es que la pregunta refuerza una identidad y un paradigma antiguos. Vivimos en un universo basado en la atracción, de modo que si nos centramos en lo que no queremos, lo atraemos hacia nosotros. Sería mucho más acertado centrarse en tener una dirección clara.

Uno de los aspectos más interesantes del cerebro es que no procesa las negaciones. Es decir, que si pedimos a alguien que no busque algo, ¡tendrá que buscarlo antes de poder no hacerlo! Compruébalo fácilmente: no pienses en el color rojo. ¿En qué estás pensando ahora mismo? ¡Seguro que en el color rojo! Ahora no pienses en un árbol azul. ¿En qué estás pensando ahora? Antes de poder no pensar en algo, tienes que pensar en ello. No pienses en un pulpo... en un monociclo con un sombrero de fiesta: ¡piensa en cualquier cosa menos en eso! Es probable que ahora estés pensando: «¡Vaya, muchas gracias, Niurka! ¡Ahora tengo un pulpo en la cabeza!».

Por esta razón es importante elegir las palabras sabiamente. Tus palabras estimulan tu SAR para que encuentre lo que pronuncias. Así pues, ¿de qué manera potenciadora podría esa persona haber formulado su pregunta para conseguir no dejar el trabajo para más adelante? Una pregunta más afirmativa y orientada a conseguir los resultados deseados habría sido: «¿Cómo puedo concentrarme mejor en conseguir los tres objetivos más importantes de mi día a día?». O: «¿Cómo puedo aprovechar el tiempo ahora mismo?». O: «¿Cómo de inspirado y fortalecido me sentiré cuando la haya terminado?».

Un día, mientras enseñaba esta fórmula en una empresa, la pregunta «potenciadora» del representante de atención al cliente fue: «¿Cómo puedo ser más tolerante con los clientes que son unos auténticos gilipollas?». Me di cuenta de que buscaba realmente una solución, pero la desesperación estaba enturbiando su visión. Hablaba en base a su experiencia, pero su pregunta dirigía la atención hacia lo que no deseaba.

¿Y si pudiera crear una experiencia totalmente nueva, para él y para sus clientes, simplemente elevando sus preguntas? ¿Qué sucedería si cambiara su lenguaje hacia la afirmación?: «¿Cómo puedo establecer una conexión auténtica con esta persona ahora mismo? ¿Cómo puedo entender qué es, concretamente, lo más importante para ella? ¿Cómo puedo honrar su experiencia mientras le comunico con claridad nuestra política, de manera que ambos nos sintamos de maravilla cuando finalice la llamada? ¿Cómo puedo resolver este desafío ahora mismo y superar sus expectativas? ¿Cómo puedo alegrarle el día? ¿Cómo puedo concentrar toda mi atención en este preciso momento?». Si ese representante se formulara esa clase de preguntas a lo largo del día, se lo pasaría mucho mejor en el trabajo y su capacidad para facilitar interacciones armoniosas mejoraría. Se volvería más productivo y disfrutaría de una vida más plena.

En el mar de posibilidades positivas, el potencial de crear contextos favorables de comunicación y entendimiento es tan infinito como las olas del océano.

Paso 3

Crea intensidad con palabras como «ahora mismo», «mientras» o «todavía más». Considera el modo en que estas palabras pueden cambiar la energía de una pregunta. Empezaremos por una pregunta básica. Pregúntate: «¿Cómo puedo concentrarme?».

Si añadimos «todavía más», ¿qué sucede con la pregunta?: «¿Cómo puedo concentrarme todavía más?». Presupone que ya estás concentrado y dirige tu energía hacia la amplificación de tu concentración. Y si te preguntaras: «¿Cómo puedo concentrarme todavía más ahora mismo?». Esta pregunta dirige la atención al momento presente, con lo que aprovecha y dirige todo tu poder. Observa que esta pregunta provoca una sensación distinta en tu sistema neurológico.

Aquí tienes otro ejemplo: «¿Cómo puedo estar sano y en forma?».

Al añadir «todavía más», la pregunta se convierte en: «¿Cómo puedo estar todavía más sano y en forma?». Así se asume que ya estás sano y en forma. La frase está en presente, lo que te dirige hacia la salud y un buen estado de forma en ese momento. Pero ¿y si se trata de una persona que no está sana ni en forma? ¡El hecho de añadir «todavía más» no funcionará! Será una pregunta totalmente falsa que llevará al cerebro de esa persona a decir: «¡Sí, claro! ¿A quién quieres engañar?». Es importante empezar con una presuposición congruente que te inspire a tomar la dirección que quieres seguir. Por ejemplo, una persona que quiera ponerse en forma pero se sienta muy alejada de su objetivo puede empezar con preguntas como: «¿Qué alimentos sanos, deliciosos y nutritivos están disponibles para mí en este momento? ¿Cómo puedo volverme aún más accesible a la salud radiante que existe en cada célula de mi cuerpo ahora mismo? ¿Qué ejercicio puedo disfrutar hoy para fortalecer mi cuerpo? ¿A qué experto en salud/nutrición/entrenamiento físico conozco que pueda ayudarme?». Estas preguntas construyen un puente que conduce de un nivel de pensamiento a otro territorio.

Si añadimos «ahora mismo», ¿cómo cambia la dinámica? La pregunta «¿Cómo puedo estar todavía más sano y en forma ahora mismo?» se centra ahora en el presente. No es algo que planeas llevar a cabo en el futuro, está sucediendo ahora. Una respuesta a la primera pregunta podría ser: «¡Ve al gimnasio cuatro veces a la semana!». Sin embargo, la respuesta a la segunda pregunta te da la posibilidad de elección en el instante. Una respuesta podría ser: «¡Ponte derecho y sonríe!». Simplemente añadiendo «ahora mismo» a la pregunta consigues que tu cerebro encuentre una respuesta de inmediato. Si no especificas un momento, ¡es posible que te pases la vida esperando! Fíjate en la diferencia entre «¿Cómo puedo sentir paz interior?» y «¿Cómo puedo sintonizar con mi paz interior ahora mismo?». El hecho de insertar «ahora mismo» saca a la pregunta del ámbito teórico y la lleva al práctico, donde sucede la acción. La respuesta a la primera pregunta podría ser: «Bueno, tengo que dejar mi trabajo, adentrarme en la naturaleza, meditar mucho y después experimentar paz interior». En cambio, la respuesta a la segunda pregunta podría ser: «Cuando respiro hondo de manera consciente y me recuerdo lo afortunado que soy, conozco la paz». Si se añade «mientras», podemos expandir la pregunta para que incluya elecciones aún más específicas e inspiradoras: «¿Cómo puedo estar todavía más delgado, sano y en forma ahora mismo, mientras disfruto también de la comida que me gusta?». Con una sola palabra, «mientras», puedes construir preguntas que incluyan toda clase de posibilidades ¡mientras permites que el universo te deleite de un modo aún más fantástico del que podrías haber imaginado!

Soy consciente de que estas preguntas pueden parecer un poco prolijas al principio. Sin duda, pueden sonar inusuales. Sin embargo, crean las condiciones necesarias para ayudarte a conseguir tu vida soñada. Así que muéstrate dispuesto a jugar, sé creativo y confía en el proceso. Recuerda que es parte de nuestra naturaleza hacernos preguntas. Nos las hacemos durante todo el día, a menudo sin pensar en ellas. Ahora estamos preguntando de manera consciente. La clave es crear preguntas que nos inspiren mientras anticipamos con entusiasmo las respuestas, sin tener en cuenta cómo se manifestarán. Relájate y ten confianza en que la respuesta llegará, ¡y lo hará!

Ahora que dispones de la fórmula para crear preguntas potenciadoras, afinemos un poco más.

AFINAR LAS PREGUNTAS: LAS DISTINCIONES MARCAN LA DIFERENCIA

Ahora plantearé dos preguntas, cada una de las cuales podría hacerse en la misma situación. Observa que el cambio en el lenguaje modifica el punto de vista y conduce a resultados totalmente distintos.

> ¿Por qué es tan difícil salir adelante?

frente a

> ¿Qué puedo hacer ahora mismo para conseguir _____?

> ¿Y si no funciona?

frente a

> ¿Qué valor puedo aportar a este proyecto, ahora mismo, para asegurarme de conseguir el mejor resultado?

Observa las diferencias entre estas preguntas. La primera pregunta de cada par se centra en el problema y en la ausencia de algo. La segunda pregunta se centra en la oportunidad y la presencia de algo. La diferencia es enorme porque recibimos aquello en lo que más nos concentramos.

SÉ SUMAMENTE ESPECÍFICO

¡Los detalles son importantes! Sé específico al hacer preguntas, aunque no demasiado. Conviene mantenerse abierto a las infinitas posibilidades que te rodean.

Hazlo todo lo más sencillo posible, pero no más.

ALBERT EINSTEIN

Si alguien pregunta: «¿Cómo puedo atraer abundancia?», se podría pensar que es una pregunta potenciadora, pero no lo es necesariamente. La vaguedad inherente a esa pregunta se convierte en el problema. Vivimos en un universo de abundancia. Hay abundancia de arena en el Sáhara, abundancia de tráfico en Los Ángeles, abundancia de estrellas en el cielo. ¿Qué clase de abundancia pides, en concreto? En un universo de posibilidades infinitas, las preguntas poco concretas atraen resultados inespecíficos. La atención bien centrada provoca manifestaciones. Hay una gran diferencia entre centrarse en la abundancia y centrarse en materializar determinada cantidad de dinero en una fecha concreta, o antes.

Cuando elabores tu pregunta, debes ser claro y específico en tu intención, sin esperar un resultado en particular. Necesitas ver, oír y sentir la esencia de lo que deseas en tu mente, sin depender de la forma a través de la cual se manifieste. Igual que en la fórmula de diez pasos para la creación consciente, tienes que ser sumamente específico.

Existe una línea muy delgada entre ser específico y ser demasiado específico. Una vez, en uno de mis cursos tuve a una mujer que era soltera y deseaba conocer al hombre de su vida. Le pedí que describiera lo que quería y me respondió con una lista muy precisa: «Es atractivo, mide más de un metro ochenta y tiene el pelo oscuro. Tiene un buen empleo y gana un sueldo de seis cifras, pero no es adicto al trabajo.

Vive a menos de quince kilómetros de mi casa y le encanta cocinar. No ha estado casado y no tiene hijos, pero quiere al menos dos, un niño y una niña. Sus padres siguen casados. No le gusta ver fútbol ni bebe cerveza, pero sí toma un vaso de vino de vez en cuando, aunque nunca más de una copa o dos en una noche. Es un amante extraordinario y no ronca. Ah, sí, y le encanta acurrucarse a mi lado... durante toda la noche». A continuación, en tono muy animado y con una sonrisa, añadió: «Se llama Todd». Es posible que esa mujer hubiera conocido a la pareja perfecta, que reflejara la esencia de sus prioridades en un hombre, pero ¿y si se llamaba Francisco y medía un metro setenta y cinco? Es posible que hubiera pasado por alto la conexión con él (y la puerta de oportunidad). Es posible que estuviera tan concentrada en su lista que hubiera rechazado a hombres con un gran potencial para tener una relación con ella.

Por supuesto, es un ejemplo extremo y tonto. Es posible que hubiera estado abierta a conocer a un Francisco, pero lo importante de la historia es que el cerebro está programado para encontrar lo que estás buscando. Si te limitas demasiado, puedes caer en la estrechez de miras. Es fundamental que tengas claro lo que quieres y pases a la acción a la vez que permites que el universo orqueste la llegada de tu objetivo primordial.

LAS RESPUESTAS ABUNDAN

Las respuestas te rodean. Cualquier pregunta que hagas tiene una respuesta esperando ser descubierta. Todo desafío al que te enfrentes contiene en sí mismo la solución a una posibilidad emergente, a una evolución chispeante. Sin embargo, si la persona es demasiado estrecha de miras o está anclada en un estado de ánimo específico, no verá las posibilidades.

Una vez, en uno de mis cursos de una semana, pedí a uno de mis alumnos que contara su experiencia sobre el tema de confiar en la aparición de las respuestas. Un día antes, Steven había estado buscando con todas sus fuerzas respuestas a algunas de las cuestiones más importantes de su vida. Se sentía confuso, pero estaba dispuesto a entender. Steven sabía que las respuestas estaban a la vuelta de la esquina. Aun así le costaba relajarse, porque las respuestas no se le hacían evidentes de inmediato. Le pedí que confiara en el procedimiento, que intentara dormir bien esa noche y que volviera a clase al día siguiente. «Las respuestas llegarán», le dije.

Al día siguiente fue a clase y nos contó su experiencia. Cuando regresó a su casa después de la clase, Steven se dio cuenta de que había perdido una lentilla. Muy nervioso y sin saber qué hacer, telefoneó a su mujer, que estaba fuera de la ciudad. Después de hablar con ella, recobró la compostura y volvió sobre sus pasos, tal como su mujer le había sugerido. Siguiendo su consejo, miró en el coche, en el asiento, debajo del asiento, en el suelo, en el salpicadero, en el volante, en la guantera. Con creciente ansiedad, Steven decidió buscar la lentilla en su casa. La buscó en la cocina, en la nevera, y después volvió al garaje, recorrió el camino de entrada, miró debajo del coche y volvió a entrar en su casa. Exasperado, Steven se dirigió al armario del baño a buscar otro par de lentillas. Cuando alargó el brazo para abrir el armario se miró en el espejo y allí, sostenida en equilibrio sobre la punta de la nariz, estaba su lentilla. Estaba, literalmente, frente a sus ojos.

Cuando hagas una pregunta, tienes que estar abierto a recibir. Relájate en ese momento, seguro de que la respuesta está cerca. Está más cerca de lo que imaginas.

PREGUNTAS SOBRE PREGUNTAS

¿Estás estimulado? ¿Elevado? ¿Animado por la potencia de tus propias preguntas? Te animo a que lleves un diario y hagas una lista, que estará en constante evolución, de tus preguntas potenciadoras. Considéralo un ritual sagrado fruto de la intención y el amor que te unificará con la inteligencia suprema.

Muéstrate curioso sobre tus preguntas. ¿Están formuladas de la manera más inspiradora? ¿Despiertan tu influencia suprema? Cuando hayas elaborado una pregunta potenciadora, plantéate utilizar metapreguntas (o preguntas sobre la pregunta) para discernir si la pregunta que has creado expresa tu verdadera intención al tiempo que invoca tus deseos sin que te sientas apegado al resultado.

Metapreguntas

Las metapreguntas, o las preguntas sobre preguntas, te obligan a reflexionar, a aclarar tu intención y a formular un lenguaje preciso para salvar la distancia entre mundos y alcanzar tus objetivos.

Estos son ejemplos de metapreguntas que puedes utilizar para perfeccionar tus preguntas: «¿Qué presupone mi pregunta? ¿Invoca lo más elevado que hay en mí? ¿Sustenta de manera absoluta mi magnificencia y aquello que preveo? ¿Me inspira a mí y a todas las personas implicadas? ¿Cómo me hace sentir esta pregunta? Si recibiera la respuesta a esta pregunta inmediatamente, ¿cómo estoy de preparado, abierto y receptivo a ella? ¿Al cien por cien? En una escala del cero al diez, ¿cuánto poder tiene esta pregunta para atraer lo que deseo?». (Si todavía no es un diez, sigue perfeccionando la pregunta hasta que todas las células de tu cuerpo cobren vida, vigorizadas y atraídas hacia tu visión.)

TU ESTADO DE ÁNIMO SE EVIDENCIA EN TUS PREGUNTAS

¿Recuerdas la historia sobre cómo logré manifestar rápidamente el Mercedes-Benz de color rojo? En mi mente tenía la imagen de un resultado exitoso que había obtenido con antelación. Era supremamente específico. Encarné una fisiología de seguridad absoluta. Después me levanté, descolgué el auricular, telefoneé a la persona encargada de tomar las decisiones (el director general) y programamos una entrevista cara a cara. De camino al concesionario, inundé mi conciencia de preguntas con un propósito, evocando estados potenciadores en mi interior antes de entrar en la sala de exposición. Me pregunté: «¿Cuál es el resultado primordial que quiero obtener en esta reunión? ¿Cómo sabré específicamente cuándo lo he conseguido? ¿Cómo puedo entablar una buena relación comunicativa con rapidez? ¿Cómo puedo entender qué es, concretamente, lo más importante para el director general? ¿Cómo puedo estar aún más presente cuando lo escuche? ¿Qué valoro en el director general y su posición de liderazgo? ¿Cómo puedo ayudarlo a resolver su mayor desafío? ¿Cómo puedo entender lo que para él es lo más importante para armonizar con una asesora, o sea, yo? ¿Cómo puedo comunicarme de manera que lo inspire para comprometerse conmigo de inmediato? ¿Cómo puedo conseguir que me considere una persona valiosa, ahora mismo? ¿Cómo puedo expresar aún mejor mis ideas? ¿Cómo puedo conseguir que los poderes creadores del universo fluyan y hablen a través de mí? ¿Cómo puedo hacer que se manifieste un coche nuevo, de manera adecuada e inmediata, hoy mismo?».

En el momento en que entré en el concesionario, rebosaba influencia suprema. Las preguntas me ayudaron a equilibrar la fuerza de mi deseo y mi clara intención. Aquellas preguntas estimularon mi SAR y elevaron mi vibración. Me sentía como un superhéroe. El director general y yo conectamos de manera inmediata y profunda. Al cabo de unas horas elaboramos un acuerdo que se ajustaba a la visión que compartíamos.

Cuando haces preguntas significativas y te muestras receptivo, atraes respuestas que existen en el territorio de todas las posibilidades. Formula la pregunta desde lo más profundo de tu ser y sé consciente de que la respuesta llegará. Durante semanas medité con un sabio chamán que me descubrió los poderes mágicos del habla y de la capacidad de hacer preguntas, sin palabras, partiendo de la profundidad infinita del corazón: desde el espacio de quietud. «Es así como estás en comunión con el Espíritu», me dijo. En ese momento, la pregunta y la respuesta se vuelven una. También me dijo: «Es así como tú y yo podemos comunicarnos telepáticamente, porque cuando hablamos desde el espacio infinito que está en nuestro interior, no existen el espacio ni el tiempo, solo la conciencia. Cuando quieras llamarme, no utilices un teléfono móvil, llámame desde el espacio infinito en el interior de tu corazón, y yo te oiré». Esa noche hicimos una salida imprevista al templo. El aire era frío y vigorizante. Las estrellas brillaban. Noté el cuerpo congelado cuando me senté a meditar sobre el suelo de cemento. A fin de sentirme mejor, recité una frase del Bhagavad Gita en la que Krishna le dice a Aryuna: «Quien me es querido no está afectado por el frío ni por el calor». Dispuesta a mantener el equilibrio, permití que mi conciencia se convirtiera en el propio frío. Por fin, ofrecí una oración desde lo más profundo de mi corazón, pidiendo calor. Al día siguiente, el chamán me dio una peluda manta lila.

Honra la vida y pide sinceramente desde lo más profundo de tu ser. Llegará una respuesta. Las preguntas son una puerta abierta a la expansión del espíritu en la experiencia humana. Las preguntas ofrecen aberturas que promueven nuevas formas de pensamiento y existencia. Las preguntas significativas dirigen la atención de manera adecuada y armonizan tu vida con el orden divino. Crean posibilidades y atraen su equivalente. Tan pronto como la conciencia evoluciona para formular una pregunta determinada, la respuesta correspondiente se vuelve disponible en el terreno del potencial. De manera similar a como cada yang tiene su correspondiente yin, cada noche conlleva un día y cada pregunta tiene su respuesta.

Mediante las preguntas y la observación puedes desarrollar un diálogo íntimo con la vida. Haz una pregunta y después escucha, observa y siente. Los presagios emergerán en tu conciencia. El universo te hablará directamente, ofreciéndote símbolos y señales tan reveladoras que es imposible que sean fruto de la casualidad.

Cuando llegues a una encrucijada, puedes preguntarte: «¿Cuál es la elección más inteligente? ¿Qué camino descubre mi propósito? ¿Qué elección me guiará a una mayor sabiduría y comprensión? ¿Qué elección me ayudará a alcanzar mi visión primordial? ¿Es más sensato tomar este camino o ese otro? ¿Qué haría el amor?». Pregúntatelo y guarda silencio. Escucha. Confía en que tu intuición te guiará. Al cultivar una pregunta sincera y elevada, entras en comunión con el universo, como si entablaras un diálogo con un amante, un amigo de confianza o un querido profesor. La respuesta llega y te das cuenta de que no la pediste, de que invocaste amor.

Es bonito hacer una pregunta con el único propósito de relacionarse, sin buscar una respuesta en concreto, solo por la suprema alegría, dicha y asombro de comunicarte íntimamente, consciente de que, en el nivel superior, la pregunta y la respuesta son inseparables, son una y la misma: ¡la pregunta es la respuesta! Como dijo Rumi, el poeta místico sufí: «Somos el espejo, así como el rostro que aparece en él».

Es así como Devi, el aspecto femenino de lo divino (también conocida como Shakti), pide a su amante, Shiva, un importante dios hindú, que revele la esencia de la realidad fundamental suprema en el texto tántrico sagrado Vijñāna

Bhairava Tantra. Rodeada por completo por el amor y la dicha del acto amoroso, fundida en su amante, le pregunta:

> Oh, Shiva, ¿cuál es tu realidad?
> ¿Qué es este portentoso universo?
> ¿Qué constituye la semilla?
> ¿Quién centra la rueda universal?
> ¿Qué es esta vida, más allá de la forma que domina las formas?
> ¿Cómo podemos entrar en ella plenamente, por encima del espacio y el tiempo, los nombres y las descripciones?

Shiva no ofrece a Devi una respuesta intelectual, pues el camino a la iluminación a través del Tantra no es intelectual, sino que se basa en la experiencia. En cambio, Shiva ofrece una técnica que revela la esencia de lo que Devi pregunta en realidad. La pregunta de Devi no requiere una respuesta intelectual porque ella está viviendo la respuesta. La respuesta se expresa a través de su entrega y su amor. Da y recibe en el mismo aliento. En el Tantra no hay dualidad porque el amor trasciende la dualidad. Se trata de una conversación de corazón a corazón, no de un debate de mente a mente. La pregunta y la respuesta están presentes en la esfera unificada del amor. El yin y el yang son dos expresiones de una realidad.

En último término, esta es la experiencia a la que conduce una pregunta suprema... a la simultaneidad de hacer preguntas y recibir respuestas. Y ese es el don: todo se está desplegando ahora mismo mientras nos relacionamos en un intercambio íntimo con el mundo que nos rodea. Las preguntas pueden ser una manera de hacer el amor con el universo.

La manera en que haces el amor es la manera
en que Dios estará contigo.

RUMI

LA PREGUNTA FUNDAMENTAL

Quiero conocer los pensamientos de Dios, el
resto son solo detalles.

ALBERT EINSTEIN

Eres uno con lo Supremo, y a través de quietud y de preguntas significativas, te acercas cada vez más a ver con ojos iluminados, a oír con oídos divinos, a sentir amor incondicional y a saber lo que la inteligencia infinita sabe.

Ahora es el momento de crear tus propias preguntas para elevar tu vibración y propiciar un entendimiento ampliado y un sentido de propósito más profundo.

Las preguntas tienen el poder de reunir inteligencia infinita, creatividad, dicha y posibilidades. ¡Abre el corazón y la mente, y elabora las preguntas más inspiradoras para elevar todas las áreas de tu vida!

Pedid y se os dará, buscad y hallaréis, llamad
y se os abrirá.

Mateo 7:7

15

Surcar los marcos

No se puede resolver un problema utilizando
el mismo razonamiento que lo creó.

ALBERT EINSTEIN

En la repisa de mi chimenea tengo dos cuadros enmarcados. Uno es un mandala dibujado por mí, y el otro es una hermosa flor que pintó mi padre. Vino a cuidarme cuando me rompí la pierna y solíamos pasar horas juntos pintando. Desde una perspectiva, o marco, el hecho de romperme la pierna fue angustiante: me obligó a tomarme las cosas con más calma y a soportar dolor físico. Desde otro marco, fue una bendición: disfruté de tiempo a solas con mi padre, hice renacer a la pintora que llevaba dentro y me tomé un período sabático de creación. Tenemos formas infinitas de «enmarcar» y, por consiguiente, de percibir nuestra realidad.

Las cuatro esquinas de un marco contienen una imagen. Si observas una obra de arte, el marco define lo que está incluido en el lienzo y lo que no. Establece los límites y contiene la imagen. Un talentoso artista amigo mío dice: «Lo que dejas fuera del marco es tan importante como lo que está dentro de él». Los marcos a los que me refiero en este

ERES LO QUE DICES

capítulo no son estructuras de madera o de metal, sino los constructos mentales ocultos que enmarcan y definen nuestra comunicación y experiencia. Cuando vives en influencia suprema eres consciente de los marcos mentales y sabes cómo crearlos o transformarlos de manera consciente.

Analicemos qué son, concretamente, los marcos. Un marco es el límite a través del cual se percibe una situación determinada. Los marcos contienen y perpetúan un punto de vista en particular. Estableces marcos continuamente —marcos temporales, marcos de relación, marcos de posibilidad o imposibilidad—, que funcionan como parámetros que ofrecen contexto y significado a tu experiencia. Tu mapa del mundo está constituido por marcos. Percibes la realidad a través de marcos, seas o no consciente de ello.

Esos marcos contienen muchas representaciones internas (RI) y, por consiguiente, influyen sobre lo que ves, oyes, sientes y atraes en un universo de posibilidad infinita.

Establecemos marcos de manera continua, igual que entramos y salimos de ellos. Algunos marcos cambian de un momento a otro, mientras que otros están más consolidados. Si alguien se siente atrapado en un problema y no es capaz de ver el modo de salir de él, su atención está centrada en un marco en particular. Es el caso de la «perspectiva temporalmente limitada». La persona es incapaz de ver más allá de los límites del marco del problema. Aunque haya una solución al alcance, ella aún no la ve. Alguien podría ayudarla a reaccionar y decirle: «¡Rompe tus límites!». Este tópico contiene una lección muy acertada, ya que la creatividad y la innovación no existen en los limitados espacios de pensamiento anterior.

Para romper los límites, primero es importante darse

cuenta de que existen. ¡A menudo, igual que un pez en su pecera, la persona puede estar tan inmersa en un marco que el hecho de descubrir que se está atrapado en él supone toda una revelación!

Hay multitud de maneras de encuadrar tu percepción y tu experiencia. Cualquier situación puede observarse desde un número infinito de ángulos. La vida se puede percibir a través de ilimitados puntos de vista. Tienes el poder de cambiar de marcos cuando te plazca. En este capítulo aprenderás a construir marcos fortalecedores y transformar contornos limitadores para que puedas convertirte en «maestro de marcos», o quien es capaz de crear y transformar conscientemente sus marcos mentales a voluntad.

Los marcos crean el entorno en el que se manifiesta tu visión

Imagina que una amiga tuya fue a una fiesta y la grabó. Al llegar allí, se centró en una pareja que discutía en un rincón. Después te enseñó la grabación. Es probable que dijeras: «¡Rayos! ¡Qué horror de fiesta! Me alegro de no haber asistido». Pero si tu amiga hubiera ido a esa misma fiesta y hubiera grabado a la gente bailando al son de la música en directo, sonriente, riendo, picoteando comida deliciosa, desprendiendo diversión y entusiasmo, tu respuesta reflejaría una perspectiva diferente: «¡Uau, la fiesta parece fantástica!». Tu percepción reflejaría la información atrapada en el marco, que dependería del lugar hacia el que hubiera decidido enfocar su cámara.

Eres un cineasta. Tienes capacidad de elegir hacia dónde dirigir la lente de tu cámara. Puedes incluir cosas en el marco, y excluir otras. Tú decides lo que es relevante o irrelevante, útil o no. Puedes acercar rápidamente la imagen y ampliar ciertas cosas, o cambiar a un plano general y dejar que otras cosas se fundan a negro. Tú decides qué perspectiva se verá amplificada o minimizada, si se verá más clara o más borrosa. ¡Eres el director! Con atención e intención, estás filmando la gran obra titulada *Mi vida*.

A continuación te muestro algunas razones por las que establecer marcos de manera consciente será beneficioso para ti.

Mayor flexibilidad y elección

Establecer marcos te proporciona mayor capacidad de elección en el contexto de lo que es más importante para ti. Los marcos que sirven en un contexto pueden no ser útiles en otro. Una directora ejecutiva puede tener un «marco de resultados» muy claro y, por lo tanto, estar en un estado mental altamente eficiente, de alta velocidad y concisión para conseguir sus resultados. Sin embargo, tal vez quiera cambiar de marco antes de entrar en el dormitorio para pasar la noche con su pareja. La flexibilidad es poder. Un marco que funciona de maravilla en un contexto puede causar un desastre en otro. Los maestros de marcos se muestran presentes en el entorno y establecen los marcos adecuados que están en armonía con su propósito, para cada contexto en particular.

Objetivos y enfoque claros

El hecho de establecer marcos te permite sentar los parámetros con anticipación. Un marco proporciona estructura y te permite construir una base para la comunicación y el entendimiento. Si te das un marco temporal de cinco minutos para completar una tarea, tu energía puede concentrarse en completarla, lo que hace más eficiente tu propósito y acelera la consecución de tu objetivo.

Los marcos centran la atención sobre cómo hablas y actúas. ¿Alguna vez has estado en una reunión de negocios y te has preguntado: «¿Para qué sirve esta reunión? ¿A qué hora terminará?»? Esto es un indicador de que el encargado de dirigir la reunión hizo un mal trabajo a la hora de establecer los marcos. No fue claro al establecer los marcos temporales y los objetivos de la reunión. Cuando una reunión tiene una estructura bien determinada, con parámetros claros, resulta fácil enfocar los resultados en ese marco. «Al término de la sesión de dos horas de hoy, quiero que el grupo haya generado tres ideas para incrementar nuestras ventas.» La claridad es poder. Los marcos dirigen la atención y precisan los puntos clave. Sin marcos, la gente puede perderse, aburrirse o concentrarse en tareas no prioritarias. El hecho de establecer marcos crea un entendimiento común, unificando corazones y mentes hacia una visión compartida.

Crear acuerdo

Los marcos crean un contexto para el acuerdo mutuo. En mis cursos establezco, de manera intencionada e inmediata, marcos que creen un contenedor seguro para nuestro trabajo y fortalezcan a los participantes para que puedan soltar el pasado y adentrarse en su poder. Creo marcos de aprendizaje, que ayudan a los alumnos a integrar los conocimientos con mayor rapidez y de un modo práctico. Establezco marcos de retroalimentación que los ayudan a aprender a dar y recibir la información de manera más efectiva. Establezco marcos de participación con los que demuestro cómo jugar, divertirnos y sacar el máximo provecho de nuestro tiempo. Estos marcos, y otros, arropan al alumno y crean un espacio sagrado para la transformación consciente.

Eficiencia

Los marcos limitan las opciones al determinar qué información quedará incluida o excluida. Esto te ahorra un tiempo valioso ya que tu cerebro no se queda atascado ni se distrae analizando un exceso de datos sensoriales. Por ejemplo, si tu marco fuera el de un vegano y fueras a comprar verduras a un supermercado, no tendrías que recorrer todos los pasillos. Irías directamente a la sección de frutas y verduras y harías tu selección de manera eficiente.

ESTABLECE MARCOS DE RESULTADOS PARA CONSEGUIR RESULTADOS SATISFACTORIOS

Cada vez que programo una reunión, me pregunto: «¿Cuál es el resultado final que quiero conseguir con esta reunión?

¿Qué resultado me siento inspirada para conseguir? ¿Cómo sabré con seguridad cuándo se ha conseguido? ¿Qué veré, oiré y sentiré cuando se haya conseguido?». Estas preguntas me ayudan a establecer un «marco de resultados». Siempre consigues un resultado. Los resultados son inevitables. Puede que sea el resultado deseado, o puede que no. En cualquier caso, tu comunicación y tus acciones producen resultados. La razón por la que conviene establecer un marco de resultados con anticipación es crear las condiciones fundamentales para el éxito. Los marcos de resultados te ayudan a concentrarte con exactitud en lo que quieres conseguir. La clave es concentrar toda tu atención en el resultado al tiempo que expandes tu conciencia. Esto asegura que se revele la magia del momento.

Cada vez que desees crear algo de manera consciente, elige lo que quieres. Sin objetivos claros pierdes la dirección, como un barco sin rumbo. Cuando tienes un objetivo claro y específico, puedes avanzar a toda máquina. Recuerda el segundo paso de la fórmula de diez pasos para la creación consciente del capítulo 12: «Elige lo que pretendes crear o experimentar».

La gente proyectará de manera continua sus marcos en ti, los reconozcas o no. Si alguien tiene un objetivo claro y tú no, es posible que te veas arrastrado a su «marco de resultados», a menudo sin darte cuenta. Ese marco puede estar o no en armonía con tu propósito. Cuando tengas un marco de resultados claro, no te distraerás de tu objetivo. Te concentrarás en tus prioridades.

Sé claro en tu objetivo. Actúa con atenta determinación. Presta oídos a la guía suprema. Confía en tu intuición. Permite que el universo te garantice el fruto de tus acciones sin sentir la necesidad de controlar cómo se manifiesta. Puedes establecer marcos de resultados para cualquier actividad. Si sales a cenar con un amigo, puedes enriquecer la experiencia si declaras una intención: «Pretendo crear la vibración en la que mi amigo se sienta totalmente querido, valorado y apoyado». Esta afirmación podría proporcionaros una experiencia más rica y valiosa que si solo quedáis con la intención de pasar el rato.

Si alguien se queja sobre «lo que sale mal», «lo que no sucede» o sobre «lo que no quiere», en ese momento está siendo poco claro acerca de su resultado deseado, a menos que su objetivo sea quejarse, lo cual no es probable. Cuando alguien habla de lo que no quiere, percibe la situación a través de un «marco de problema». Lo detectarás en su lenguaje. Hacen preguntas y afirmaciones que presuponen problemas.

Vivimos en una encrucijada permanente. Tenemos libertad de elección y la capacidad de crear. De un momento a otro, bien somos conscientes de nuestra elección y por lo tanto elegimos de manera acertada, o bien no somos conscientes y elegimos con ignorancia. Las elecciones que hacemos producen sus correspondientes consecuencias. El hecho de hacer un simple cambio de un marco de problema a un marco de resultado modifica la dirección y la trayectoria de la persona.

Considera los ejemplos que aparecen a continuación. Fíjate en el modo en que el lenguaje determina y revela el marco que se establece.

MARCO DE PROBLEMA	MARCO DE RESULTADO
¿Qué se hace mal?	¿Qué resultado me siento inspirado para cumplir?
¿Por qué está sucediendo esto?	¿Cómo puedo crear o atraer lo que quiero?
¿Qué/quién causó este problema?	¿Cuáles son los recursos disponibles?
No quiero que suceda _____	Elijo crear _____
No quiero preocuparme por _____	Estoy dispuesto a materializar _____

Si alguien se encuentra en un marco de problema, puedes plantearle una pregunta relevante para ayudarlo a cambiar su enfoque: «Veo que no quieres_____. ¿Qué te gustaría en lugar de eso?». Muéstrate presente y escucha su respuesta con atención. Tu pregunta puede ayudar a esa persona a escapar de los límites del marco de problema y a introducirse exitosamente en un marco de posibilidad.

Las acciones que emprendes se corresponden con los marcos que tienes. Cuando estableces un marco de resultados, programas tu SAR. A la velocidad de la luz, tu mente y tus sentidos separan infinitud de datos eliminando, distorsionando, generalizando y atrayendo información que se ajusta a los límites de tus marcos.

La vida te ofrece marcos con información ilimitada: trozos enteros serán eliminados, distorsionados y generalizados. Depende de ti el dirigir tu mente y centrarte en los fragmentos que elevarán tu vida. Utiliza el metamodelo para descubrir eliminaciones y distorsiones en la comunicación, lo que a su vez te permitirá comprender más fielmente el mapa de la realidad de otra persona.

El tamaño de los marcos

Cuando estableces marcos, estableces parámetros. ¿Cómo de ancha es la lente? ¿Cómo de amplia es tu perspectiva? El tamaño del marco cambia tu percepción. Esta es una de las razones por las que no conviene juzgar nada ni a nadie a primera vista. Cuando miras algo o a alguien, de entrada ves tan solo una pequeña fracción del todo.

Imagina que una cámara filma el primer plano de un hombre de piel curtida, con un bigote sobre los labios apretados y con el entrecejo fruncido. Te preguntarás quién es y por qué tiene un gesto tan serio. Cuando la cámara empieza a retirarse, te das cuenta de que lleva un sombrero de vaquero, un pañuelo en el cuello, un chaleco de piel, una pistolera y un rifle. Ves a otro hombre a su derecha con una indumentaria y postura similar, sosteniendo una botella de Jack Daniel's. La cámara se aleja más y a su izquierda ves a una mujer con expresión impasible. Lleva guantes de raso hasta los codos, un amplio sombrero con plumas y también sujeta una pistola. El fotograma se amplía y descubres a una niña sentada al lado de la mujer, con un rifle entre las manos. Ahora la imagen de la cámara es tan amplia que ves a un fotógrafo detrás de una cámara antigua que les grita: «¡Sonrían!». Te das cuenta de que se trata de una familia que se está haciendo una fotografía al estilo del Salvaje Oeste, en una feria rural. Están rodeados de un grupo de espectadores que ríen y disfrutan de un precioso día soleado.

Los parámetros del marco lo cambian todo. Mira más allá de los límites. Observa, reflexiona y haz preguntas. La vida nos presenta continuamente piezas de un puzle más grande.

Las cosas que parecen ciertas a un nivel de conciencia pueden ser enseñanzas incompletas cuando las vemos desde un territorio de compresión ampliado. He estudiado textos de sabiduría antigua durante más de dieciocho años. A medida que mi conciencia se ha ido expandiendo, también lo ha hecho mi entendimiento. Con el transcurso de los años, algunos pasajes han adquirido significados más profundos, más intensos y más expansivos de los que había interpretado en un principio. Al crecer el marco de mi conciencia, también lo hizo mi comprensión. En la India antigua tiene su origen la parábola de *Los ciegos y el elefante*. Esta parábola ilustra cómo la gente percibe verdades distintas en base al tamaño del marco. Un grupo de ciegos toca un elefante para descubrir lo que es. Cada uno de ellos toca solo una parte del cuerpo del animal. El hombre que le toca la trompa dice: «El elefante es como el tronco de un árbol». El hombre que le toca el colmillo dice: «El elefante es como un tubo macizo». El hombre que le toca la cola dice: «El elefante es como una cuerda». El hombre que le toca la pata dice: «El elefante es como una columna». Si bien todos describían el mismo animal, cada uno tenía su propio punto de vista, limitado en su perspectiva. Si no honramos la perspectiva de los otros, y si no tenemos la voluntad y la habilidad de comunicarnos de manera inteligente, los malentendidos sobre lo que es la realidad podrían intensificarse y causar un conflicto en el que cada uno cree tener razón y que el otro está equivocado, cuando en realidad cada uno experimenta tan solo una dimensión de una verdad mayor.

HAKALAU: SUPERA LA PERSPECTIVA LIMITADA CON UNA CONCIENCIA EXPANDIDA

La habilidad de ampliar el tamaño de los marcos se puede aprender. En el chamanismo hawaiano existe el término «Hakalau», que se refiere a una forma de meditación mientras se camina que los Kahunas practican para acceder a un estado neutral y relajado de conciencia expandida.

Esta práctica te permite centrarte en el resultado que pretendes conseguir al tiempo que eres consciente de las posibilidades infinitas que te rodean. Necesitas concentrar la atención en el resultado, verlo en el ojo de la mente y, al mismo tiempo, tener una visión periférica completamente expandida. Esta práctica activa y agudiza tus sentidos.

En la PNL, se considera el «estado de aprendizaje» y se cree que aumenta la cognición y la capacidad de aprendizaje. Hakalau es el modo más seguro de conducir tu coche y recorrer el templo de tu cuerpo.

> La prueba de una inteligencia de primer orden consiste en ser capaz de tener en mente dos ideas opuestas al mismo tiempo y aun así mantener la capacidad de funcionar.
>
> F. SCOTT FITZGERALD

El preencuadre estimula el SAR para descubrirte lo que quieres

Cuando te encuentras en un estado de conciencia expandida, reconoces multitud de marcos. Puedes elegir de manera consciente el marco más adecuado para una situación en particular. Desde una perspectiva más amplia, puedes estrechar el enfoque cuanto desees para alcanzar un resultado específico. Una forma potente de utilizar los marcos consiste en una herramienta lingüística llamada «preencuadre». El preencuadre consiste en establecer conscientemente un marco con antelación y crearlo con palabras. Un preencuadre bien establecido guía la atención. Esto permite, a ti y a otros, percibir a través del marco que has creado.

Volvamos a la historia de la amiga que ha grabado a una pareja discutiendo en una fiesta. Supón que tu amiga te preencuadró al informarte de que su intención era filmar secuencias para un documental titulado «La comprensión de las emociones en las relaciones íntimas». Para ello, buscó específicamente escenas de parejas que mostraran emociones. En lugar de percibir la fiesta a través del marco: «¡Rayos! ¡Qué horror de fiesta!», la felicitarías. El marco a través del que miras altera tu perspectiva.

Cuando estableces un marco con antelación, estimulas el SAR para que amplíe ciertos aspectos y deje de lado otros. Creas los parámetros y a continuación el cerebro empieza a buscar detalles que encajen en ese marco. El hecho de buscar un marco hace que se manifieste. Al igual que con los resultados del efecto observador, el proceso de observación tiene poder creador.

Este es otro ejemplo de preencuadre. Si te dijera:

> El tiempo es un constructo mental, lo que significa que cada uno de nosotros experimenta el tiempo de manera distinta. ¿Recuerdas alguna situación en que el tiempo transcurriera muuuy lentameeeeente? (Como cuando llevas mucho tiempo haciendo cola.) ¿Y alguna vez en que pasara a gran velocidad? (Como cuando te lo estás pasando bien con alguien a quien quieres.) ¿Y si tuvieras una herramienta o pudieras aplicar un ejercicio que te ayudara a ampliar o reducir el tiempo? ¿De qué te serviría? ¿Cómo de inspirado te sentirías si tuvieras una hora más cada día para centrarte en lo que quisieras? Dentro de un momento, te daré algunas ideas que te ayudarán a comprender mejor cómo puedes encuadrar el tiempo con habilidad.

Al proporcionarte el preencuadre que acabas de leer, te he explicado lo que vendrá a continuación, y te alegrará descubrir lo que tengo que decirte. Si, por el contrario, entrara en una habitación y empezara a explicar un ejercicio de meditación sin haber ofrecido un preencuadre, es probable que te perdieras o te sintieras poco motivado para escuchar.

Un preencuadre bien proporcionado crea el marco adecuado. Mantiene a la gente sentada en el borde de la silla, esperando lo que está a punto de empezar. Cuando pronuncias una exposición, conviene preencuadrarla: deja que tu público sepa de entrada qué puede esperar. Si examinas la introducción de este capítulo y otros, te darás cuenta de que preencuadro tu experiencia descubriéndote lo que aprenderás y por qué resulta valioso.

Este es un marco fortalecedor a través del cual puedes

mirar: eres un ser divino con potencial ilimitado; tienes el poder de cambiar de marco a voluntad.

Evolución consciente y actualización de marcos

Con frecuencia percibimos a través de marcos, sin pensar en lo que está sucediendo. A veces las personas no son conscientes del marco que sostienen. Para ellas, se trata de una creencia que es cierta en su realidad. Algunos marcos te resultan útiles, pero puede que otros tengan que actualizarse. A medida que cobras conciencia de los marcos, te quedas con los que te resultan útiles y transformas los que no. Sé consciente. Pregúntate: «¿Los marcos a través de los que miro respaldan mi magnificencia?».

Hay infinitud de marcos y combinaciones de marcos. Los problemas surgen cuando los parámetros de un marco se vuelven demasiado restringidos y ya no proporcionan el máximo beneficio. Hace muchas décadas, en el mundo de los negocios existía un marco según el cual los hombres tenían que cobrar más que las mujeres. A medida que más mujeres fueron incorporándose al mundo empresarial, ese marco se cuestionó y fue reemplazado por uno nuevo: la misma remuneración por el mismo trabajo. Los marcos relacionados con el papel del hombre y la mujer han ido cambiando a lo largo de las últimas generaciones. Los marcos no son estáticos. Podemos crear mundos nuevos al crear marcos nuevos.

Todos tenemos unos marcos individuales, desarrollados a partir de nuestra experiencia vital. De manera colectiva, mantenemos muchos marcos, que acordamos desde un punto de vista cultural. Las normas, leyes y tabús que establecemos son marcos que definen lo que se considera aceptable o inaceptable, moral o inmoral, posible o imposible. Estos marcos nos permiten compartir una experiencia común de la realidad. Puede que no todos compartamos los mismos marcos, pero estamos afectados de manera colectiva por las consecuencias de los marcos culturales. En cualquier lugar del mundo, una luz roja significa que hay que detenerse. Cuando llegamos a una luz roja, decidimos detenernos. Se trata de un marco compartido en el que nuestras acciones coinciden. Un marco correlacionado nos advierte: «Si no te detienes ante un semáforo en rojo, te ponen una multa». El hecho de establecer marcos sobre los que la gente está de acuerdo permite que fluyan las interacciones (¡y el tráfico!).

Marcos de valores

Algunos de nuestros marcos individuales más poderosos son marcos de «valores». Todos tenemos un conjunto de valores que caracterizan lo que creemos y lo que consideramos importante.

Los marcos de valores te permiten formar una experiencia de vida particular, que tú eliges. Los marcos te guían para que elijas de manera adecuada. Te proporcionan un atajo en la toma de decisiones. Cuando conoces un marco con antelación, puedes contar con él para que filtre la información. Si estableces un marco mediante el cual respetas el medio ambiente, te acuerdas de usar bolsas reutilizables cuando haces la compra. Esa decisión no requiere razonamiento. Se ajusta a tu marco y tu comportamiento fluye de ese marco de manera consecuente. Si no sostuvieras ese marco, es probable que necesitaras bolsas de plástico o de papel cada vez que fueras a comprar y que las tiraras después de cada uso sin ni siquiera pensar en ello. Por lo general, las opciones que se sitúan fuera de tus límites no aparecen en tu radar a menos que alguien las señale expresamente. Los marcos sostienen las decisiones de estilo de vida: tus elecciones se filtran a través de los marcos.

Una tarde de verano, mientras estaba de vacaciones con mis padres en la costa de Florida, tuve una experiencia que me grabó en la psique un marco potenciador a través del cual he vivido mi vida. Tenía tres años y estábamos en la piscina del hotel. Mi padre saltó al agua mientras mi madre estaba tumbada tomando el sol. Yo recorría el perímetro de la piscina cuando de repente descubrí algo que no había visto antes: un trampolín. Con cuidado, subí al trampolín, caminé hasta el borde y miré abajo. El agua parecía infinitamente más lejos de lo que en realidad estaba. Mi padre me vio en el borde y gritó: «¡Salta!». Mi madre volvió la cabeza, nos vio a los dos y chilló: «¡No saltes!». A continuación gritó a mi padre: «¡Valentine! ¡No se te ocurra dejarla saltar!». Mi padre no le prestó atención y siguió animándome a hacerlo. Mi madre insistió: «¡Quieta! ¡No saltes!». Yo me encontraba en un dilema; en realidad, una crisis importante para una niña de tres años. Tuve que tomar una decisión. «¿Hago caso a mamá o a papá?». Entonces mi padre dijo: «Si saltas, ¡te llevaré a Disneyworld!». ¡Me entusiasmé y salté! La intensidad de ese momento y el resultado de mi decisión dejaron una huella profunda en mi psique: «Cuando asumo riesgos y doy el salto, aunque tenga miedo, sé que estoy a salvo y recibo una recompensa por ello». A partir de ese momento, he observado mi vida a través de ese marco. No he vacilado a la hora de asumir riesgos para conseguir lo que me importa. Las experiencias de nuestra infancia a menudo dejan una impronta tan profunda que constituyen los marcos a través de los cuales percibimos y creamos la realidad. En este ejemplo, mi padre se mostró presente y atento cuando me animó a saltar. Si otro niño en una situación similar hubiera saltado y se hubiera roto un hueso, es probable que percibiera la vida a través de un marco muy distinto.

MARCOS TEMPORALES

Esta es otra historia divertida sobre un acontecimiento de mi infancia que influyó sobre la manera en que enmarco, percibo y, en último término, manejo el concepto de «tiempo».

Recuerdo con claridad el día que mi prima llegó de Cuba. Yo tenía ocho años y ella era un año menor. Nunca había tenido una muñeca. Mi padre nos llevó a una tienda de juguetes y dijo que teníamos cinco minutos para coger lo que quisiéramos hasta llenar un carro. Fue un día excitante que dejó una impronta profunda en mi conciencia: podía tener todo lo que quisiera si sabía utilizar bien el tiempo.

Einstein demostró que el tiempo es relativo. Puedes jugar con los límites del tiempo: estirándolos o reduciéndolos en tu mente para ajustarlos a tu visión. El modo en que enmarques el tiempo influirá sobre tu experiencia y tus decisiones.

La mayoría de nosotros hemos experimentado una situación complicada o traumática, que en ese momento nos pareció la más espantosa del mundo. Años o décadas después te das cuenta de que no estarías donde te encuentras hoy, o no serías la persona en la que te has convertido, de no haber sido por aquella experiencia. Te descubres sintiendo una gratitud inmensa por aquella experiencia y sabes que, aunque tuvieras la oportunidad, no cambiarías una sola cosa. O puede que tuvieras que hacer frente a una situación de gran vergüenza, y que en ese momento quisieras evaporarte y desaparecer, pero un amigo te dijera: «Un día recordarás esto y te reirás». Sin embargo, en ese instante no te pareció en absoluto divertido. ¿Y si ese «un día» fuera hoy? ¿Y si pudieras utilizar el poder de encuadre de tu mente para flotar por encima del tiempo y observar la situación desplegarse por debajo de ti? ¿Cómo se transformarían entonces la percepción y el sentimiento?

Si te sientes atrapado en un problema, podrías dirigir tu conciencia hacia el futuro. Imagínate viajando mentalmente hasta la resolución exitosa de tu problema, hasta un lugar donde pudieras experimentar nuevos recursos y posibilidades. El tiempo es un constructo que puedes recorrer en tu mente para conseguir una perspectiva más amplia que te permita tomar decisiones más acertadas.

El tiempo es una imagen móvil de la eternidad.

PLATÓN

¿Alguna vez has postergado un trabajo hasta el punto de sentirte angustiado por una fecha de entrega inminente y entonces te has visto obligado a ponerte a ello de inmediato? Cuando te acercabas a la hora cero, ¿sentiste que cumplías con tus obligaciones con velocidad sobrehumana? ¿Qué sucedió? Nos comunicamos y reaccionamos de manera diferente en base a marcos temporales.

Tiene sentido concebir el tiempo de manera distinta si estás elaborando un plan de ventas y marketing anual, o si estás disfrutando de una velada íntima. Si estás estructurando un plan de marketing y ventas, te conviene salir del momento y ver ante ti la secuencia temporal como una regla, en la que puedes analizar el pasado y proyectar hacia el futuro. Con esta perspectiva, aprendes de los errores pasados y generas nuevas previsiones. Sin embargo, ¡utilizar este marco temporal cuando haces el amor sería una lata! Un marco más apropiado para un encuentro íntimo sería el de sucumbir a lo eterno en el ahora, fundirse con la persona amada y entregarse al placer.

Los místicos hablan de extraer el néctar de la vida. Los místicos sufís, al igual que los sabios de la antigua India, han enseñado una meditación profunda que inicia a la conciencia en el camino de los territorios expandidos de la comprensión. Se conoce como «Mueres mientras vives». En este ritual, experimentas tu propia muerte con antelación, pues flotas hasta el futuro. En primer lugar, llegas a una época en la que eres muy anciano y gozas de buena salud, y a continuación apareces en el momento de tu muerte. La gran sabiduría llega cuando estableces una íntima conexión con la versión mayor y sagaz de ti mismo, y llegas a conocerte de manera más completa. Por consiguiente, muramos mientras estamos vivos, de modo que lleguemos a conocer nuestra inmortalidad y a vivir cada día como si fuera el último y, en este marco, demos desde lo más profundo de nuestro hermoso corazón y alma sagrada.

> Casi todo, todas las expectativas externas, todo el orgullo, todo el temor a la vergüenza o al fracaso, todo eso desaparece en presencia de la muerte, y queda tan solo lo verdaderamente importante. El recordar que vamos a morir es la mejor manera que conozco para evitar la trampa de pensar que tenemos algo que perder. Ya estás desnudo. No hay ninguna razón para que no sigamos a nuestro corazón.
>
> STEVE JOBS

LOS VISIONARIOS CREAN MARCOS

Los visionarios crean marcos en lugar de asumir mecánicamente marcos antiguos o copiar los de otra persona. Walt Disney se propuso crear «el lugar más feliz de la Tierra», y sus decisiones fueron filtradas a través de ese marco. Al haber crecido en Miami, Florida, recuerdo la profunda huella que Disney dejó en mi infancia. Si visitas Disneyland o Disneyworld te encuentras inmerso en ese marco. Disney utiliza el lenguaje para perpetuar su marco único. Disney no tiene «empleados», sino «personajes». Los personajes no utilizan «uniformes», sino «disfraces». Estas presuposiciones respaldan el marco de que Disney crea un mundo teatral de magia. Las compañías y marcas de mayor éxito tienen marcos fuertes que comunican con claridad. Establecen unos parámetros que empleados y consumidores aceptan. Apple, la compañía de Steve Jobs, es un ejemplo de empresa con marcos potentes. El marco de Apple queda expresado en su eslogan de 1984: «Piensa diferente». Cuando los consumidores adquieren un producto Apple, no solo están comprando un dispositivo, están comprando también el marco, y vinculándose a la contracultura y al espíritu artístico de Apple. Apple no vende reproductores de mp3, ordenadores y teléfonos: vende un estilo de vida. E innovación, simplicidad y elegancia se sitúan dentro de ese marco. Mercedes-Benz no vende coches: vende lujo y sofisticación. Victoria's Secret no vende ropa interior: vende sexo y feminidad. Las marcas fuertes tienen marcos claros.

Cuando las personas no comparten un marco, trabajan de manera independiente, a veces con objetivos distintos. Acababa de iniciar mi aventura profesional cuando me reuní con el mandamás de un concesionario de automóviles de gran éxito. Desde su oficina se dominaba la totalidad del salón de exposición. Varios posibles clientes entraron en el salón sin que ningún vendedor ni encargado se acercara a atenderlos. Controlando su enfado, el director descolgó el auricular y, con tono comedido, anunció por megafonía: «Señor Newman, tiene una visita en el salón de ventas, señor Newman». Ese era un código que los vendedores conocían bien. Significaba «vayan rápidamente al salón de exposición y atiendan al señor *new man*», o sea, al «hombre nuevo» que acababa de entrar.

Pregunté si había suficiente personal en ese turno de trabajo. Respondió que sí. Pregunté: «¿Quién es el encargado de los turnos?». El hombre me dijo que Phil. «¿Dónde está?», pregunté a continuación. «¡No lo sé, pero debería estar en el salón de ventas ahora mismo!», espetó. «¿Cuál es, concretamente, la labor más importante en el puesto que ocupa Phil? ¿Cuál es su responsabilidad primordial?», insistí. El director respondió: «Asegurarse de que los clientes reciban un trato excepcional para que así vendamos más coches». «Iré a hablar con Phil», contesté.

Encontré a Phil en su oficina, hablando por teléfono, con la puerta cerrada. Cuando terminó su conversación le pregunté: «Phil, ¿cuál es tu máxima responsabilidad como encargado en esta empresa?». Phil respondió: «Contratar a los mejores vendedores». Phil estaba en su oficina comportándose de acuerdo con su marco. El hecho de que Phil no estuviera en el salón de exposición y ventas no era el problema. Era un síntoma de un problema mayor: los miembros de un equipo que no estaban coordinados. Así pues, cada uno reaccionaba según su marco, que podía estar o no estar (¡y en ese caso no lo estaba!) en armonía con los marcos de la compañía. Trabajé con los ejecutivos y los miembros de los equipos de cada departamento y los impliqué en la creación de marcos claros y compartidos. ¡Y sus resultados se dispararon!

Las decisiones se filtran a través de los marcos. Cuando todos los miembros de un equipo comparten los mismos valores fundamentales, el poder de la empresa se centra en una única dirección, lo que conduce al éxito.

Los directivos entienden el valor del establecimiento y

comunicación de los marcos. Se centran en la imagen general, y no en los detalles. Un ejemplo de destrucción de paradigmas es Martin Luther King Jr. En Estados Unidos, durante los primeros tiempos del movimiento por los derechos civiles, existía un marco cultural en el cual a la gente negra y de otras minorías se la consideraba inferior, mientras que los blancos pertenecían a una raza superior. Esto extendió la percepción de que la gente debía segregarse y ser tratada de manera distinta según su raza. Como este marco formaba parte de la cultura dominante, existían multitud de decisiones, acciones y leyes que apoyaban tal marco: los negros eran enviados a escuelas distintas y no tenían permitido asistir a ciertos institutos y universidades; tenían que sentarse en la parte trasera del autobús y ceder su asiento a los blancos. Algunos seres despiertos como Martin Luther King Jr. no aceptaron ese marco descabellado. Martin Luther King Jr. expresó un marco distinto: «Todos los hombres han sido creados iguales». El hombre tenía un propósito claro y sostuvo su marco con gran congruencia. Al final, su marco evolucionado destruyó el anterior. No perdió tiempo intentando cambiar partes del todo; las leyes y las políticas de la empresa de autobuses, del sistema educativo, de las agencias gubernamentales y las iglesias. Se dio cuenta de que el modo de acabar con esas infracciones era destruir el marco imperante e introducir un nuevo marco lo bastante grande para honrar a todos los seres humanos. Las decisiones y las acciones se filtran a través de los marcos. Cuando el marco dominante cambia, todo se transforma.

Quien resulte ser más juicioso es quien establece el marco. Los otros tendrán que ser convencidos para aceptar ese marco hasta el punto de que se comunique de manera clara y congruente.

EL REENCUADRE: CAMBIAR EL CONTEXTO/EL SIGNIFICADO PARA TRANSFORMAR LA EXPERIENCIA

Martin Luther King Jr. cambió el marco cultural. Él y otros activistas en favor de los derechos civiles consiguieron desarticular un marco antiguo y reemplazarlo por otro que honraba la vida y dotaba de poder a todas las personas. Este es un ejemplo de reencuadre. Se trata de un proceso en la comunicación que cambia los marcos antiguos por otros nuevos y potenciadores. Transforma el marco a través del cual se percibe. El reencuadre te obliga a salir de los límites de un problema y a verlo desde un nuevo ángulo; es decir, desde un nuevo marco.

Si una persona se siente «atrapada» es porque está anclada a un marco y ve las cosas desde determinada perspectiva, dentro de unos parámetros en particular. El reencuadre puede ser una vía profundamente delicada de cambiar el pensamiento. Levanta velos y te permite adentrarte en una nueva realidad. Es también una herramienta poderosa para explorar tu propia mente.

A continuación, un ejemplo de reencuadre. Mis cursos de enfoque transformacional están diseñados para que se den momentos en los que se produzca confusión. La confusión es señal de que te estás expandiendo hasta abandonar viejos paradigmas. Con frecuencia, la confusión precede a la comprensión. Sin embargo, algunas personas se sienten incómodas al experimentar confusión, ya que esta desencadena recuerdos antiguos o una programación profunda, como: «Soy lento», «Jamás lo conseguiré», «Me quedaré atrasado» o «Soy estúpido». Yo les dedico una sonrisa de ánimo y les aseguro que la confusión es algo normal. Si alguien dice: «Me siento confuso», yo le dedico una sonrisa tranquilizadora. A continuación respondo: «¡Fantástico! Si no te sintieras confuso probablemente no estarías aprendiendo demasiado, porque ya sabrías lo que estoy diciendo. La confusión indica que tu conciencia se está expandiendo. Tu cerebro está buscando respuestas. El hecho de sentirte confuso demuestra que realmente estás aprendiendo y que te estás elevando hasta llegar a un nuevo entendimiento del que hasta ese momento no eras consciente. ¡Es una noticia fantástica!».

Contemplemos la confusión desde la perspectiva lingüística. Si divides la palabra «confusión», obtienes los radicales «con» y «fusión». «Con» expresa una relación de «medio» o «procedimiento», y «fusión» significa «unión» o «disolución». Así pues, «confusión» significa que se están formando nuevas asociaciones. Es así como se produce el aprendizaje. Con este ejemplo, reencuadro el significado de «confusión» al tomar algo en apariencia negativo y transformarlo en algo de valor.

Una vez escuché a Richard Bandler, el genio cocreador de la PNL, reencuadrar la confusión:

> En nuestros talleres siempre os decimos que el éxito es la experiencia humana más peligrosa porque evita que advirtáis otras cosas y aprendáis formas distintas de hacer las cosas. Eso significa que cada vez que fracasáis tenéis una

oportunidad sin precedentes de aprender algo a lo que, de otro modo, no habríais prestado atención. La confusión es la puerta a la reorganización de vuestras percepciones y al aprendizaje de algo nuevo. Si nunca os sintierais confusos, significaría que todo lo que os sucede se ajusta a la perfección a vuestras expectativas y a vuestro modelo del mundo. La vida consistiría simplemente en una experiencia aburrida y repetitiva tras otra.

Ahora que tenemos una idea de lo que es reencuadrar, exploremos varias formas distintas de utilizar esa herramienta lingüística. Dos ejemplos de reencuadre son el «reencuadre de significado» y el «reencuadre de contexto».

El reencuadre de significado es un esquema lingüístico con la potencia suficiente para cambiar el significado de un comportamiento o experiencia. El ejemplo de «confusión» es un reencuadre de significado. Eleva y redefine el significado de «confusión». Puedes utilizar esta técnica tomando un comportamiento o una situación que consideres negativa y dirigiendo el SAR para que se fije en un conjunto distinto de atributos. Así, verás el comportamiento o la situación desde un ángulo distinto, lo que cambia el significado.

El reencuadre de contexto parte de la idea de que todo comportamiento puede ser útil en algún contexto. El hecho de descubrir un contexto apropiado para un comportamiento cambia el marco. ¿Tu comportamiento en una cena formal sería el mismo que en una fiesta de la Super Bowl? ¡Es probable que no! El contexto influye sobre cómo eliges percibir una situación, y cómo actúas y reaccionas en ella.

Celine Dion, la cantante de fama mundial, proporcionó

un brillante reencuadre de contexto durante una entrevista, cuando se le preguntó por el «problema con el juego» que tenía René, su marido. Esta es la respuesta de Dion: «René es jugador. Por supuesto. Y me alegro de que lo sea... porque hipotecó su casa para que yo grabara mi primer álbum cuando tenía doce años. Esa fue, probablemente, la mayor apuesta que haya hecho nunca». Dion tomó algo que podría percibirse como un problema —la afición al juego de su marido— y lo reencuadró para convertirlo en algo positivo mediante un cambio de contexto.

Fracaso en el reencuadre

La PNL sostiene: «No hay fracaso, solo aprendizaje». Esta afirmación ofrece un reencuadre de lo que significa el «fracaso». En lugar de ver los deseos incumplidos como «fracasos», considéralos una forma de obtención de información valiosa que, de otro modo, no habrías conseguido. Algunas de las lecciones más importantes que he aprendido llegaron como reacción a un aparente contratiempo. Napoleon Hill dijo: «Toda adversidad... lleva consigo la semilla de un beneficio equivalente o mayor». Hurguemos en los problemas y extraigamos las joyas que contienen. Cada vez que surja una situación que desees cambiar, obsérvala desde el marco de la información sobre los antecedentes. «Tengo información sobre lo que no funciona. ¿Qué puedo aprender de esto y cuál será el aprendizaje que eleve la situación? ¿Qué quiero hacer en lugar de esto? ¿Qué oportunidad puedo extraer de este problema?»

Si alguien observa una situación desde el marco del «fracaso», es más que probable que se rinda muy pronto. Si alguien observa una situación a través de un marco de «obtención de información», será infinitamente más flexible y cambiará su actitud hasta conseguir cumplir su objetivo. En mis cursos utilizo el marco de la obtención de información de manera intencionada. Si alguien practica un ejercicio y le cuesta comprender el concepto, lo animo a que siga practicando, fijándose en lo que funciona y en lo que podría mejorarse.

REENCUADRAR LAS PREGUNTAS

El reencuadre es una herramienta poderosa para dotar de significado nuevo a algo que te preocupa (a ti o a otra persona). Si alguna vez te sientes atrapado en una situación, incapaz de salir de un marco de problema —por un viejo hábito que regresa o porque surge una historia debilitante— utiliza el reencuadre para desmontar el marco antiguo y conseguir una perspectiva nueva.

Las siguientes preguntas tienen la capacidad de reencuadrar porque no pueden responderse en un marco de problema. En otras palabras, tú (o la otra persona) debes buscar fuera de los límites del problema para responderlas. ¡Las últimas sirven también para dinamitar los límites de los viejos marcos! Cada vez que te encuentres en un apuro, juega con estas preguntas. Considéralas. Si las utilizas para reencuadrar la perspectiva de otra persona, asegúrate de dar al destinatario espacio para que busque una respuesta. A diferencia del proceso de hacer preguntas fortalecedoras (que te enseñé en el capítulo anterior), cuando formules preguntas de reencuadre instruye a tu mente para que busque respuestas específicas. Llegarán y verás con ojos nuevos.

PREGUNTAS DE REENCUADRE

¿Qué puedo aprender de esto?

¿Qué otra cosa podría significar?

¿Qué es lo curioso de este asunto? (Si tu cerebro responde: «¡Nada!», entonces pregunta...)

Si hubiera algún aspecto curioso, ¿cuál sería?

¿Cuál es el beneficio que puedo obtener?

¿En qué contexto este comportamiento resultaría útil o apropiado?

¿Qué sucedería si no tuviera este problema?

¿Qué no sucedería si no tuviera este problema?

¿Qué he estado fingiendo no saber, para haber pensado que tenía este problema?

¿Qué sucedería si creara lo que de verdad quiero?

Se trata de una reflexión consciente. Tómate tu tiempo y formula y responde cada una de estas preguntas. Disfruta del proceso y descubrirás nuevas dimensiones de ser y de pensar.

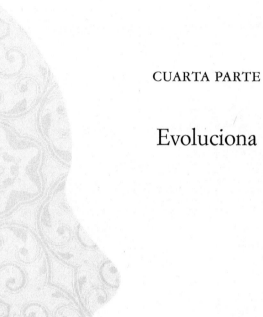

CUARTA PARTE

Evoluciona

16

Tu punto de vista infinito

Ahora entiendes lo que son los marcos y te das cuenta de que hay infinitas maneras de enmarcar tu experiencia. Cualquier situación puede observarse desde un número infinito de ángulos. La vida se puede percibir a través de ilimitados puntos de vista. Tienes el poder de cambiar de marcos cuando te plazca. Este capítulo te guiará en tu recorrido por las múltiples posiciones perceptivas de manera que puedas ver las cosas desde perspectivas distintas. Esta conciencia expandida enriquece tu mapa de la realidad al ofrecerte opciones ampliadas y permitirte tomar decisiones más acertadas.

Una posición perceptiva es el punto de conciencia a partir del cual experimentas la realidad. Puedes ver el mundo a través de tu propia perspectiva o a través de la de otra persona. Puedes convertirte en el observador neutral o adoptar la perspectiva de una versión mayor y más sabia de ti mismo. Mediante tu imaginación, tienes el poder de percibir la vida a través de posiciones perceptivas infinitas.

Todos hemos oído decir que «si te pones en la piel de otra persona, verás las cosas desde su perspectiva». Cuando te pones en la piel de otro, experimentas una posición perceptiva distinta a la que tendrías si miraras a través de tus ojos. Al explorar posiciones perceptivas distintas, ganamos recursos de conciencia universal, a los que no tenemos acceso cuando miramos a través de nuestros ojos físicos. Cada posición perceptiva es un marco. Ofrece determinados parámetros o límites a través de los cuales percibes el momento. A continuación encontrarás las cuatro posiciones perceptivas fundamentales que puedes adoptar para adquirir una perspectiva más profunda y disponer de mayor elección.

- *Primera posición*: Estás plenamente asociado: «Yo». Ves a través de tus propios ojos, oyes a través de tus oídos y sientes tus propios sentimientos. Cada vez que te implicas emocionalmente, estás plenamente asociado a la primera posición. Si alguien se siente atrapado en un problema y no ve cómo salir de él, está anclado en la primera posición. La persecución de los sueños, el establecimiento de límites y cuidar de ti mismo son manifestaciones de asociación de primera posición. En esta posición tomas decisiones en base a lo que tiene sentido desde tu punto de vista más inmediato.
- *Segunda posición*: Disociado: «Tú». Ves a través de los ojos de otro. Te introduces en el mapa del mundo de la otra persona. La segunda posición es la del «otro». Ves a través de los ojos del otro, oyes con sus oídos y sientes sus sentimientos. Crees los sentimientos del otro y valoras lo que esa persona valora. Sientes sus deseos. La segunda posición resulta útil cada vez que encuentras resistencia. Te ayuda a experimentar compasión, establecer una buena comunicación y a entender el mapa de la otra persona.

También tiene un valor inestimable para modelar la excelencia en un contexto determinado. Puedes elegir un modelo de posibilidad, alguien que sea un maestro en algo que quieras aprender, y después ver, oír y sentir desde la perspectiva de esa persona para integrar nuevas herramientas y recursos.

- *Tercera posición*: Disociado: «Observador».

Observas la experiencia desde una posición de neutralidad, desde arriba o desde lejos, como si la acción tuviera lugar en una pantalla de cine. La tercera posición, la del observador, resulta útil cuando encontramos obstáculos. Cuando las emociones están a flor de piel, la tercera posición constituye una vía excelente para calmarte, adquirir perspectiva y reconocer nuevos recursos. En la tercera posición no existen emociones negativas porque te encuentras en un punto de conciencia, neutral e identificado. Ves, oyes y sientes desde la posición de un observador imparcial, y así recibes la visión general o la «imagen completa» de las situaciones. Puedes analizar con lógica, sin implicación emocional. Puedes curar viejas heridas observándolas, reuniendo información y aprendiendo. En esta posición te ves a ti mismo como te ven los otros.

- *Superposición suprema*: Disociación compasiva: «Nosotros».

Esta es una superposición, lo que significa que tu conciencia honra y se adueña de tu perspectiva individual (sin apego) al tiempo que honra simultáneamente toda la humanidad y la totalidad de lo existente. Aquí ves más allá de la dualidad y te concentras en la unidad.

En superposición suprema, tú (1) ves a través de tus ojos, (2) de manera simultánea ves a través de los ojos de otra persona, (3) ves a través de los ojos de la gente y (4) consideras a todos los seres como aspectos únicos e indivisibles de un organismo completo. Y reconoces que lo que haces a otros, te lo haces a ti mismo. Esta es una posición superconsciente, lo que significa que eres consciente del modo en que tu energía, tus pensamientos, palabras y elecciones influyen sobre las otras personas y crean un infinito efecto de onda expansiva. Y te importa. Como un bodhisattva, piensas, hablas y actúas con compasión. El adoptar la superposición suprema es lo que distingue a un verdadero líder, a alguien que abraza la cooperación. Por ejemplo, Gandhi y Nelson Mandela son modelos de superposición suprema.

Juega con este descubrimiento. Si quieres comprar unos zapatos que te vayan bien tendrás que probártelos, dar unos pasos y comprobar cómo los notas en los pies. Con esto sucede lo mismo. Puedes cambiar de posición perceptiva. Cuando lo hagas, siéntela al máximo. Observa una situación desde múltiples ángulos antes de tomar una decisión.

El hecho de recorrer estas cuatro posiciones perceptivas te proporciona una manera nueva de observar la misma experiencia, ofreciéndote más posibilidades sobre cómo reaccionar. En Hakalau, técnica de la que hemos hablado en el capítulo anterior, adoptas la primera y la tercera posición simultáneamente, aunque podrías seguir expandiendo tu conciencia hasta alcanzar la superposición suprema, que es la que tiene más influencia porque estás consciente y atento.

Las tres primeras posiciones pueden resultar útiles en un determinado contexto, pero pueden ocasionar problemas cuando se aplican en contextos distintos. Si alguien se siente superado por un problema, no cabe duda de que se encuentra atrapado en la primera posición, con las anteojeras puestas. El comportamiento narcisista resulta de estar atrapado en los límites de la primera posición. El sencillo acto de respirar hondo de manera consciente y dar un paso atrás para salir de la situación, permitiendo así que la perspectiva pase de la primera a la segunda o tercera posición, descubre opciones hasta entonces ocultas. Si alguien se queda sujeto a la segunda posición, puede que pierda la perspectiva de sí mismo y absorba las emociones, creencias y pensamientos de otra persona. Si alguien se queda anclado predominantemente en la tercera posición, es posible que se desvincule de la vida por completo y se convierta en alguien distante y sumamente inaccesible. La superposición suprema ofrece el más alto grado de conciencia al tiempo que honra a todos los seres.

Tu experiencia de la realidad estará vinculada directamente con las posiciones perceptivas que adoptes con mayor frecuencia. Cuando vives en influencia suprema eres consciente de las múltiples posiciones perceptivas y libre de desplazarte con fluidez entre ellas, de manera consciente, sin sentirte atado a ninguna en concreto. Es posible estar en múltiples posiciones perceptivas a la vez —como en superposición suprema— porque la conciencia no es local, lo que significa que tu mente no está encerrada en una posición determinada. De manera simultánea, puedes ver a través de tus ojos, experimentar lo que ve otra persona y observar la escena completa desplegarse en su totalidad.

> Yo, tú, él, ella, nosotros. En el jardín de los amantes místicos, estas no son distinciones verdaderas.
>
> RUMI

Walt Disney utilizó marcos perceptivos de manera brillante en su trabajo. Robert Dilts documentó el talento de Disney en relación a las perspectivas en su libro *Strategies of a Genius: Volume 1*. Dilts sugiere que Disney solía mirar a través de tres marcos perceptivos distintos en su proceso creador para manifestar ideas brillantes. En primer lugar, Disney observaba a través del marco del «soñador», dando rienda suelta a su imaginación para que volara a su antojo. Después miraba a través del marco del «realista» para determinar lo que era práctico y realizable, ya que no todo lo fantástico tendría sentido en el mundo material. Finalmente, solía pasar sus ideas por el marco del «crítico», lo que le daba una perspectiva de abogado del diablo y le informaba de lo que podría salir mal. De ese modo, lograba resolver posibles contratiempos antes de que surgieran. Estos tres marcos fueron fundamentales para el éxito de Disney. Se equilibraban entre sí. Sin uno de ellos no habría nacido el mismo Reino Mágico.

> No todos los que vagan están perdidos.
>
> J. R. R. TOLKIEN

17

El arte y la ciencia de establecer una buena sintonía

Imagina que tienes la habilidad de crear de inmediato una conexión profunda y auténtica con cualquiera, en cualquier momento. La tienes. Ese es el poder de la sintonía. Todo lo que alguna vez desees cumplir o crear en tu vida requerirá sintonía. La sintonía abre la puerta a todas las relaciones. Es fundamental para alcanzar el éxito. Para ofrecer tus talentos al mundo de manera convincente tienes que establecer relaciones de cooperación creadas a través de una buena sintonía. La creación de una buena sintonía implica una relación de receptividad. Cuando estás en sintonía con alguien, os relacionáis con armonía. Estáis abiertos el uno a las sugerencias del otro; la energía es recíproca. La sintonía es una conexión profunda que se salta los filtros analíticos. El juicio o la duda quedan en suspenso, de modo que la comunicación se produce con fluidez. La sintonía crea una sensación de cercanía. Con sintonía, abres la puerta a las relaciones, la conexión, la negociación y a alcanzar acuerdos de manera razonable. El propósito de este capítulo es revelar la verdadera naturaleza y el poder de una buena sintonía y mostrarte cómo puedes cultivarla con autenticidad.

EL PROCESO DE LA BUENA SINTONÍA

La primera vez que oí la palabra «sintonía» tenía quince años. Fue durante mi primer día de trabajo, mientras vendía cuchillos de puerta en puerta. Mi director me dijo: «La gente le compra a la gente que le cae bien y en la que confía. Tienes que crear una buena sintonía de inmediato». Me pareció un mandato extraño ya que intuía que el hecho de cultivar una buena relación de confianza era algo que se desarrollaba de manera natural. Con el paso de los años, mi comprensión y valoración del inmenso poder que tiene una buena relación comunicativa fueron evolucionando.

Hoy sé que la sintonía puede desplegarse de manera natural porque estamos conectados intrínsecamente. También puede crearse de manera estratégica. La disciplina de la PNL ha estudiado la ciencia de la buena sintonía y la ha convertido en un proceso replicable. Cualquiera puede aprender las habilidades específicas necesarias para establecer una buena relación de comunicación.

El método más habitual para establecer sintonía con alguien es descubrir las cosas que se tienen en común: «¿A qué te dedicas? ¿Dónde vives? ¿Cómo te gusta divertirte?». Un método de acercamiento más sutil es el de «reflejar y copiar». Así adviertes los detalles sutiles en el estado de una persona y en su comunicación y armonizas tu estado con el suyo. Puedes prestar atención al ritmo de la respiración, sus movimientos, sus gestos, y reflejar y copiar con delicadeza su postura, su ritmo y su tono de voz. Es posible que de manera consciente la persona no se dé cuenta de que estás sincronizado con ella, pero notará una fuerte afinidad. A la gente le gustan las personas que se parecen a ella. Cuando ajustas tu respiración y fisiología a la de otro, entras en su mapa del mundo y experimentas la vida desde su perspectiva.

A continuación encontrarás un ejercicio divertido de imitación y relación que puedes realizar con un amigo y que te ayudará a entender mejor su mapa del mundo.

Entrar en el mapa de otra persona

Elige a un compañero y preencuadra esta actividad. Pídele que reviva una experiencia potenciadora de su vida, un recuerdo como una ceremonia de graduación, el nacimiento de un bebé, su boda o algo similar, que tenga una representación interna intensa. Instruye a tu compañero para que se siente, cierre los ojos y acceda a sus recuerdos (asegúrate de que sea un recuerdo potenciador), como si la experiencia estuviera sucediendo en ese preciso instante. Pídele que vea a través de sus ojos, que oiga lo que oyó en ese momento y sienta lo que sintió entonces, como si estuviera sucediendo en el ahora. Pídele que respire como lo hizo en ese instante. En resumen, guíalo para que note todos los detalles de la experiencia en el ojo de su mente, como si los estuviera reviviendo.

Después tú, sin conocer el contenido de la experiencia de tu pareja, empezarás a imitar y reproducir sus sutiles movimientos. Reproduce su respiración, su postura y expresión facial, y cualquier otro detalle relevante. Cuando lo reflejes y copies de manera exacta, pronto recibirás una impresión —a menudo como si fuera un conocimiento inmediato, como una descarga, una imagen o un sentimiento— de la experiencia de tu compañero. Confía en tu intuición.

He practicado este ejercicio con grupos. Suelo emparejar a personas que no se conocen. Una vez, una mujer estaba reviviendo en silencio el nacimiento de su primer hijo y cuando su pareja reflejó y copió sus reacciones, enseguida gritó: «¡Oh, cielos! ¡Estoy teniendo un bebé!». Otra mujer fue capaz de sentir a su pareja haciendo surf, montado en una ola, e incluso notó la humedad en la cara.

Invariablemente, más de la mitad de los alumnos fueron capaces de acceder a la experiencia de su pareja. Este ejercicio demuestra que en el nivel del pensamiento, todos estamos conectados.

Un gran poder conlleva una gran responsabilidad

Con sintonía, puedes influir a alguien fácilmente para que piense como tú. Por ello, la integridad tiene una importancia fundamental. Esta es una breve historia que ilustra cómo tomar decisiones con el corazón y la mente en armonía.

Cuando tenía dieciocho años, en la época anterior a internet, acepté un trabajo como vendedora de servicios de agencias de contactos. Conectaba con la gente de manera natural y durante mi primer mes gané más de ocho mil dólares, lo que me pareció una fortuna: era, con diferencia, el cheque más cuantioso que había obtenido hasta entonces. Un día recibí la visita de una mujer mayor. Llevaba muchos años viuda y finalmente se sentía preparada para iniciar una relación. Estaba nerviosa por conocer a gente nueva, pues no había tenido una cita desde hacía varias décadas. A su favor jugaba que su deseo de conocer a un nuevo compañero de vida eclipsaba su nerviosismo. Yo deseaba sinceramente ayudarla a encontrar una pareja, pero enseguida me di cuenta de que no había candidatos para ella en nuestra base de datos. Mientras la clienta esperaba en mi oficina, fui a hablar con mi director y le pedí consejo. «Me da igual a quién tengamos en nuestra base de datos, ¡vuelve ahí y vende nuestros servicios a esa mujer!», espetó. Regresé a mi oficina y le expliqué con amabilidad que no teníamos candidatos para ella en nuestro sistema, y que me parecería poco ético venderle un servicio que no podíamos ofrecerle. Le deseé buena suerte en su búsqueda y la acompañé a la puerta. Después dejé mi trabajo y me marché con el corazón y la mente en armonía y con el honor intacto.

NAMASTÉ ES SINTONÍA NATURAL

Cuando vives en influencia suprema, sincronizas naturalmente tu ritmo con el de los otros y elevas la vibración. No necesitas técnicas especiales para establecer una buena sintonía. Consigues la armonía porque descubres que... somos uno.

La verdadera sintonía es un espíritu que se encuentra con otro. Es ver lo Supremo en todas las interacciones, como un espejo que te devuelve tu imagen. Consiste en reconocer que somos células individuales en un organismo unificado, como una gota de agua en el océano. El saludo en sánscrito «namasté» significa: «Lo divino que hay en mí ve, reconoce y honra lo divino que hay en ti». Con eso en mente, en este momento te digo: «Namasté, querido. Te honro y estoy agradecida porque hayamos iniciado este viaje juntos».

Cuando estás en total sintonía con alguien, vuestras mentes y vuestros cuerpos armonizan. Puedes sintonizar y empezar a armonizar con alguien antes incluso de haber conocido a esa persona. Podéis encontraros en el territorio de la conciencia antes de veros cara a cara o de hablar por teléfono. Es algo similar a recitar una oración. Personalmente, disfruto incorporando mi imaginación y mi poder de visualización en mis oraciones de afirmación. Antes de conocer a alguien, mi espíritu ofrece amablemente una rosa blanca al espíritu de la otra persona, u otro regalo sincero. A continuación me presento y declaro mi propósito de conectar con esa persona y le hago saber que nos veremos o le llamaré por teléfono. Esta presentación y ofrecimiento se hacen a través de la intención energética, con amor y gran veneración. Después de poner en práctica este ritual, descubro sistemáticamente que cuando nos encontramos en persona estamos sincronizados de la manera más natural. Esta práctica produce un suelo fértil para que florezcan conexiones auténticas y abiertas.

Antes de crear sintonía con otra persona, es importante que estés en sintonía contigo mismo. Permíteme que te lo explique.

Sintonía, fluidez interior y motivación

Milton Erickson, el padre de la hipnoterapia moderna, decía que un cliente (en terapia) es un cliente porque no está en sintonía con su subconsciente. Es decir, que los deseos conscientes y las creencias subconscientes están en conflicto. La creación de la sintonía interior empieza por honrar todos los aspectos de tu persona. Si experimentas emociones o pensamientos contradictorios, no pasa nada. Quiérete durante el proceso. En lugar de resistirte al conflicto, muéstrate presente ante lo que es, sin juzgar. Recuerda que incluso Gandhi admitió abiertamente haberse sentido furioso. Siendo auténtico, creas un espacio abierto en el que las respuestas pueden revelarse.

Los humanos somos seres multidimensionales y a veces nuestros deseos entran en conflicto. Podemos querer una cosa y al mismo tiempo desear otra, creando así una contradicción. Si las pilas de alguien —energía vital— están impulsando un vehículo que se dirige a dos direcciones al mismo tiempo, el resultado es la inercia. A veces esto sucede porque la persona se siente confusa o insegura sobre lo que quiere, o porque no cree que merezca o pueda tener lo que realmente desea.

Cuando una persona tiene miedo, su comportamiento choca contra aquello que no desea. Los humanos están motivados instintivamente para alejarse del dolor y acercarse al placer. Este hecho está biológicamente conectado a nuestro sistema nervioso: todos los animales lo tienen. La diferencia entre los humanos y los animales es que los humanos elegimos el significado que asignamos a nuestras experiencias. Gandhi asignó un significado fortalecedor al ayuno, pues consideraba esa práctica como una aliada para llevar a cabo su propósito. Alguien con un enfoque distinto podría relacionar el ayuno con el dolor. Como nuestro instinto de alejarnos del dolor y acercarnos al placer es poderoso, debemos dirigir nuestra brújula interna de manera consciente para vincular un inmenso placer con los comportamientos que se ajusten a nuestro propósito.

¿Qué te motiva? ¿Qué te proporciona una energía tan inmensa que no puedes esperar a pasar a la acción? ¿Qué te resulta natural porque es una extensión de quien eres? Te encanta, y cuando te implicas en ello, te deslizas en la intemporalidad. La acción fluye y no existe la duda: te mantienes en la certeza y en la armonía interior. ¿Qué expresión concreta de la belleza y el valor refleja tu armonía interior? Podría ser una relación que hayas cultivado con alguien, un deporte que te guste practicar, tu manera de tocar el piano o cómo preparas galletas de chocolate.

Cuando estás motivado para avanzar hacia lo que deseas, la acción llega de manera natural. No significa que no vayan a surgir obstáculos, pero serás capaz de hacer frente a lo que se interponga en tu camino. Una vez le pregunté a Tony Robbins: «¿Qué te motiva?». Él respondió: «No necesito motivación. Mi visión es tan extensa que me atrae hacia la dirección que quiero tomar». La vida fluye, y tú estás concentrado cuando tu motivación avanza con fuerza hacia tu visión.

Sin profecía el pueblo se desenfrena.

Proverbios 29:18

Cuando la energía se focaliza en no experimentar algo indeseado, ¡no es posible conseguir lo que se quiere! Como el doctor Wayne Dyer, psicólogo y maestro espiritual, dijo: «Lo que no quieres no tiene límite». Por consiguiente, la clave para conseguir la sintonía interna es dirigir tu atención de manera consciente hacia tu vigorosa visión. En ausencia de una visión, la gente tiende a reaccionar alejándose de aquellas experiencias que percibe como dolorosas. Un ejemplo clásico de esta motivación de alejamiento es el de la novia que pierde peso antes de la boda y que lo recupera poco después de la luna de miel. ¿Por qué? Su motivación no era estar saludable y cuidar el templo que es su cuerpo, sino no verse gorda en las fotografías, vestida de novia.

Otros ejemplos son:

- El emprendedor que funda su propia empresa no porque quiera compartir sus habilidades y talento con el mundo, sino porque no quiere trabajar para otros.

- La mujer que tiene una cita tras otra no porque quiera crear una relación de amor con alguien, sino porque no quiere estar sola.

- El inconformista que viste de manera inusual no porque con ello exprese de manera creativa su propia esencia, sino porque no quiere ser como todo el mundo.

Sin duda, la motivación de alejamiento puede ser poderosa. Puede resultar un trampolín para alejarte de una experiencia indeseada. El dolor puede ser un estímulo poderoso. La gente se ha sentido motivada a crear cosas increíbles en este mundo como resultado de alejarse del sufrimiento del pasado. Sin embargo, resulta más potenciador sentirse inspirado en la dirección de un propósito elevado. La clave es dirigir la atención hacia el lugar al que queremos ir.

¿Cómo sabes si tu motivación va dirigida hacia algo deseado o se aleja de algo indeseado? Cuando prestas atención al lenguaje, la dirección de tu motivación se hace muy evidente. A continuación encontrarás algunas categorías de patrones lingüísticos que ejemplifican una dirección de «alejamiento» en la motivación. Pronuncia cada una de las frases en voz alta y fíjate en cómo te hacen sentir. Sintoniza con tu energía de motivación de alejamiento. ¿Crea armonía interior o disonancia?

*Patrones lingüísticos que revelan una motivación
de alejamiento*

Una necesidad se produce cuando el hablante cree que no tiene opciones y se siente atado a una responsabilidad u obligación en lugar de a la inspiración.
Ejemplos: necesito, debo, tengo que, debería.

- Necesito perder peso.
- Debo llamar a mi socio.
- Tengo que contestar este correo electrónico.
- Debería hablar con mi hermano.

Una negación se produce cuando la atención de la persona se contradice, se rechaza, se niega o se contrapone.
Ejemplos: no, no puedo, no haré, no debería, no quiero.

- No volveré a ser el que era.
- No puedo confiar en nadie.
- No contaré jamás una mentira.
- No debería escucharla.
- No quiero ser una carga para ti.

Por lo general, una comparación implica que alguien está buscando una referencia externa o cierta aprobación. La inspiración procede del interior y no necesita ninguna validación externa.

Ejemplos: mejor, peor, menos, más, más bien, etc.

- Voy a ser mejor que él en este deporte.
- Si este examen me sale peor que el anterior, suspenderé.
- Me quiere menos a mí que a su antigua novia.
- Quiero estar más atractiva que las chicas que salen en las revistas.
- Más bien preferiría estar en otro lugar.

La motivación de alejamiento indica resistencia. Por consiguiente, en estas situaciones es muy probable que no se dé fluidez interior. Cuando eres consciente de la motivación de alejamiento puedes transformarla imaginando lo que deseas y eligiendo un lenguaje de acercamiento.

Fijémonos ahora en el lenguaje que implica una dirección de «acercamiento» en la motivación. Las siguientes categorías de patrones lingüísticos indican que la motivación de la persona está inspirada hacia un objetivo o una visión.

Patrones lingüísticos que revelan una motivación
de acercamiento

El lenguaje de posibilidad descubre que el hablante está «como causa» y tiene la fuerza necesaria para crear oportunidades.

Ejemplos: puedo, haré, elijo.

- Puedo apoyarte totalmente en eso.
- Responderé de inmediato.
- Te elijo a ti.

Las conjugaciones potenciadoras establecen vínculos positivos o conexiones entre los hechos. Ejemplos: distintas conjugaciones del verbo estar.

- Estoy totalmente presente aquí contigo.
- Estamos decididos a conseguir esto hoy.
- Está sucediendo ahora mismo.
- Estoy cobrando cada vez más conciencia.

Cuando vives en influencia suprema, tu lenguaje es neutro y/o se acerca a tu visión en lugar de alejarse de ella. En otras palabras, hablas de aquello que quieres, no de lo que no quieres.

La sintonía máxima se establece entre tú y tú

La sintonía máxima es entre tú y tú. La verdadera sintonía engendra un sentimiento de armonía y bienestar interior. En este espacio tranquilo tienes el inmenso poder de manifestar tu intención. Aquí llevas a cabo la tarea de tu vida, sin resistencia. Tus palabras y tus gestos son amables; tus creaciones son únicas. Te muestras presente y ofreces desde lo más profundo de tu ser. El pensamiento tiene un propósito, las creencias armonizan, la visión es espléndida, los deseos coinciden, las emociones vibran con intensidad y las decisiones tienen una dirección clara. Esto es fluidez interior.

Cuando estamos en sintonía con nosotros mismos, nos resulta más sencillo crear sintonía con los demás y vivimos en armonía con la naturaleza. Este estado de fluidez interior influye en nuestra percepción y nuestras elecciones cuando llegamos a las encrucijadas permanentes de la vida.

LAS ENCRUCIJADAS

De pequeña vivía al lado de un paso a nivel. Siempre sentí una atracción hipnótica hacia su centro. Cuando iba a la escuela con mi ayo, mi abuelo, solía preguntarle: «Ayo, ayo, ¿podemos caminar por el paso a nivel? Quiero estar en el cruce». A veces me dejaba. Y cuando se negaba, yo me escapaba y corría hasta allí de todos modos. En su centro no me sentía como una niña, sino eterna, atemporal, con opciones infinitas (el poder de todas las direcciones) ante mí.

La experiencia me ha enseñado que la vida a menudo anuncia lo que está por llegar. No fue hasta dos décadas después de mis paseos hasta la escuela con mi ayo cuando cobré plena conciencia del profundo significado de las encrucijadas y de mi meta personal de guiar a la gente para que sea capaz de distinguir y decidir su dirección. La encrucijada es un lugar extraño porque se encuentra entre lugares. Es un espacio de potencial donde la elección está al alcance.

> Cuando el corazón y la mente de la gente co-
> nozcan la paz, el mundo conocerá la paz. No
> habrá paz en la tierra sin paz en el corazón y en
> la mente de la gente.
>
> DAISAKU IKEDA

Nuestro mundo está evolucionando. No es el mismo mundo en el que nacimos. Las estructuras y los sistemas que formaron nuestras sociedades están experimentando un cambio enorme. En estos momentos, los líderes de comunidad se están planteando preguntas esenciales: «¿Cómo educamos a nuestros hijos? ¿Cómo cuidamos de nuestra salud? ¿Cómo cultivamos nuestros alimentos y alimentamos a nuestra gente? ¿Cómo producimos energía limpia para abastecernos en el día a día? ¿Qué merece la pena valorar y dónde invertimos nuestros recursos?». Sin duda, se está produciendo un ajuste grandioso en nuestra forma de vida. Para aquellos que se aferran a los viejos tiempos, la transición tal vez sea una «emergencia» caótica o aterradora. Sin embargo, para quienes reconocen el cambio como un elemento vital para nuestra evolución como especie, somos la fuerza que une y que trae orden a la confusión, guiando nuestros pasos hacia la emancipación.

En el pasado, eran muchos los que creían que para tener éxito había que luchar y pelear. Se trataba del concepto darwiniano de la supervivencia del más fuerte. Este concepto se basaba en una competición para hacerse con unos recursos escasos, y en la idea de que no hay suficiente para todos. En el pasado, la mentalidad impulsora era: «¿Cómo saldré adelante? ¿Cómo puedo conseguir algo más, mejor, más grande y más rápidamente? ¿Cómo puedo situarme en la parte alta de la cadena?». Esta manera de pensar frustra la posibilidad de establecer sintonía entre personas y familias, en negocios, comunidades y en nuestras relaciones a nivel global. Estamos saliendo de un mundo basado en competir por recursos que escasean. La vida no es una lucha por conseguir o por sobrevivir. Recuerdo una clase de economía a la que asistí en el instituto. Aún me acuerdo de las palabras que utilizó mi profesor para definir «economía»: «El reparto y la distribución de los recursos escasos existentes». No me sonó bien, así que fui a la biblioteca y la busqué por mí misma. Descubrí una definición similar. «¡Caramba!», fue lo único que se me ocurrió entonces.

Años más tarde, tuve la fortuna de entablar amistad con un economista de renombre mundial, Paul Zane Pilzer, que fue asesor de economía en dos mandatos presidenciales. Un día, durante una ruta en bicicleta por las montañas de Malibú, California, Paul me transmitió algunas de las ideas de su libro *Unlimited Wealth* (*Riqueza ilimitada*). Me dijo: «Vivimos en un mundo de recursos ilimitados gracias a una tecnología que avanza con rapidez». Los recursos como la energía no escasean. Tan solo hace falta imaginación, innovación y una buena puesta en marcha para aprovechar la riqueza de los recursos que nos rodean. Eso, y amor para llevarlo a cabo de un modo ecológico y sostenible. Este enfoque consciente crea un espacio en el que establecer sintonía los unos con los otros, con nuestro amado planeta y con nosotros mismos.

Sé el cambio que deseas ver en el mundo.

MAHATMA GANDHI

18

Tender puentes entre mundos

A finales de la década de los cincuenta, Estados Unidos y la Unión Soviética emprendieron una «carrera espacial» durante la cual ambos países desarrollaron cohetes espaciales y satélites que giraran alrededor del planeta Tierra, exploraron el cosmos y aterrizaron en la Luna. Los dos países habían iniciado una batalla para dominar el mundo, y sus programas espaciales simbolizaban el esfuerzo de cada país por ejercer y reivindicar su superioridad tecnológica, defensiva e ideológica.

Sin embargo, lo más interesante de esa carrera fue la experiencia común de los astronautas que viajaron al espacio. A su regreso, comunicaron su experiencia de observar la Tierra desde el vasto vacío del espacio y darse cuenta de que somos una única familia en este planeta. Desde una perspectiva más elevada o un marco expandido, se hizo evidente que las peleas no tenían ningún sentido. Lo que de verdad importaba era cómo nos tratábamos los unos a los otros y cómo manteníamos nuestra vida en la Tierra.

La carrera espacial, aunque basada en la competición y la dominación ideológica, engendró una sensación de respeto y de paz entre los astronautas pioneros que conquistaron esa frontera. Se olvidaron de las viejas rencillas y tendieron puentes entre sus mundos. Este capítulo te guiará para que utilices el lenguaje de manera consciente con el fin de unificar. Aprenderás técnicas para negociar en caso de conflicto, descubrir la intención verdadera detrás del comportamiento, crear acuerdo y acercar mundos.

Los perros se convirtieron en dioses en Grape Street

Los líderes conscientes tienden puentes entre mundos concentrándose en el objetivo más elevado y conduciendo a la gente hacia una visión compartida. Mi amigo Aqeela Sherrills es uno de esos líderes. Su historia ofrece una lección inspiradora sobre cómo soltar el dolor, comunicarse de manera consciente y acercar mundos.

Aqeela creció en Watts, un barrio de Los Ángeles, California, azotado por la violencia de las bandas. Los Bloods iban de rojo, los Crips de azul, y Grape Street separaba las dos bandas. De pequeño, Aqeela fue testigo directo del horror provocado por esa guerra. Presenció el asesinato de amigos y seres queridos, y vio cómo otros quedaban insensibilizados ante el ciclo interminable de violencia recíproca. El lema era «ojo por ojo, diente por diente». En lugar de perpetuar la agresividad, mi amigo eligió un camino nuevo. Aqeela se dio cuenta de que su comunidad estaba atrapada en un viejo bucle repetitivo y de que, para superar la guerra, tendría que crear una nueva posibilidad e inspirar una nueva visión.

Se le ocurrió reunir a los cabecillas de las bandas y obligarlos a dialogar. Vio más allá de las diferencias y afrontó lo que tenían en común. Me explicó lo que había hablado con ellos:

> Tú eres rojo, nosotros somos azules, y si juntamos esos dos colores obtenemos el púrpura. ¿Cuál es la línea que nos divide? Grape Street. Y el púrpura es el color de la realeza. Nos llamamos «perro» los unos a los otros, pero ¿qué obtenemos si leemos «perro» al revés? «Dios».* Y eso es lo que somos en realidad. Somos dioses. Todos nosotros. Y no tiene ningún sentido que vayamos por el mundo matándonos los unos a los otros. El «ojo por ojo y diente por diente» nos ha dejado ciegos y desdentados. Reclamemos nuestra divinidad, nuestro poder, nuestro propósito, y juntémonos como comunidad para apoyarnos los unos a los otros.

Aqeela cerró un acuerdo de paz en 1992 al establecer una tregua histórica entre los Bloods y los Crips, con la que terminó un ciclo de violencia y represalias que se había prolongado durante décadas. Utilizó el lenguaje para unir a una comunidad. Ahora ofrece su experiencia y apoya negociaciones en favor de la paz por todo el mundo.

Después de la tregua, surgieron hermosas sinergias. Muy pronto empezaron a nacer «bebés de la paz» por la unión de parejas hasta entonces divididas, que tenían prohibido relacionarse.

---

*«Perro» en inglés es «dog». Leída de derecha a izquierda, la palabra resultante es «God», que significa «Dios». (N. de la T.)

Todo comportamiento tiene una intención positiva

Aqeela sabía que para crear armonía debía entender la motivación profunda del líder de cada banda, su máxima aspiración. En otras palabras, lo que querían realmente. ¿Cuál era la verdadera ambición subyacente que alimentaba la contienda? ¿Cuál era su auténtico deseo? ¿Qué necesidades satisfacían a través de la pertenencia a las respectivas bandas? ¿Qué beneficios obtenían de esa rivalidad? La gente no hace nada si no percibe de ello un beneficio.

Aqeela intuyó que sus deseos podían satisfacerse por vías saludables y productivas, y allanó el terreno para el fin de la guerra. Puso todo su entusiasmo en entender. Descubrió que, a un nivel profundo, los miembros de las bandas querían honor, libertad, seguridad y la sensación de formar parte de algo... ¡igual que tantas otras personas! Sin embargo, en algún punto a lo largo del camino a alguien se le cruzaron los cables y ciertos comportamientos, como el asesinato, llegaron a relacionarse con valores como el honor. Aqeela no condenó, sino que se esforzó por conectar con cada ser y comprender la intención positiva subyacente que motivaba su comportamiento. Desde un espacio de comprensión, Aqeela negoció.

¿Y si todos los comportamientos tuvieran una intención positiva?

Podemos transformar cualquier comportamiento indeseado adoptando nuevas y deseables fórmulas para descubrir la intención positiva del comportamiento indeseado. Podemos inspirar e influenciar a otros para que transformen sus patrones de comportamiento debilitantes mediante el descubrimiento y la integración de nuevas prácticas vitalistas que les ofrezcan lo que realmente quieren y les permitan cumplir su verdadera intención.

La historia de la vida de Aqeela tuvo algunos momentos especialmente dolorosos. Su hijo de diecinueve años, Terrell, fue asesinado en una fiesta por un joven que ni siquiera lo conocía. Tan solo lo vio vestido con los colores de una banda rival, lo confundió con otra persona y le disparó. Aunque somos pocos los que vivimos experiencias tan traumáticas, todos nos vemos afectados por lo que le sucede a los otros miembros de la raza humana. Somos una sola persona en una red unificada de existencia.

¿Cómo es posible que un comportamiento tan atroz como el asesinato tenga una intención positiva? ¿Cómo se encuentra la intención positiva en un comportamiento inaceptable? ¿Y por qué habríamos de querer encontrarla? Permíteme que responda en primer lugar a la última pregunta, porque cuando queremos entender, creamos las condiciones necesarias para evolucionar.

Analicemos la reacción de Aqeela al asesinato de su hijo. Aqeela buscó un significado más allá de la muerte de su hijo. Vio más allá del desconsuelo que siente un padre al perder a un hijo. Decidió honrar la memoria de Terrell creando un cambio positivo en su comunidad. Se preguntó: «¿Qué llevaría a ese joven a cometer tal acto? ¿Qué habrá sucedido en su vida que lo ha llevado a ese punto? ¿En qué momento sus padres perdieron la conexión con su hijo, si es que alguna vez la tuvieron? ¿Cómo podemos sanar sus profundas heridas para que su vida cobre sentido y tenga un objetivo? ¿Cómo podemos romper el ciclo del dolor y sufri-

miento que ha provocado esta situación? ¿Cómo puedo
crear algo positivo y fortalecedor a partir de la muerte de mi
hijo? ¿Cómo podemos educar a los jóvenes para que entie-
rren su resentimiento, abandonen las represalias y abracen
el perdón y el respeto por la vida?».

> El ego siempre trata de dividir y separar. El
> espíritu busca unificar y curar.
>
> Curso de milagros

Aqeela supo intuitivamente que condenar a una persona
solo perpetúa el ciclo de insultos, trauma, violencia o distorsión. Cuando la comunicación con otra persona se encuentra anclada en un patrón destructivo, primero conviene separar la persona del comportamiento. En otras palabras, se
acepta a la persona aunque el comportamiento sea inaceptable. El chico es aceptado, el asesinato es inaceptable. Trata
de entender el propósito último que guía el comportamiento de la gente. Antes de comunicar, considera tu objetivo final y ten una visión de conjunto. Pregúntate: «¿Cuál es la opción más elevada?». Mira a través del siguiente marco: «Esta
persona es una criatura del universo; el comportamiento es
el que no funciona». Cuando expandes el marco mental
cultivas la compasión y desvelas nuevas maneras de contribuir a nuestro mundo emergente y de hacerlo evolucionar.

Acepta que todas las personas tienen determinados comportamientos, pero que lo que son está más allá de su comportamiento. En el momento en que se emite un juicio, se pierde
la oportunidad de conectar con libertad y autenticidad.

Cada uno de nosotros es una emanación única de lo supremo. Cuando honras el mapa del mundo de los otros, aunque no estés de acuerdo con él, consigues comunicarte de manera más efectiva. Inspira y espira. La respiración acompasada te ayuda a centrarte. A través del equilibrio creas las condiciones para que surja una nueva posibilidad. Desde ese espacio centrado puedes conducir la conversación e inspirar a otros para que conviertan viejos hábitos en rituales de canto a la vida.

> El amor perfecto expulsa el miedo. Si existe el miedo, entonces no hay amor perfecto.
>
> Curso de milagros

¿Cómo es posible que ciertos comportamientos que parecen irreparables tengan una intención positiva? Tomemos el ejemplo de la venganza. Si alguien crece en un ambiente en el que la venganza se vincula al honor, puede que perciba la vida a través de un marco en el que la venganza se considera aceptable. La mente subconsciente acepta la moralidad que nos fue impuesta de niños; esa es una de sus directrices principales. Para alguien que se haya criado en ese ambiente, en lo profundo de su psique el comportamiento vengativo podría relacionarse con una intención positiva. Para descubrir la intención última, deberíamos preguntar: «¿Qué te aportaría la venganza? ¿Qué motivo hay para la venganza?». Tal vez la venganza conllevara cierto sentido de justicia. Entonces preguntaríamos: «¿Qué te aportaría la justicia? ¿Cuál es el propósito más elevado de la justicia?». La respuesta tal vez sea: «Honor». Entonces: «¿Qué significa para ti el honor, qué te aporta?». El honor puede proporcionar sensación de respeto por uno mismo. ¿En qué sentido es ese respeto beneficioso? El respeto por uno mismo conduce a la libertad. ¿Cuál es el propósito más elevado de la libertad? «Seguridad», podría ser la respuesta. La pregunta, entonces, sería: «¿Qué te aportará la seguridad?». Tal vez la respuesta fuera «libertad» o «paz». Las respuestas de seguridad, libertad y paz pronto se solapan. En este ejemplo hipotético, la intención última de la venganza, es decir, la intención que impulsa el comportamiento, sería, probablemente, conseguir seguridad, libertad y/o paz. Todos podemos entender el deseo de seguridad y libertad, aunque el comportamiento esté muy alejado de nuestra forma de actuar. Como podemos comprender el deseo de seguridad y libertad, a partir de este marco podemos negociar. Somos capaces de reconocer la intención positiva, separar la persona del comportamiento y descubrir maneras potenciadoras de satisfacer los profundos y verdaderos deseos de esa persona.

Aqeela separó el comportamiento de «asesinato» del chico que «asesinó» a su hijo. Se dio cuenta de que el joven había actuado de acuerdo a una visión del mundo distorsionada que había heredado. El ciclo de violencia no terminaría tomando represalias contra él. La manera de trascender ese ciclo era sanar la raíz del trauma, ofrecer posibilidades y desarrollar una nueva visión del mundo a toda una cultura. Aqeela buscó opciones vitalistas para sanar las heridas de su comunidad e inculcarles el respeto por la vida. Ofreció alternativas a las bandas creando un santuario de arte en Watts. Fundó un centro cultural, inició varias intervenciones en favor de la paz con la creación de un movimiento basado en la veneración. Las palabras de Aqeela fueron el catalizador del cambio:

> El respeto es la calidad de la atención que prestamos a alguien o algo. Es nuestra habilidad de ver a la gente más allá de las experiencias que hayan tenido y de dejar espacio para que emerjan sus posibilidades más elevadas. Creo que allí donde están las heridas, está también el tesoro. Al exponer las heridas de nuestras tragedias personales, la culpa y la vergüenza, de manera subconsciente estamos dando permiso a otros para que hagan lo mismo, lo que en algunos casos permite liberar generaciones de ira y agresividad acumuladas.

A menudo, el aspecto que más nos perturba es el que nos ofrece el mayor tesoro para nuestra evolución. Un tesoro que, una vez integrado, transforma el modo en que experimentamos el pasado y abre las puertas a la creación de una nueva realidad. Debajo de cada reto se encuentra un tesoro oculto a la espera de ser desenterrado. Cuando vives en influencia suprema acumulas conocimientos y dejas de aferrarte a las ofensas.

La herida es el lugar por donde te entra la luz.

RUMI

Jerarquía de ideas y ampliación por segmentación hacia arriba

En definitiva, todos los seres humanos deseamos lo mismo. Independientemente de la raza, religión, cultura, país, geografía, género, sexualidad o creencias, compartimos las necesidades, los deseos, los desafíos y las experiencias básicas humanas. Antes de poder acercar mundos, es fundamental que honremos los mapas del mundo de las otras personas y establezcamos los puntos en común. Después pueden empezar a negociarse los puntos más específicos. En la PNL, este modelo de negociación se conoce como «jerarquía de ideas».

Como el cerebro humano no puede procesar toda la información que recibimos en un momento determinado, la agrupamos en fragmentos o categorías. Codificamos, almacenamos y etiquetamos parte del todo de manera jerárquica. Considera, por ejemplo, la categoría «transporte». Hay multitud de medios de transporte. Cada uno podría representar una categoría más reducida y separada: aviones, coches, bicicletas, barcos y canoas. Podemos elegir una de estas categorías y seguir dividiendo. Si elegimos los aviones, podemos centrarnos en aviones bimotor, en aviones de hélice, en aviones de pasajeros o de mercancías. Podemos seleccionar una de estas categorías y reducir aún más la selección: los aviones de pasajeros se pueden dividir en los Airbus 320 o los Boeing 747. Cada una de estas distinciones procede de una categoría más amplia.

Sin darse cuenta, Aqeela Sherrills utilizó la técnica de «segmentación» y de «jerarquía de ideas» para negociar la paz. Se dio cuenta de que los Bloods y los Crips estaban anclados en un mapa del mundo muy reducido: «Tú eres rojo; nosotros somos azules». Aqeela amplió su visión y comprendió que, a fin de cuentas, ambos grupos querían lo mismo: paz y poder para su comunidad, honor, dignidad, libertad y seguridad. Vio el rojo y el azul como colores del espectro, dos colores que cuando se unían daban lugar al púrpura, el color de la realeza. Les descubrió que podían aprovechar su energía y dirigirla para construir una comunidad solidaria respetuosa con la vida.

El modelo de «ampliación» como técnica que sirve para armonizar la discrepancia y conseguir acuerdo estaba basado en estudios de Milton Erickson, el padre de la hipnoterapia moderna. Erickson era un terapeuta brillante que, a los diecisiete años, contrajo poliomielitis y se quedó paralizado. Durante su fase de parálisis solo pudo utilizar los ojos y los oídos para observar el mundo que lo rodeaba. Erickson cobró gran conciencia de los sutiles cambios en el lenguaje corporal y en la comunicación no verbal.

Como terapeuta, Erickson utilizó esa conciencia para desarrollar buenas relaciones de comunicación con sus clientes y crear cambios positivos inmediatos. Se dio cuenta de que los patrones lingüísticos ambiguos le permitían acercar mundos y crear acuerdo. El lenguaje ambiguo, cuando se utiliza con un propósito, minimiza el riesgo de colisión de mapas. Es por ello por lo que los políticos hablan con ambigüedad, ya que provoca un estado similar al trance que favorece el acuerdo. Un político puede sostener: «Estoy trabajando para el pueblo, para restaurar la responsabilidad, el honor y la integridad en el gobierno a fin de crear un cambio positivo». Es una afirmación que en realidad no dice nada, pero es probable que nadie se muestre en desacuerdo. En el territorio de la hipnosis y la PNL, los patrones lingüísticos abstractos que resultan astutamente imprecisos para ajustarse a la experiencia de los clientes se conocen como «modelo Milton». El proceso de ampliación mediante la «segmentación hacia arriba» para conseguir acuerdo es uno de esos patrones lingüísticos.

Puedes segmentar hacia arriba en busca de acuerdo haciendo preguntas para descubrir la máxima intención: «¿Qué te proporciona ese comportamiento en último término? ¿Cómo te beneficiará?». En el ejemplo de la venganza, segmentamos hacia arriba, ampliando hasta las intenciones elevadas de seguridad, libertad y paz. Si amplías lo suficiente en cualquier tema, llegarás a un lugar de unidad y acuerdo. Partiendo de ese espacio unificado, resultará más efectivo negociar las particularidades.

Imagina que todos nosotros, incluidos nuestros dirigentes, negociáramos los detalles de nuestros acuerdos en base a un espacio de respeto mutuo, teniendo en cuenta todos los puntos de vista mediante una superposición suprema. En ese espacio, las energías opuestas armonizan. Eso es influencia suprema en acción. Nos comunicamos desde la comprensión de que «todos somos uno». Los dirigentes pueden utilizar la jerarquía de ideas para negociar la paz entre tribus y naciones. Las personas pueden llegar a un entendimiento en el seno de sus familias y comunidades. Puedes utilizarlo también en tu meditación para unificar aspectos fragmentados de tu «yo». Permíteme que me explique.

Si alguna vez te sientes dividido, como si una parte de ti

quisiera una cosa y otra parte quisiera otra distinta, puedes utilizar la jerarquía de ideas para descubrir y apreciar la intención máxima de cada una de esas polaridades. Tal vez una parte de ti quiera ser madre a jornada completa, mientras que otra parte quiera ser una poderosa mujer de negocios. Estas dos aspiraciones parecen entrar en conflicto. El hecho de reconocer e integrar estas energías crea las condiciones óptimas para que la luz suprema fluya. La parte que quiere ser madre a tiempo completo puede centrarse en el amor, mientras que la parte que quiere ser una poderosa mujer de negocios es probable que busque libertad y éxito. Cuando reconoces y honras la intención máxima de todos los aspectos de tu «yo» multidimensional, la solución se presenta sola; te das cuenta de que, en realidad, puedes tenerlo todo. Puedes manifestar amor, libertad y éxito en multitud de formas saludables y armoniosas. Fundamentalmente, la jerarquía de ideas es un procedimiento para alcanzar armonía interior.

En la vida, proyectas influencia externa cuando tienes fluidez interna, o lo que es lo mismo, experimentas armonía interior. Es entonces cuando tu lenguaje, tus creencias, concentración y fisiología armonizan con tu verdadero propósito.

Descubre mapas y tiende puentes entre mundos

Supón que estás negociando con alguien que está anclado en un punto de vista en particular, y que tu voluntad es acercar vuestros mundos. Céntrate. Discierne la intención de la otra persona más allá de su comportamiento. Descubre qué quiere realmente. Utiliza el modelo Milton y pregunta: «¿Qué te aporta ese comportamiento/esa situación? ¿Cómo beneficia tu vida?». ¡Segmenta hacia arriba! Activa tus sentidos y estate alerta cuando escuches y observes. Cuando hayas descubierto el objetivo final de esa persona (supongamos que es poder) podrás utilizar el metamodelo (del que hablamos en el capítulo 6) para distinguir nuevos modelos específicos y vitalistas con los que la persona experimente poder. Puedes seguir segmentando hacia arriba para descubrir la máxima intención del poder. En otras palabras, cuando alguien tiene poder, ¿qué obtiene de ello? ¿Cuál es el beneficio supremo del poder? Si eres sincero, estableces sintonía y sigues ampliando mediante la segmentación hacia arriba, acercarás mundos.

Así pues, como acabas de ver, en las negociaciones el modelo Milton te permite ampliar segmentando hacia arriba, y el metamodelo reducir segmentando hacia abajo. Cuando llegues a un entendimiento, utiliza el metamodelo para negociar puntos más detallados y determinar las especificidades del acuerdo. El metamodelo pregunta: «¿Qué, concretamente? ¿De qué manera? ¿Cómo sabrás cuándo?». El metamodelo es el proceso que permite obtener y discernir detalles del mapa del mundo de otra persona. Recuerda que el metamodelo requiere una buena relación comunicativa porque, de lo contrario, puede resultar agresivo. Ilumina tu energía y utiliza expresiones lingüísticas atenuativas: «Me pregunto qué es, concretamente... Tengo curiosidad por saber de qué manera...».

Es importante reconocer que cada uno tenemos nuestras propias maneras de conseguir el mismo objetivo primordial.

Cuando honramos nuestra individualidad y valoramos la intención suprema que inspira el comportamiento de los otros (aunque se trate de un comportamiento que no armoniza con el nuestro), conseguimos hacernos una imagen más global del asunto y podemos negociar de manera razonable, desde una posición de respeto. Esto nos permite trabajar en armonía para conseguir objetivos beneficiosos para ambos. Abre nuestros canales creadores y libera nuestra energía para innovar y evolucionar de manera consciente.

SOMOS UNO

Aunque vivimos como individuos, cada uno con sus puntos fuertes, sus deseos y desafíos, en esencia somos uno. ¿Dónde termina el aire que respiro yo y el que respiras tú? La misma fuerza vital que fluye a través de ti fluye a través de mí. La misma inteligencia que hace latir mi corazón hace latir el tuyo. Al final, sea cual sea nuestra raza, nacionalidad, edad, sexo o cualquier otro aspecto que pueda diferenciarnos, en un nivel profundo todos queremos lo mismo: salud, amor, prosperidad, libertad y paz.

En mis cursos invito a los estudiantes a rellenar un cuestionario exhaustivo antes de llegar. Leo todas las respuestas y siempre me quedo fascinada por la frecuencia con que las respuestas se entrelazan y emergen patrones y deseos y retos universales. El tema común es: ¿cómo podemos crearnos vidas prósperas que irradien salud, una conexión auténtica, amor propio, una buena relación con Dios o el universo, libertad, poder personal y una meta?

Cada vez que imparta un curso, habrá alguien en la sala que desee alcanzar un objetivo que otra persona en esa misma sala ya haya conseguido. Los recursos y los modelos de posibilidad nos rodean. Veré a una mujer que quiere crear una empresa de comunicación sentada al lado del director ejecutivo de una empresa de esa clase. La misma mujer buscará también una relación amorosa satisfactoria y resultará que al otro lado tiene sentada a una pareja que lleva treinta años de feliz matrimonio. La pareja ha asistido a mi curso para aprender herramientas que les permitan mejorar de manera espectacular su situación económica. Se han sentado detrás de un hombre que tiene una sólida estrategia financiera y multitud de inversiones rentables. El inversor quiere mejorar su estado de salud y perder peso, y al otro lado del pasillo se ha sentado un experto en entrenamiento personal, que tiene a su lado a una atleta de primera línea. La atleta está buscando su meta en la vida y se ha sentado a un tiro de piedra de una mujer que resulta ser una orientadora intuitiva. Y tal como sucede en la realidad de mi curso (microcosmos), sucede en la realidad del universo (macrocosmos).

> Lo que está abajo es como lo que está arriba,
> y lo que está arriba es como lo que está abajo,
> para realizar el milagro de la unidad.
>
> HERMES TRIMEGISTO,
> *La tabla esmeralda*

Nuestras virtudes, deseos y problemas se reflejan en el caleidoscopio de la gente que nos rodea. Todo lo que creemos necesitar está presente mientras viajamos por el territorio de todas las posibilidades. Lo que otros pueden creer necesitar, nosotros podemos ofrecérselo amablemente. Cada uno de nosotros tiene talentos únicos que puede compartir en el presente. No nos aventuramos solos. Somos una especie tribal, creada para vivir en una comunidad y darnos apoyo los unos a los otros, y podemos ser aliados y aprender de la totalidad de la experiencia. Con una colaboración consciente, salvamos las distancias que separan el lugar donde nos encontramos del que en realidad queremos ocupar.

Los problemas surgen. Se producen malentendidos. Todo eso forma parte de la experiencia humana. Aunque individualmente no pensemos lo mismo y no siempre nos pongamos de acuerdo, podemos experimentar armonía. Podemos ver más allá de la persistente ilusión de la separación y alcanzar el aliento supremo que anima toda forma de existencia.

Al vivir en influencia suprema, aportamos la plenitud de nuestra conciencia y talento a todos los momentos. Cocreamos una belleza espontánea y un valor extraordinario, que nos elevan a todos. El vivir en esta unidad requiere que abramos los ojos y el corazón, que seamos conscientes los unos de los otros y nos consideremos una sola familia que habita nuestra amada Gea, la madre Tierra. Cuando honramos nuestra individualidad y unidad, tendemos puentes entre mundos.

19

De lo estático a lo dinámico

No se puede entrar dos veces en el mismo
río, pues siempre son aguas nuevas las que
corren.

HERÁCLITO DE ÉFESO

Inspiramos y espiramos; las estaciones cambian, la marea va y viene. La vida está en movimiento constante. Las relaciones están en eterna fluctuación. Nada es estático. Cada momento es único y sagrado, un momento que no ha existido antes y que no se volverá a repetir. Sin embargo, a veces el lenguaje puede crear la ilusión de que algo es estático, o de que el pasado puede imponer lo que sucede en el presente o en el futuro. Este capítulo trata de hablar de manera consciente, en el momento presente. Aprenderás a utilizar tu lenguaje para convertir los estados de atascamiento en estados dinámicos de presencia y acción progresiva.

LAS NOMINALIZACIONES Y LA IMPRESIÓN DE ESTAR ATASCADO

En lingüística, se da una nominalización cuando un nombre (persona, lugar o cosa) se utiliza para representar un verbo (una palabra de acción). Una nominalización puede crear la impresión de atascamiento. Si una mujer le dijera a su marido: «Esta relación es un fracaso», sería fácil suponer que la relación no puede ser resucitada ni transformada. La palabra «fracaso» es una nominalización: elimina las opciones y asume una realidad estática. El sencillo cambio de «fracaso» a «está fracasando» —si bien no es una expresión muy potenciadora— crearía nuevas opciones. Si la relación está en el proceso de fracasar es que aún no está muerta: todavía hay esperanza.

¿Cómo sabemos que algo es una nominalización?

Una nominalización es un nombre difícil de etiquetar. Creas nominalizaciones cuando tomas un proceso y lo conviertes en algo en apariencia estático. Como hemos visto, la palabra «fracaso» es una nominalización estática, como también lo son «amor», «crecimiento» y «éxito». Por el contrario, «amando», «creciendo» y «teniendo éxito» son palabras de acción, dinámicas. Las palabras que contienen los sufijos «-sión», «-ción» o «-ismo» son también nominalizaciones.

Imagina que alguien dice: «No hay comunicación». Tal afirmación es una generalización y una nominalización. El proceso dinámico de «comunicarse» se ha convertido en un nombre estático. Cuando alguien hace una afirmación así, es indicativo de que está eliminando y distorsionando la realidad. Analiza la frase. Te darás cuenta de que se ha omitido mucha información. Puedes responder utilizando el meta-modelo para acceder al mapa de la otra persona al tiempo que transformas la nominalización en un verbo. Podrías preguntar: «¿Cómo es eso? ¿Quién no se está comunicando con quién, y sobre qué?», o «¿Cómo sabrás cuándo nos estamos comunicando?». El cambio de la palabra «comunicación» (nombre) a «comunicando» (verbo) convierte una experiencia estática en un proceso activo. Mediante este sencillo cambio de palabra puedes conseguir que la energía vuelva a fluir. Es mucho más fácil mejorar una situación cuando ya está en marcha.

¿Cuál es la nominalización que aparece en la siguiente frase?: «Necesito hacer algunas reflexiones después del rechazo por parte del comité». En realidad, tenemos dos nominalizaciones, las palabras «reflexiones» y «rechazo». Los procesos de «reflexionar» y «rechazar» son dinámicos, pero esta frase los hace parecer fijos. Ahora observa en la diferencia en cuanto a la energía si la persona dijera: «Como en un principio el comité decidió no aceptar mi propuesta, he estado reflexionando sobre cómo podría mejorarla y volveré a presentarla dentro de poco».

Las nominalizaciones pueden ser limitadoras. Por ejemplo, el hecho de calificar a alguien como TDA (trastorno de déficit de atención) es una nominalización. El TDA es un nombre, algo fijo. Una persona a la que se califica de este modo puede aceptar esta etiqueta como su identidad, lo que a su vez puede estimular su SAR para que busque información y experiencias que confirmen tal afirmación. Recuerda que en capítulos anteriores comentamos que el experimento de la doble rendija, el efecto observador y el efecto Pigmalión confirman que el modo en que observamos y percibimos a las personas influye sobre su comportamiento. La gente suele hacer honor a su nombre y a sus títulos. Si alguien actúa de manera impulsiva, distraída y/o de un modo intensamente activo, ese es su comportamiento, es una acción, no una descripción absoluta de la identidad de esa persona. Conviene separar el comportamiento de la persona. Cuando vives en influencia suprema honras a la persona al tiempo que la ayudas a curar o transformar su comportamiento indeseado. «Curar» es una acción. Para crear curación —dejar de estar atascado— es importante convertir nuevamente las nominalizaciones en procesos.

En un universo de energía, en el que la vida está en constante movimiento, la idea de un estado de cosas invariable es una ilusión. Solo existe el presente, y todo lo que aparece como «atascado» o «estático» es en realidad energía focalizada sobre lo mismo una y otra vez. En este instante dispones de posibilidades infinitas. Estas posibilidades no se encuentran en el futuro ni en el pasado. «Ahora» es el único momento que existe.

Todo aquello en lo que piensas, lo experimentas en el ahora. Por ejemplo, ¿recuerdas algún momento en el que te sentiste imparable? Y al pensar en un momento en concreto ahora mismo, ¿tienes alguna imagen de ese instante? Fíjate en lo que ves, oyes y sientes ahora al recordar esa situación, mirando a través de tus ojos y sintiéndote imparable. Al pensar ahora en ese momento, presta atención a lo que sucede en tu cuerpo. ¿Cómo ha cambiado tu respiración? ¿Has adoptado una postura corporal distinta? ¿Notas sensaciones nuevas en el cuerpo? ¿Cuándo está sucediendo? No está sucediendo en el pasado, ¡está sucediendo ahora! Aunque tu mente vague y se disperse, tu cuerpo está siempre y únicamente en el momento presente. Cuando un recuerdo del pasado se reproduce en tu mente, tu cuerpo lo experimenta de nuevo en el instante presente. Tu poder de crear cambios existe en el momento eterno y sin precedentes del ahora.

20

Quietud y silencio

> Cuando pierdes contacto con la quietud interior, pierdes contacto contigo mismo. Cuando pierdes contacto contigo mismo, te pierdes en el mundo. Tu sentido más interno de ti mismo, de quién eres, es inseparable de la quietud. Ese es el «yo soy» que es más profundo que el nombre y la forma.
>
> ECKHART TOLLE

Cuando tenía veintipocos años vivía en Manhattan, en un rascacielos cercano a uno de los túneles y calles más bulliciosos de Nueva York. El ruido me rodeaba veinticuatro horas al día. Oía los pitidos del tráfico, el barullo de la gente, el ruido incesante, el griterío y el alboroto. Curiosamente, durante los primeros tiempos de mi evolución, a menudo me resultaba más fácil sumirme en la quietud en medio de tanta acción. Quizá fuera porque me crié con una familia cubana en la que el silencio era algo poco común. En esa época deseaba una unión sagrada y divina, e intuitivamente sabía que mi camino era la quietud. Cada vez que miraba una estatua de Buda sentado serenamente en la postura de loto, conocedor de los caminos del universo, me daba cuenta de que... todas las respuestas residen en ese espacio de quietud silenciosa. Las respuestas no están «ahí fuera», sino que residen en el interior. Lo que yo deseaba saber era: «¿Qué se despliega en el vacío silencioso y cómo puedo experimentarlo?».

Buda me esclareció que, a través de la quietud, se es capaz de concentrarse y ver con ojos iluminados. Buda reconoció que las prácticas de meditación que son útiles a una persona pueden no serlo a otra. Por consiguiente, enseñó distintas técnicas de meditación a sus alumnos, según el temperamento de cada uno. Entendió que una técnica que condujera a una persona al nirvana podía volver loca a otra. Así pues, enseñó técnicas de meditación distintas, acordes con la naturaleza de cada alumno.

Durante esa época quise meditar como Buda en un silencio sereno, pero me resultaba muy difícil porque tenía la mente ocupada. Toda clase de pensamientos recorrían los mares de mi mente: «¿Lo estoy haciendo bien? ¿He alcanzado ya el vacío? Oh, no, eso ha sido un pensamiento, no estoy en el vacío, estoy aún en mi mente. ¡No! Bueno, concéntrate. Suelta, suelta, suelta. ¡Concéntrate, Niurka! No, espera... no te concentres. ¡Déjate llevar! Eso es, me dejo llevar, me dejo llevar. Respiro... inspiro, espiro. Me libro de los pensamientos. Se los ofrezco a lo divino. Aaah, sí. Eso es. Creo que lo estoy consiguiendo. Siento paz. Oh, no, espera, la he perdido. ¿Qué ha pasado? Hace un momento estaba en el vacío. Creo que era el vacío. ¡Vaya!».

El problema residía en que estaba, literalmente, buscando la quietud. Y la quietud no es algo que se encuentre, ya què está en el interior de cada uno. Es un aspecto inherente, inseparable de tu naturaleza infinita. Hallar la quietud es como localizarte la parte posterior de la cabeza (sin un espejo).

Yo ansiaba descubrir el poder y la presencia de lo divino, que no puede encontrarse dentro del nivel de conciencia que lo busca. Cuando buscamos algo presuponemos su ausencia, lo que se convierte en una profecía que acarrea su propio cumplimiento. Lo que quiero decir es que la búsqueda de la quietud lleva a, bueno, a la búsqueda de la quietud... Y jamás la encontrarás de ese modo.

> Estad quietos, y conoced que yo soy Dios.
>
> Salmos, 46:10

Así que allí estaba yo, corriendo en círculos en busca de la esquiva quietud. Poco tiempo después de marcharme de Nueva York decidí pasar un mes a solas en un centro de retiro para la meditación en la selva de Costa Rica. Cuando llegué tomé un autobús de enlace que me adentró en la selva y me instalé en mi casa en un árbol. Me sentía inspirada y lista para descubrir el poder y la presencia de Dios como una experiencia real y nada efímera, sin distracciones. A la mañana siguiente me levanté fresca después de haber dormido bien esa noche. Me preparé un té y me senté con la intención de trascender mi mente. Me dije: «No desayunaré hasta haber meditado al menos durante una hora». Miré el reloj. Eran las 6.45 de la mañana. Cerré los ojos. Transcurrió un momento y eché un vistazo al reloj, que marcaba las 6.47.

Respiré hondo y volví a cerrar los ojos. Incómoda, los abrí de nuevo a las 6.48. ¡Nooo! Cuanto más tiempo seguía allí sentada, más frustrada me sentía. Cuanto más frustrada me sentía, más decepcionada estaba conmigo misma, y más agitada notaba la mente.

> Todos los problemas de la humanidad proceden de la incapacidad del hombre para permanecer sentado, en silencio, a solas en una habitación.
>
> BLAISE PASCAL

Exasperada, comprometida y esperanzada, fui a ver a la instructora de yoga del centro de retiro, quien me sugirió que asistiera a la clase de meditación dinámica de esa tarde. Me dijo que conseguía maravillas con las ocupadas mentes occidentales.

Asistí a la que fue mi primera clase de meditación en grupo. Había poca gente y la instructora empezó con una breve introducción. «Hoy aprenderéis meditación dinámica —explicó—. Una práctica para trascender las mentes parlanchinas y sumiros en la quietud.» Su descripción me hizo sonreír. «Va a suceder ahora mismo... ¡Voy a caer en el vacío de pensamiento!», me dije. Ella prosiguió: «Dura una hora, consiste en tres etapas y habrá música sonando de fondo». Primero nos pidió que agitáramos el cuerpo vigorosamente durante veinte minutos, con tanta intensidad como pudiéramos, sin reparar en nuestro entorno. Nos dijo que nos soltáramos, agitáramos, enloqueciéramos, estalláramos, que permitiéramos que la energía fluyera con libertad por nuestro cuerpo. «Estad presentes en vuestra propia experiencia —explicó—, porque se trata de vosotros, de nadie más.» A continuación nos animó a bailar libremente y a liberar con desenfreno nuestro espíritu durante otros veinte minutos. Al final nos pidió que nos sentáramos en silencio y centráramos nuestra atención en el espacio entre las cejas, al que se refirió como «el tercer ojo» o «Ajna», el ojo de la intuición.

Participé con entusiasmo. Durante los últimos veinte minutos de meditación silenciosa, me sentí ingrávida, como si estuviera flotando. Estaba quieta, sin pensar. Entonces, el sonido de un gong despertó mi universo en calma. Salí del estado de meditación consciente de que había permanecido en quietud durante veinte infinitos minutos.

Me fui de esa clase inspirada. Era la primera vez que «meditaba» durante tanto tiempo sin abrir los ojos y ¡sin echar un solo vistazo al reloj! ¡Había entrado en el vacío! Caminé hasta la playa, eufórica y agradecida. El sol se estaba poniendo y el cielo lucía encendido, salpicado de tonos rojizos, rosas y dorados. Paseé por la orilla, sintiendo el calor de los rayos de sol que me acariciaban el cuerpo, el viento deslizándose entre mi pelo y la arena húmeda y caliente bajo los pies. Vi a pescadores sosteniendo sus cañas y a un hombre trepando a un cocotero con un machete. Todo se hallaba en calma, y yo era testigo de ella. Me senté en un árbol arrancado de raíz, y tan solo me quedé allí sentada y observé. Muy pronto, el sol terminó de ponerse y me di cuenta de que me sentía serena, de que mi ser se encontraba en calma. No había pensamiento. Permanecí allí, consciente de ello, experimentando la unión sagrada, mística y suprema que tanto había deseado. Estaba ya dentro de mí, me rodeaba por completo.

No había nada que buscar, nada que encontrar. Solo había presencia, la dulce conciencia de la vida misma, la manifestación mística de energía divina bailando en el fuego del amor. La búsqueda había terminado. El maya, o ilusión, se había desvanecido. El reino supremo está aquí. Yo estoy aquí.

ESTAR EN CALMA Y SABER QUE YO SOY

La fuente de tu presencia y tu poder es la quietud. El autoconocimiento, la realización de tu propósito y el cumplimiento de tu destino: las semillas de todo ello están ahora a tu alcance en el espacio sereno y silencioso que hay en el interior del santuario de tu ser. En la quietud experimentas las cualidades de tu alma —*sat, chit, ananda*—, que en sánscrito significan: amor, conciencia y dicha. Toda la realidad manifiesta cobró existencia a partir de ese vacío tranquilo y trascendental. La materia física nace en el seno de la quietud silenciosa. Ese es el lugar desde el que Dios dijo: «¡Hágase la luz!». Es así como accedes a tus poderes creadores, al «yo soy» que habita en tu interior. Es a partir de la quietud que creas con palabras a través de la autoridad del logos.

Cada uno de nosotros es uno con lo Supremo. Podemos llamarlo Dios, Poder Superior, Naturaleza, Gran Espíritu, Ley Universal o como queramos. Todas las grandes religiones apuntan a una esencia que ha recibido muchos nombres por parte de las distintas tradiciones. El doctor Wayne Dyer dice: «La palabra "agua" no puede mojar». Esto significa que no importa qué palabra utilicemos para describir el agua, porque la sustancia energética «agua» sigue siendo la misma independientemente de las etiquetas que le coloquemos. Y así es con lo Supremo. Las distintas culturas honran la Fuente Única de manera diferente, y con nombres y símbolos diferentes. Sin embargo, hay un portal a través del cual todos podemos acceder directamente al ser supremo: la quietud. La quietud es el espacio silencioso que unifica toda la existencia.

A través de la quietud, experimentas la unión sagrada. Sin ella, la línea experimenta interferencias y tu llamada divina se corta debido a la mala calidad de la comunicación. La quietud mantiene las rutas y los canales abiertos y limpios. Mediante la quietud, te vuelves accesible al impulso evolutivo divino que busca expresar un aspecto único de su naturaleza infinita a través de ti, y que es único y exclusivo a ti. Este es tu don extraordinario, tu propósito en esta vida, tu deber sagrado. Tu sabiduría intuitiva crece cuando honras y das la bienvenida a la quietud, al tiempo que le permites convertirse en el núcleo de cada pensamiento, de cada palabra y cada acto.

Mediante la quietud, descubres tu yo como un yo entero y completo. No hay necesidades o deseos insatisfechos en la quietud. Allí, tu mente y tu cuerpo están serenos y relajados, de modo que estás abierto y en disposición de recibir. El hecho de sumirte en la quietud te alimenta; te vuelve más profundo. Tus respuestas residen ahí: en el silencio del santuario que es tu corazón. En ese lugar tranquilo y silencioso no hay límites: te encuentras en la eternidad. Es el territorio fértil de potencial puro en el que todo es posible.

¿Cómo puedes sintonizar con tu quietud interna? Es posible que recuerdes claramente alguna vez en la que te sentiste eterno, en absoluta quietud, más allá del pensamiento, simplemente consciente y sereno. Ese es el vacío, el espacio sereno y silencioso anterior al inicio de los tiempos, del que surgió todo lo existente. La quietud es la fuente del propio cosmos. La misma quietud que reside en el cosmos reside en tu interior. Es el espacio infinito del que obtienes la sabiduría divina, que engendra el entendimiento. En el interior de la quietud se encuentra el mar de todas las posibilidades. En ese vacío no hay nada; ni pensamientos, ni palabras, ni materia, tan solo la dicha eterna del ser. La quietud es la nada primigenia de la que emergen el lenguaje, la creación y las respuestas. No es realmente «nada». Es la plenitud del potencial infinito. Es «ninguna cosa».

El silencio te ayuda a acceder a la quietud, pero no necesitas silencio para llegar a ella. El silencio es la ausencia de sonido, mientras que la quietud es un estado. El silencio y la quietud están entrelazados, pero sin duda se puede experimentar quietud aun cuando no hay silencio. Puedes sintonizar el silencio que es el telón de fondo del que emerge todo el ruido.

PRÁCTICAS DE MEDITACIÓN PARA ACCEDER A LA QUIETUD

Meditar en la selva me hizo despertar a nuevas dimensiones de entendimiento. La selva estaba llena de los abundantes sonidos de la naturaleza: el gorjeo de los pájaros, los monos que chillaban «oo-oo-oo-aa-aa-oo», el canto de los grillos, el croar de las ranas, los chillidos de los loros y multitud de sonidos que arrancaban las notas de la canción sagrada de la naturaleza. En medio de esa infinitud de sonidos experimenté la quietud más profunda. Era consciente del espacio silencioso, el telón de fondo en el que la creación canta su melodía en adoración de lo divino.

La meditación ofrece la oportunidad primordial de limpiar y serenar tu mente, de acercar tu conciencia al presente permitiéndote así acercarte de manera consciente a tu visión. La meditación crea un suelo fértil en la mente para que florezcan las semillas positivas de la acción. Cada uno de nosotros tiene la capacidad innata de alcanzar estados de conciencia iluminados durante nuestra vida. Todo lo que ves reflejado durante la meditación crece en ti de manera individual e influye en nuestra conciencia colectiva. La meditación es el acto de pulir el espejo que refleja tu vida. Abre el corazón, serena la mente y crea el espacio para escuchar con atención profunda las indicaciones de tu brújula interior divina.

Hay muchas maneras de acceder a la iluminación. Como Buda comprendió, los distintos métodos se ajustan a personalidades distintas. ¡Esta es una noticia excelente, ya que significa que tenemos libertad para seleccionar las técnicas que estén en mayor consonancia con nosotros! Las prácticas tradicionales orientales tienden a preferir la contemplación serena y la meditación silenciosa. En Occidente, la cultura y el entorno dominantes han sido más activos. Para muchos occidentales, resulta más sencillo acceder a la quietud a través de la acción. Es el Zen, que fluye a través de la música virtuosa, el arte, el cine, la danza, la literatura y los deportes.

Para algunos resulta más fácil concentrarse cuando están rodeados de actividad. La técnica que utilices para introducirte en el espacio infinito más allá del pensamiento no es lo importante. Cada persona accede a la misma quietud de manera distinta. Ya seas de los que se sientan a meditar en silencio o de los que se implican en acciones significativas sin apego, lo importante es que descubras un método que te resulte útil y lo practiques con constancia.

Los atletas suelen referirse a este espacio de gracia como «estar en la zona». Cuando un atleta está en la zona, pierde la identificación con el ego, el sentido de «yo» como separado de los otros. En esos momentos de vigor, el atleta trasciende el espacio y el tiempo. Se encuentra en eternidad y los poderes creadores fluyen sin obstrucción. Las hazañas sobrenaturales se consiguen en esa dimensión. Por eso nuestra cultura invierte tanto dinero y tanto tiempo en el deporte... a través de la presencia bajo presión que experimentan los atletas, accedemos a lo eterno. Cuando vemos a otros alcanzar un cenit —donde todo se convierte en una danza fluida, plenamente expresada, viva y poderosa—, la posibilidad infinita se enciende en nuestro interior.

> La quietud en la quietud no es quietud auténtica, solo cuando hay quietud en movimiento se manifiesta el ritmo universal.
>
> BRUCE LEE

¿En qué aspecto de tu vida te sientes así? ¿Dónde llegas a tocar lo intemporal y lo eterno? ¿Mientras practicas algún deporte? ¿Cuando estás en contacto con la naturaleza? ¿Al hacer el amor? ¿En el trabajo al que has dedicado tu vida? ¿Con tu familia? ¿Cuando creas arte? Sintoniza y cobra conciencia de en qué momento experimentas quietud. Como la quietud es omnipresente, puedes acceder a ella en cualquier momento, a través de canales ilimitados. La respiración consciente, la meditación, el ejercicio físico, haciendo el amor, tocando un instrumento musical, escribiendo poesía, visualizando, entrando en comunión con la naturaleza, arreglando flores o sumiéndote profundamente en cualquier actividad que te aporte alegría o exprese tu creatividad: todas estas son formas en las que puedes experimentar quietud, el espacio sagrado en el que nacen las obras maestras.

¿Por qué algunas personas viajan a tierras o lugares sagrados? ¿Por qué algunas buscan maestros espirituales o maestros iluminados? Estos lugares y personas pueden acelerar el despertar de las conciencias. Los místicos saben bien que el hecho de estar frente a un maestro iluminado puede hacer que un alumno acceda a territorios expandidos de entendimiento, siempre que ese alumno esté receptivo y preparado. El hecho de estar en presencia de un ser despierto, o en un territorio sagrado cargado con la frecuencia de siglos de ferviente meditación, crea las condiciones para que te sumas plenamente en la quietud.

Si tienes dificultades para entrar en el vacío, el espacio entre pensamientos, ve a la naturaleza y, simplemente, presta atención al silencio. Siéntelo. No hace falta que hagas nada, tan solo sé consciente. Mediante tu conciencia despierta, accederás a la quietud interior. Observa una flor, escucha el correr de un arroyo, escala una montaña, siéntate al lado de un árbol, en la arena, junto al océano. Estas expresiones de la naturaleza inspiran sobrecogimiento y asombro, y tienen el poder de enseñarte quietud.

¿Qué es el silencio?

La única voz de Dios es el silencio.

HERMAN MELVILLE

El silencio otorga a las palabras su peso. Sin un espacio silencioso, la comunicación no es más que ruido. ¿Qué sucedería si pulsaras todas las teclas de un piano al mismo tiempo? No podrías distinguir las notas individuales. No habría ritmo, ni armonía, ni la acentuación de un sonido bello aislado. Sería... caos. Es el espacio entre las notas el que hace la música. Cualquiera puede tocar notas. El secreto de la maestría está en intercalar esas notas en el espacio. Los virtuosos no se limitan a tocar música. Tocan el silencio, sienten las cadencias y oyen la plenitud en el vacío.

Cuando honras el espacio de silencio entre pensamientos, entre palabras, entras en la infinitud. Desde allí, creas al hablar y lo haces con un propósito, con desenvoltura, precisión y poder, y el universo responde con amor a tu petición congruente. El hecho de saber cuándo utilizar la energía y cuándo contenerla es tan valioso como saber con precisión qué es lo más importante que hay que decir. Los maestros de la influencia suprema tienen la conciencia y el discernimiento para distinguir cuál es el mejor momento para hablar y cuándo conviene guardar silencio, observar y escuchar.

Cuando vives en influencia suprema resides en la quietud y hablas partiendo de ese estado sereno y centrado, haya o no silencio.

> En el silencio hay elocuencia. Deja de tejer y verás cómo mejora el diseño.
>
> RUMI

LAS DOS CARAS DE UNA MISMA MONEDA: EL SILENCIO Y EL HABLA CON PROPÓSITO

> Me arrepiento muchas veces de haber hablado, nunca de haber callado.
>
> PUBLILIO SIRO

El habla reflexiva y el silencio intencionado son dos caras de una moneda. Crean tensión y relajación, lo que inspira la acción. Son complementos perfectos en equilibrio cósmico, como el yin y el yang. Cuando se ponen en práctica juntos en armonía, incrementan de manera exponencial tu capacidad de crear con sentido. Si hablas demasiado, pierdes poder. Hablar en exceso no es auténtico, es indisciplinado. Si hablas muy poco, no honras tu verdad. La influencia suprema equilibra la comunicación consciente con las pausas intencionadas. El equilibrio es la clave para acceder a la totalidad de tus poderes creadores.

Somos dueños de lo que callamos y esclavos
de lo que decimos.

WINSTON CHURCHILL

Si inviertes un momento en detenerte a pensar antes de
hablar, enviar un correo electrónico o un mensaje de texto,
sintonizarás con tu sistema de guía intuitiva. Te evitará me-
teduras de pata y malas creaciones (lo que se produce cuando no creas con un propósito). Esta es la razón por la que los
maestros iluminados enseñan que la acción superior es, con
frecuencia, la inacción, o evitar tomar acciones equivocadas.
No solo lo que dices o haces tiene una repercusión positiva,
a veces la tiene lo que no dices y no haces.

En el taoísmo existe un concepto llamado «wu-wei» que
enseña la acción a través de la inacción como expresión de
una ley natural. El wu-wei descubre que todo en el universo
tiene un ritmo natural, un orden divino. Cuando armonizas
con ese ritmo, «haces» sin «hacer». Tus acciones se convierten en expresiones naturales de tu espíritu, guiado por tu
conocimiento interior. Los planetas giran alrededor del sol y
las bellotas se convierten en robles, sin tener que «intentar-
lo». El wu-wei describe una forma de cooperación intuitiva
con el orden natural del universo, que se despliega en armonía perfecta cuando se le permite manifestarse de manera
orgánica sin la interferencia del habla y el pensamiento humanos e ignorantes.

La quietud no es algo que tengas que salir a buscar. No
es algo que se haga. Experimentas quietud cuando dejas de
obligarte a «hacer» y te permites «ser». Allí, el concepto
«intentar» no existe. No tienes que pensar en parpadear o en

respirar. No tienes que hacer ningún esfuerzo para que te crezca el pelo de la cabeza ni para que la sangre circule por tus venas, ni para digerir la comida que tomas. Estos ritmos naturales suceden sin necesidad de pensar ni hacer nada de manera consciente. No tienes que preguntarte de dónde procederá tu siguiente respiración, ni adivinar si el sol saldrá mañana. Puedes estar seguro de que esos procesos latirán a su propio ritmo regular y estable. El momento en que te rindes y confías en que la presencia suprema te rodea en estado de quietud, ese es el momento en que la alcanzas. La quietud es lo que siempre ha existido, en todas partes, más allá del ruido y la cháchara.

Aunque el silencio puede ayudarte a veces a concentrarte, no es necesario huir a la naturaleza o encerrarte en una sala de meditación para encontrar un espacio silencioso. Es tan sencillo como centrar tu cuerpo, dirigir tu concentración, escuchar el sonido de tu respiración o cobrar conciencia del ritmo de tu corazón.

Sé consciente. Propicia las pausas. Invierte un momento para la quietud antes de cualquier acción. Si vas a enviar un mensaje electrónico o de móvil, respira hondo un par de veces antes de hacerlo. Lo que se dice no puede desdecirse. Conviene desconectar durante un momento del bullicio y contemplar la manera más efectiva de comunicarnos y tender puentes entre mundos. Puedes preguntarte: «¿Este mensaje transmite claramente lo que de verdad quiero expresar?».

Es posible que no siempre tengas un control consciente sobre lo que tus ojos ven o lo que tus oídos oyen, pero sí tienes la capacidad de elegir lo que sale y lo que entra por tu boca. Tu boca es una puerta, y es sensato ser exigente con lo que cruza ese umbral. Cuando hables, sé prudente y asegúrate de que tus palabras comunican tu verdadera intención. Cuando comas o bebas, o cuando ingieras o aspires, sé consciente de que lo que consumes alimenta tu cuerpo, tu mente y tu espíritu. Puedes hacerte preguntas como: «¿Es esta la opción más saludable? ¿Cómo puedo sintonizar con mi sabiduría intuitiva ahora mismo? ¿Cómo puedo comunicarme con sabiduría y amabilidad? ¿Cómo puedo expresar mi verdad al tiempo que honro la verdad de los otros?». Al final, si dices solo la verdad, todo lo que digas será verdad.

> Cuando las palabras son raras, raramente se gastan en vano.
>
> WILLIAM SHAKESPEARE

CALMAR LA MENTE Y DISTINGUIR TU AUTÉNTICA VOZ

Una vez, de viaje, experimenté un problema de comunicación titánico con un amigo. El viaje fue un poco agitado y tuve que marcharme al aeropuerto sin haber resuelto el asunto. Todo se produjo muy deprisa y hasta que despegó el avión no tuve ocasión de pensar. Ocupé mi asiento y, mientras reflexionaba sobre lo que había sucedido, fui enfadándome cada vez más, hasta enfurecer. Empecé a respirar hondo para calmarme y centrar mi ser. Pero tenía la mente agitada y acelerada. Decidí escribir una carta a mi amigo. Saqué el ordenador portátil y dejé que el torbellino de pensamientos quedara plasmado en la pantalla. Tenía los dedos nerviosos y mis pensamientos de enfado brotaban como lava escupida de un volcán en erupción. De repente, la mujer sentada a mi lado se volvió y preguntó con dulzura: «¿Es escritora?».

«En realidad estoy escribiendo una carta a un amigo», respondí.

«Yo también escribo mucho», dijo. Me contó que estaba a punto de terminar su doctorado. Su tesis trataba de las enseñanzas de Lao Tse, un sabio taoísta, basadas en la sabiduría extraída de libros ilustrados coreanos. Reí para mis adentros y pensé: «Cómo no, nada sucede por casualidad». Yo había estudiado el Tao Te Ching y las enseñanzas de Lao Tse durante años y sabía que en ese momento no estaba vibrando en armonía con mi yo más elevado.

Miré a la mujer y supe intuitivamente que era el recipiente a través del cual el Espíritu me enviaba un mensaje. La escuché mientras me describía sus estudios. Después le pregunté: «Si tuviera que resumir toda su tesis en una sola frase, ¿cuál sería?».

Me dirigió una mirada amable y respondió: «No molesten».

«¿No molesten? ¿Qué quiere decir?», pregunté mientras la miraba.

«Sí. Si quiere paz en su vida, no moleste. No haga cosas que causarán trastornos a otros, porque si lo hace, alimentará la infelicidad en su interior.»

Su mensaje cayó en mi universo como una bomba divina. Fue conmovedor y oportuno, y en ese momento supe que si hubiera pulsado «enviar», mi correo electrónico habría causado un gran trastorno, a mi amigo y a mí misma. Mi compañera de viaje me explicó que el sufrimiento es consecuencia de elegir mal, y una mala elección es aquella que ocasiona un trastorno a alguien. Toda causa tiene un efecto, añadió, y me dijo que cuando hacemos daño a alguien, ese daño siempre vuelve a nosotros porque todos estamos conectados y todo es energía.

«Por eso conviene estar en calma y considerar los efectos de nuestras acciones antes de hablar, o de enviar correos electrónicos o mensajes de móvil», concluyó.

«Gracias», respondí; borré la carta y apagué el portátil.

Presta atención a las pausas entre una respiración y otra, en el espacio entre los latidos del corazón. La quietud está presente en ese vacío. Es el telón de fondo infinito en el que ocurre la creación. Observa esta página. Las palabras de esta página aparecen sobre un fondo limpio y blanco. Un cuadro se pinta sobre un lienzo nuevo e intacto. Ese lienzo en blanco es quietud. Es la base sobre la que creamos las obras maestras de nuestras vidas. Si la página está sucia o borrosa, no podremos crear adecuadamente ni con fuerza. Y así sucede también en la vida.

Si tienes la mente agitada o inquieta, pierdes el contacto con los poderes creadores. Si arrojas una piedra a aguas turbulentas, ¿qué sucede? No mucho. Incluso si lanzas una enorme roca, la influencia será mínima. Si, por el contrario, lanzas una piedra a un charco de agua tranquila y serena, las ondas se extenderán sin cesar. Sucede lo mismo con tu mente. Tu mente es como un mar infinitamente expansivo.

Si tu mente está agitada, tu percepción se volverá distorsionada y tu habilidad para comunicarte de manera efectiva disminuirá. Tomar decisiones con la mente agitada genera destrucción. Si experimentas perturbación, hónrala y obsérvala. Proyecta tu conciencia en tercera posición y conviértete en el «observador», tal como comentamos en el capítulo 16. Respira a través de la perturbación, seguro de que pasará, y mientras lo hagas presta atención a las pausas entre respiraciones. Cuando tu mente está serena y en calma, tu intención concentrada se realiza con menos interferencias y se manifiesta.

Tu sabiduría intuitiva fluye de manera continua, igual que el sol brilla siempre. A veces se pueden interponer algunas nubes y crear una persistente ilusión de penumbra. Sin embargo, tras los velos reina la luz. Una mente perturbada engendra nubosidad, crea interferencia y bloquea el radiante chorro de luz y de energía divina. Sin embargo, la sabiduría suprema fluye continuamente. Es solo que no resulta perceptible porque los canales aún no se han abierto. La quietud abre las puertas al conocimiento supremo. Cuando tu mente está en calma, dispones de un lienzo blanco infinito sobre el que plasmar la magnificencia de tus talentos únicos para que todos los disfruten. Una mente serena tiene un poder enorme para materializar tu intención evolutiva.

Mediante la quietud entras en íntima conexión y comunicación con la fuente. Al honrar la quietud encuentras tu voz verdadera. Te conviertes en un recipiente por el que se desplazan los poderes creadores. Una vez pregunté a mi querido amigo Michael Beckwith: «¿Cómo meditas?». Y él respondió: «Me quedo quieto y me pongo a disposición del Espíritu».

Cuando vives la quietud puedes convertirte en un canal de luz y amor supremos. Ese es el espacio en que recibes sabiduría intuitiva y permites que la comprensión se transforme naturalmente en acción a través de ti. La gente accede a su intuición de manera diferente. Puede llegarte como un sentimiento, una sensación sutil, una certeza, un susurro suave, un sueño, una imagen en el ojo de tu mente, una sensación sobrenatural o de algún otro modo. El Espíritu disfruta manifestándose en una miríada de formas que a menudo parecen significativas «casualidades».

La quietud te abre a los tesoros del universo y favorece la conversación por encima de las disertaciones en solitario. Se trata de un diálogo, incluso de una relación amorosa con el mundo que te rodea. Todos los grandes héroes mantienen conversaciones con lo sobrenatural. Aryuna fue guiado por Krishna, Luke Skywalker confió en la Fuerza, Juana de Arco oyó la voz de Dios hablándole al oído, y también tú tienes acceso a la inteligencia universal a través de la quietud. Intima y habla con lo Supremo. Presta atención a su guía. Si algo captura tu atención, considera que lo Supremo te está hablando directamente a ti.

Viviendo en quietud conectas con tu fuente de creatividad y permites que tu voz suene más clara y fuerte. Esta voz habla con amor. Al confiar en esa voz interior sobre todas las cosas, abandonas los viejos patrones repetitivos y en su lugar obtienes ideas nuevas y observaciones originales. La inspiración llega a través de la quietud. Cuando hablas partiendo de un lugar en calma, centrado, sereno y concentrado, produces resultados superiores.

La quietud es un estilo de vida. Es una postura interna. En la quietud, experimentas certidumbre incluso en medio de la incertidumbre. Independientemente de lo que suceda, te mantienes centrado y no identificado. Descubrirás que cuanto más cultives tu quietud interior, más atractivo resultarás. Los otros se sentirán atraídos hacia ti. Tus ojos cautivarán al brillar con la sabiduría de los siglos. A través de la quietud accederás a la genialidad y experimentarás epifanías. La quietud te permite cultivar confianza en tu voz interior y valor en tus elecciones. Las perspectivas sobre tu evolución se esconden en la quietud, como tesoros a la espera de ser descubiertos. La quietud está allí donde nace la sabiduría para conocerte a ti mismo, amar tu vida y alcanzar tu meta.

Relájate y honra la gestación

En el plano terrenal, surcamos las esferas del espacio y el tiempo. Nuestra visión no siempre se manifiesta de inmediato. A veces, cuando aventuramos nuestra intención, hace falta algo de tiempo, y tal vez también algo de distancia, para que la esencia de nuestra aspiración se materialice. En ocasiones tienen que pasar horas, días, semanas, incluso meses, antes de que tus creaciones tomen finalmente forma. Un útero receptivo tarda un tiempo en nutrir a un bebé hasta su madurez, antes de que podamos darle la bienvenida al mundo. Lo mismo sucede con tus creaciones. Una vez has plantado las semillas de tu intención, llega el momento de dejar que la naturaleza siga su curso.

Si plantas semillas en tu jardín, tienes que darles tiempo y espacio para crecer. Si las desentierras al día siguiente para comprobar cómo evolucionan, no madurarán. Según sea la naturaleza de tus creaciones, también ellas necesitarán desarrollarse y madurar antes de manifestarse. Disfruta del espacio que existe entre el momento en que pronuncias tu intención y el momento en que tu sueño se convierte en realidad. Mantente en calma y confía en silencio en que todo se está desplegando según el orden divino.

MUÉSTRATE ABIERTO A RECIBIR

La vida llena un recipiente receptivo. Considera la naturaleza. El agua fluye hasta el océano y llena cavernas y cavidades; los cangrejos de arena habitan conchas de moluscos; los bebés crecen en el útero de sus madres. La vida requiere un organismo receptor acogedor. Un contenedor lleno, atestado o caótico no puede albergar vida. En todo espacio cabe una cantidad determinada, y un espacio abierto y receptivo es lo que da valor a un contenedor. Un jarrón resulta útil porque tiene espacio para contener flores y agua. Sin espacio, no podría cumplir su propósito.

> Unimos treinta radios y lo llamamos rueda, pero es en el espacio vacío donde reside la utilidad de la rueda. Moldeamos arcilla para hacer un jarro, pero es en el espacio vacío donde reside la utilidad del jarro. Abrimos puertas y ventanas cuando construimos una casa y son estos espacios vacíos los que dan utilidad a la casa. Por lo tanto, igual que nos aprovechamos de lo que es, deberíamos reconocer la utilidad de lo que no es.
>
> LAO TSE

El universo emite luz y vida. Continuamente, se ofrece a fecundarte con la semilla de tu máximo potencial. Solo hay dos prerrequisitos: que tengas un útero abierto y receptivo, y el equivalente vibracional en el interior de tu ser. Los deseos de tu corazón te rodean, siempre que te mantengas consciente y abierto. Si pones las manos debajo de un grifo, atraparás el agua si las tienes relajadas y las juntas en forma de cuenco. Si las aprietas en dos puños, no lograrán contener el flujo. Lo mismo sucede con la vida. Te llenarás en la medida en que te muestres abierto y receptivo.

La quietud cura

La quietud cura. El simple hecho de dar espacio a alguien puede ser un regalo milagroso. En lugar de dar consejos, enseñanzas o de intentar solucionar algo, limítate a escuchar, a estar presente y a permitir. Mira y recibe a las personas con los brazos abiertos, los ojos llenos de amor y los oídos atentos. Conecta con tus seres queridos a través del alma. Míralos a los ojos y observa las personalidades pasadas. Descubre la esencia que anima su ser. Reconoce ese encuentro como sagrado: un espíritu que se encuentra con otro, a través de ti.

Lo Supremo es espíritu. Por consiguiente, solo puede manifestarse a través de la naturaleza y los humanos. Lo Supremo requiere un contenedor receptivo para manifestarse en el reino de la Tierra. Si bien son inherentes a todos nosotros, los poderes creadores permanecen latentes hasta que la persona está despierta y receptiva, y en calma.

Imagina a todo el mundo

¿Alguna vez has compartido un momento de silencio con una multitud de gente? El hecho de entrar en comunión silenciosamente es una experiencia sagrada. Es un acto de veneración y otorga un sentido de honor y gravedad a la ocasión.

Nuestro mundo se mueve con rapidez gracias a los avances tecnológicos y al torrente de información que nos proporciona internet. Podríamos vernos superados fácilmente por la actividad frenética de un mundo cambiante. Por lo tanto, es esencial que cultivemos la quietud interior. Imagina un mundo en el que cada uno de nosotros honrara la quietud y valorara la cualidad de su vibración. Imagina cuánta paz y claridad podríamos crear en nuestro mundo si cada uno de nosotros eligiera ser consciente antes de hablar y tuviera conocimiento de los hechos antes de actuar.

Destaquemos este momento de nuestra historia con un momento de quietud: un punto, una pausa larga, un descanso y un aplazamiento en nuestras vidas atareadas o en la tendencia a arreglar o deshacer lo que ya se ha hecho. Respiremos hondo de manera colectiva, liberémonos de nuestros pensamientos e introduzcámonos en el vacío. Apreciemos que el «ninguna cosa» existe antes del «alguna cosa». Al sumirnos en la quietud nos convertimos en la fuente de la sabiduría y el poder para crear conscientemente lo que está por llegar.

21

Navegar por el infinito mar del amor

¡Cuántas veces habéis navegado en mis sueños! Y ahora venís en mi vigilia, que es mi sueño más profundo. Estoy listo para partir y mis ansias, con las velas desplegadas, esperan el viento.

JALIL GIBRAN

Hace dos milenios, en Belén nació un niño. Anduvo entre nosotros y se convirtió en Rey. Sin embargo, era más que un hombre o un Rey: él sabía que era Dios. Nos ofreció las claves para crear el paraíso en la tierra, pero muchos aún no estaban preparados para ello. Gran parte de la profunda sabiduría de sus enseñanzas se perdió con la traducción.

Dos milenios antes de eso, nació un príncipe. Anduvo entre nosotros y se convirtió en iluminado. También él descubrió que podía ser más que un hombre y reconoció su naturaleza divina. Se hizo las preguntas más esenciales de la vida: «¿Quién soy? ¿Cuál es mi propósito? ¿Por qué estoy aquí?». Compartió su sabiduría profunda y las respuestas a esos acertijos, pero muchos aún no estaban preparados. Gran parte de la profunda sabiduría de sus enseñanzas fue malentendida.

En este milenio nació un genio. Anduvo entre nosotros y se mostró apasionadamente curioso. Se inspiró al descubrir que una brújula siempre señala el norte magnético. De manera intuitiva supo que una fuerza invisible, que se interpretaba como espacio vacío, guiaba la aguja, y se embarcó en ese descubrimiento. Formuló preguntas trascendentales, desveló secretos sobre el espacio y el tiempo y fue honrado con el título de la persona más influyente del siglo. Gran parte de su sabiduría se utilizó mal y no se comprendió. Las respuestas siempre han estado aquí.

Ahora estamos preparados.

Durante siglos, maestros iluminados como Jesucristo y Buda, y genios como Einstein, nos han descubierto que somos seres divinos dotados de libertad para elegir y poder para crear. Vivimos en un universo de posibilidades infinitas acorde con la vibración de nuestro pensamiento. Emanamos nuestra realidad y le damos existencia a través de nuestra vibración.

Ahora somos cada vez más conscientes de ello. Somos cada vez más conscientes de cómo influir de manera positiva en nuestro mundo mediante las palabras, acciones y la intención energética. Los maestros iluminados han profetizado la llegada de esta época desde los inicios de la historia de la humanidad. En sus grandes historias, san Atanasio, el vigésimo obispo de Alejandría, escribió: «Dios se hizo hombre para que el hombre se hiciera Dios». Esta es la ocasión para que cada uno de nosotros sea:

Un recipiente puro, consciente y dispuesto para que el impulso evolutivo divino fluya sin obstrucción.

Todos somos emanaciones únicas de la Fuente Suprema de todo lo existente. Al conseguir la unión con la esencia de la divinidad en nuestro interior, nos unimos también los unos a los otros. Creamos una comunidad global que alimente, apoye y propicie nuestro próximo estadio en la evolución. Juntos creamos de manera consciente el mundo tal y como queremos que sea.

En esta nueva realidad, tú eres el elegido. Tú eres quien responderá las preguntas fundamentales de la vida: «¿Quién soy? ¿Por qué estoy aquí? ¿Cuál es mi propósito? ¿Cómo alcanzaré mi destino?». Cuando estés listo para recibir las respuestas, llegarán. Tu evolución eleva la conciencia del planeta. Levántate y apodérate de tu herencia. Cree firmemente en tus poderes creadores.

VE A TRAVÉS DE OJOS DIVINOS

Hace falta visión de futuro y valentía para ver en lo que es lo que podría llegar a ser. Si miras una brazada de leña, con tus ojos físicos no ves su potencial de convertirse en fuego. Tienes que trascender lo obvio y mirar partiendo de una base más profunda. Una vez, un sabio chamán me dijo: «No ves el aceite en el coco, pero está ahí». En otras palabras, el descubrimiento del territorio mágico requiere visión además de un proceso; la obtención de fuego a partir de la madera requiere visión y una acción decidida. Es fundamental unificar ciencia y espiritualidad. Nunca verás a Dios con los ojos físicos, pero Dios está en todas partes, igual que el fuego en la madera. Al vivir en influencia suprema ves a través de ojos divinos y desarrollas la práctica constante de crear valor y belleza de acuerdo con tus talentos únicos. Este es el viaje en el que estamos juntos.

> ¡Dios viene a nosotros bajo la apariencia de pan! Lo vemos, lo tocamos, lo probamos, lo comemos, y su eternidad palpita en nuestra carne mortal.
>
> ELIPHAS LÉVI

La magia de la narración de historias

La narración de historias es un arte antiguo que tiene el poder de sanar. Los sabios y los ancianos comparten historias con sus tribus para perpetuar tradiciones y despertar el entendimiento. Me encanta la narración de historias, porque implica compartir y escuchar.

Una vez, mientras realizaba un viaje de aventura sagrada, me hice amiga de un gurú. En Oriente, la palabra «gurú» es un término afectuoso para designar a un maestro. Mi amigo gurú es un hombre hermoso, sencillo y sincero que vive con su familia en el campo, en Bali. Conectamos profundamente, como si nuestras almas estuvieran emparentadas, y me hizo un regalo precioso: una historia. Y no una historia cualquiera, sino una de las que penetran en tu interior y te hacen recordar quién eres y por qué estás aquí.

Era casi medianoche y el aire era frío y vigorizante. La casa tradicional balinesa del gurú estaba en su mayor parte descubierta. Vivía en un campo de arroz y yo oía el sonido del agua de riego fluir como un riachuelo. Nos sentamos sobre una alfombra roja que cubría el suelo de cemento de la casa. De fondo, una orquesta de ranas croaba su armonioso canto. Las estrellas brillaban y vi la luna creciente suspendida sobre la cabeza del gurú, como una luz que emanara del chakra de su coronilla.

Me miró con sus penetrantes ojos castaños. Tenía el rostro relajado, allí sentado cómodamente en la postura del loto, y la barriga un poco redondeada, como un Buda feliz. Llevaba un *sarong* negro anudado a la cintura, un fajín a cuadros y un tocado negro. No era solo un maestro espiritual, sino un *balian* o curandero sobrenatural. La gente de la población lo adoraba y veneraba.

Empezó a contarme la historia. Su tono de voz era autoritario y hablaba con fuerza y precisión. Su complexión concordaba a la perfección con sus palabras y su intención. Parecía capaz de reunir la fuerza de todo el universo en cada sílaba. Yo me mantuve en silencio, esperando lo que tuviera que decir a continuación. Con deliberado propósito, pronunció una intensa corriente de indonesio lírico. Solo fui capaz de entender algunas palabras entre sus notas. Su lenguaje corporal y su tono revelaban infinitamente más que las palabras que logré descifrar. El descifrar la enseñanza del *balian* fue como desentrañar el significado de un jeroglífico.

La fortuna quiso que nuestro amigo Wijana, el guardián del templo de la zona, estuviera allí con nosotros. Wijana es un hombre espiritual que dedica sus días a la meditación, la oración y el servicio. Habla inglés con bastante fluidez y tiene una forma de expresarse muy peculiar. Cada vez que termina una frase, esboza una sincera sonrisa de oreja a oreja. Es imposible no sonreír con él. Mientras el *balian* y yo hablábamos, Wijana hacía un esfuerzo por traducir lo que decíamos. Cuando había alguna palabra que no sabía, yo la buscaba de inmediato en internet. Había veces en las que intuía que la traducción no era del todo ajustada. Durante esos momentos, seguía haciendo preguntas de muchas maneras distintas, hasta concluir que había llegado a entenderlo. Los tres estábamos entregados a la comunicación y juntos —mediante palabras, la entonación, la intensidad emocional, dibujos, tecnología y amor— encontramos el modo de acercar nuestros mundos.

Este es mi relato de la historia que el *balian* me contó esa noche, y muchas otras noches que siguieron. La historia evolucionó en nuestras conversaciones a medida que cada uno contribuía con matices y dimensiones distintas, consiguiendo así que cobrara vida. Esta historia es sobre ti:

Estás navegando por el mar infinito de la existencia. Tienes tu barco, tu timón y tres velas para llegar a la isla de tu elección. Las tres velas se llaman *idep* (pensamiento puro), *sabda* (palabra pura) y *bayu* (acción pura).

¡Despierta, embárcate! Decide a qué isla viajarás en el mar de posibilidades infinitas. Después, ¡navega! Si quieres tocar a Dios, debes pasar a la acción animada. Sin acción, no verás a Dios, porque Dios es como el fuego en el interior de la madera, como el aceite en el coco. Si puedes ver la isla, aunque sea claramente, y deseas viajar hasta ella pero no pasas a la acción, no sucederá. Calma la mente y hazte a la mar.

Sean cuales sean las condiciones meteorológicas, centra

tu ser, observa tu brújula, mira a través de tu telescopio y empieza a navegar. Experimentarás equilibrio en el cuerpo si te centras y emprendes la acción de manera decidida. Navega hacia el destino que elijas, utilizando tu timón para navegar entre las energías de izquierda y derecha, yin y yang, oscuridad y luz. Sé consciente de que el mar abarca todas las posibilidades y de que tú surcas sus olas. Concéntrate en tu visión y mantente centrado mientras sigues avanzando hacia la isla de tu predilección. Has establecido el rumbo, la dirección está clara. Tu trayectoria es visible desde la distancia, y tu visión no se ve alterada por las condiciones del mar, ni por ningún otro factor.

Navegas por el mar de luz y sombras, sin apegos, porque en el mundo físico no se puede escapar de la oscuridad. La luz y la sombra existen la una junto a la otra. Son complementarias, como lo masculino y lo femenino, lo alto y lo bajo, lo frío y lo caliente. Es así como funciona el universo manifiesto, el flujo y el reflujo de todo lo existente, y tú lo aceptas con paz porque tu conciencia reside en la luz eterna. Así, tu esencia está intacta.

Mientras navegas, no estás apegado a ningún costado del casco, pues eso implicaría un desequilibrio. Comprendes el ritmo de la vida. Todo se despliega por estaciones. La primavera sigue al invierno y tú sueltas el pasado, integrando sus bondades y bendiciones mientras sigues adelante. Has visto mucho y, como Buda, reconoces la inevitabilidad del dolor. Sin embargo, ahora ves las cosas de manera distinta. Ves a través de ojos iluminados, observas la creación con luz suprema. Eres compasivo con las dificultades, pero no marcan tu ritmo. Incluso rodeado de niebla, tu percepción se vuelve clara.

Por fin, presencias el momento, sonríes y sigues adelante. No te identificas con nada. No te defines por cosas materiales ni estás apegado a ellas. Comprendes lo transitorio, la vida y el amor. ¡Eres libre!

Eres consciente y navegas. Tu viaje es eterno, y así sigues navegando por el infinito mar de posibilidades, viajando de una isla a otra.

Levántate e iza las velas, utiliza la brújula para establecer tu rumbo. Sin duda, tu elevada visión puede alcanzarse. Tienes que concentrarte y dirigir tu atención hacia un objetivo preciso. Tienes el poder de guiar tu mente. Lo haces reivindicando tus poderes creadores y alineando tus velas —*idep* (pensamiento puro), *sabda* (palabra pura) y *bayu* (acción pura)—: ese es el fluir interno. Esta es la disciplina para conseguir la excelencia. Este es el superpoder supremo de un ser humano.

Tu mente tiene poderes sobrenaturales. Puede viajar más allá de los planetas y adentrarse en el cosmos. Es más amplia que todo el universo. Puedes estar en cualquier lugar del mundo y transmitir de inmediato otro destino a tu mente. Tu mente no tiene límites, igual que el mar infinito. Tienes que controlar tu mente y dirigirla adecuadamente. Aprende a guiarla mediante la práctica intencionada. Lo conseguirás estando tranquilo, permitiendo que la acción animada fluya a través de ti mientras navegas. Estás alerta y, consciente, mantienes el barco en equilibrio. Entiendes que, sin equilibrio, puedes perderte en el mar. Por consiguiente, con amor en el corazón, te centras y reúnes todos tus recursos para colocar adecuadamente las velas mientras viajas hacia tu destino, en el que te espera tu próxima aventura grandiosa.

Estás despierto y consciente. Estás sintonizado con las fuerzas de la naturaleza y vives en unión sagrada con el universo. Tu barco no se hunde, ni se queda al pairo, sino que avanza según la dirección del viento. Te limitas a alinear las velas para atrapar la fuerza del viento y emprendes tu viaje en un barco llamado *Astha-Brata*.

ASTHA-BRATA: LOS PODERES SUPREMOS DEL SER

Me quedé allí sentada en trance y escuché al *balian* mientras me contaba su interpretación de la historia del *Astha-Brata*. En una obra épica en sánscrito de la India clásica llamada Ramayana, que data aproximadamente del siglo iv al ii a.c., aparece una historia sobre una batalla entre un dios hindú llamado Sri Rama, el rey de Ayodhya, y Ravana, el rey de Lanka, también conocido como el rey-demonio de diez cabezas. Rama mató a Ravana en una gran batalla para capturar a su esposa. Según la historia, tras la muerte de Ravana, Rama coronó a Vibhishana, el hermano menor de Ravana, como rey de Lanka. El fragmento en el que Rama aconseja a Vibhishana sobre cómo ser un soberano poderoso y justo se ha convertido en uno de los pasajes más prestigiosos de la literatura javanesa. Se trata de una filosofía que contiene ocho principios, basada en la sabiduría del universo natural, y que se conoce con el nombre de «*Astha-Brata*».

Mientras yo captaba cada una de las palabras de la historia y leía entre líneas, el *balian* me explicó que las fuerzas de la naturaleza están en armonía con el propio ser: los poderes del sol, la luna, la tierra, el fuego, el agua y las estrellas. Estas fuerzas naturales del universo, que existían eones antes del origen de la humanidad, se juntan para formar tu ser así como todas las formas de existencia manifiestas. Habitan en tu interior. Todos los aspectos de tu naturaleza están formados por esos componentes esenciales de vida. Son maestros que te ofrecen una sabiduría profunda, que te rodean y emanan de ti mientras navegas por el mar infinito rumbo a la isla de tu visión.

Tú irradias la esencia de Ra, el Sol, que brilla majestuosamente sobre todas las formas de existencia por igual, dándose por completo a todas ellas, sin reservas. Como Ra, también tú das de manera incondicional, sin esperar nada. Desprender luz es tu naturaleza. Eres una fuente de luz y vida. Iluminas el camino para aquellos que navegan por el mar y das calor a sus cuerpos. Toda la creación despierta y florece entre tu cálido abrazo. Y tú no te apartas. Eres coherente, de confianza y firme. Allí adonde vas, ofreces vida. Eres una fuente de poder puro que irradias la radiante luz de Helios. Tu luz suprema despierta el amanecer y saluda de nuevo cada día, cada momento.

Tú reflejas las cualidades de la Luna, una energía suave llena de amor. Iluminas y guías el camino a través de tu universo de descubrimiento. Cuando la oscuridad cae sobre el mar, tú reflejas un suave resplandor, atrayendo a los espíritus amorosos, que te acompañan. Desprendes un brillo misterioso mientras navegas en este viaje infinito de reflexión sagrada. Entiendes los ciclos de la naturaleza y confías en tu guía intuitiva. Mientras viajas, tu belleza se expande y el mundo natural se ilumina con tu presencia.

Te mantienes firme entre la abundancia de Gea, la madre Tierra, siempre sólida y decidida, capaz de recibirlo todo, la luz y la sombra. Mientras viajas, ofreces tu cornucopia de talento a quienes encuentras por el camino, sin discriminar a nadie. Eres enérgico y generoso. Recoges lo que siembras y llevas tus acciones a buen término. Mediante tu presencia, cultivas el espacio amable en el que todos puedan quedarse y crecer. Compartes y vives en un estado de gratitud. En tu presencia, todo se renueva.

Tú dominas el Viento, el prana, el aliento, que existe en todas partes. Inspiras y espiras, impulsando tus velas y ayudando a tus compañeros navegantes a alcanzar su visión. El aliento que tú respiras es el mismo que respiran los otros: hay un único aliento, un solo viento. Eres libre de moverte en todas las direcciones. Llevas el espíritu del aire, te elevas e inspiras. Creas ambiente de manera consciente, proporcionas céfiros, que purifican las mentes, y corrientes, que elevan los espíritus. Tu impulso natural te empuja hacia tu destino, deslizándote gracias a los vientos de cambio, permitiendo, soltando y confiando en la guía suprema para que establezca tu rumbo mientras tú te dejas llevar por el aliento de vida.

Tú transmites el Fuego de vida que hay en tu interior, la llama eterna, la chispa suprema, que revela las fuerzas invisibles que existen tras cualquier manifestación. Llevas la antorcha de la iluminación, la llama visible e invisible, que arde atravesando la ignorancia e ilumina el camino de la verdad, garantizando el conocimiento. Crees en los otros y los animas con optimismo y entusiasmo. Desprendes calor y reúnes a tus seres queridos alrededor del fuego sagrado para contarles historias de aliento en la isla de tu elección. Cocinas los restos del sacrificio y ofreces los frutos de tus acciones a lo Supremo. Tu fuego enciende las brasas incandescentes que alimentan tus poderes creadores, y emprendes acciones confiadas y enérgicas hacia tu visión. Quemas los puentes de desilusiones pasadas y te entregas, y como el místico fénix bailas entre las llamas, permitiendo que las fuerzas de la naturaleza consuman el pasado y creen un suelo fértil para una vida nueva.

Tú abarcas los poderes del Agua. Tu profundidad es desconocida. Tu taza, eternamente llena, refresca y sacia la sed de quienes te rodean. La energía fluida de tu ser transforma los lagos estáticos de la existencia en olas de movimiento hacia delante, al tiempo que limpia y purifica la conciencia no evolucionada y la convierte en océanos cristalinos de abundancia creadora. Tu espíritu se mueve libremente. Si surgen problemas, los abordas con delicadeza y los transformas en oportunidades. Superas todos los obstáculos y permites que la corriente de la vida guíe tu camino. Abarcas la expansión rugiente de emoción infinita, y te impulsas a través del océano celestial de su interior, y además aprovechas esta energía, sin identificarla con nada, y la diriges de manera consciente. Te sumerges en el abismo de tu propio ser, en busca de la perla de valor incalculable, la semilla de tu sabiduría intuitiva, y la descubres. Permites; sueltas; no tienes ataduras.

Tú eres una Estrella. Guías con la sabiduría antigua de las constelaciones. Brillas en los cruces de caminos, iluminas a quienes se han perdido en el mar y buscan dirección. Eres brillante, de confianza y consecuente. Tienes una brújula interna, confías en tu sistema de guía intuitiva. Consciente de tu objetivo, estableces claramente tus principios y trazas el rumbo hacia su consecución. Mientras resplandeces, obsequias buenos deseos a todo el mundo desde lo alto del firmamento. Centelleas y deleitas, incluso en plena noche.

La energía del *balian* cambió... y yo salí del trance. Él se rió. «Se me ha olvidado el número ocho», dijo. «Eso significa que puedo completar el número ocho con lo que quiera», respondí con una sonrisa. Él soltó una sonora carcajada de Buda.

El momento de silencio que se produjo a continuación contenía eternidad. Miré al *balian* y vi a Dios en sus ojos. Allí donde mirara, veía a Dios. Sonreí, con una mano en el corazón. Miré el cielo y uní las manos en señal de gratitud por la historia que contenía una revelación suprema: soy la que navega eternamente en su barco a través del infinito mar, con amor, rumbo a cualquier isla que desee mi corazón.

Y lo mismo te sucede a ti, querido. Por consiguiente, prepara tu barco, el *Astha-Brata* (poderes supremos del ser), iza las velas, traza tu rumbo y hazte a la mar. Pon tu corazón, tu mente y tu alma en ese viaje. Sé el creador y el testigo.

> Para mí solo tiene sentido viajar por caminos que tienen corazón. Por cualquier camino que pueda tener corazón, allí viajaré, y el único desafío que vale la pena es recorrerlo en toda su extensión. Y por allí viajaré, buscando, buscando ansiosamente.
>
> CARLOS CASTANEDA

NAVEGAR EN INFLUENCIA SUPREMA

Y bien... ¿Cómo se relaciona este relato con la influencia suprema? El barco, el *Astha-Brata*, es el templo que es tu cuerpo, que diriges con tus tres velas. Tus tres velas —*idep* (pensamiento puro), *sabda* (palabra pura), *bayu* (acción pura)— representan los poderes creadores, que una vez armonizados hacia una visión significativa (tu isla), desatarán tu influencia suprema. *Idep* y *sabda* se corresponden con el logos y descubren el poder del pensamiento y la palabra para impulsarte hacia tu visión: el modo en que creas de manera consciente al hablar. El mar infinito es tu conciencia suprema, que se vuelve serena cuando te invade la quietud. El mar trasciende los ciclos del nacimiento, la vida y la muerte. Es la fuente a partir de la cual toda la existencia fue creada, mantenida y transformada. Es el campo omnipotente a partir del cual tú —el «yo soy»— creas con palabras. El timón representa el poder de tu voluntad, que te guía hacia una tierra próspera. La isla es tu visión, o tu objetivo animado. La brújula es tu discernimiento, que, informado por tus sensaciones, te indica cuándo actúas con un propósito o cuándo estás fuera de rumbo. El telescopio es tu «marco de resultados», que te permite concentrarte en tu destino final. Al navegar por el mar infinito encontrarás encrucijadas, con infinitud de islas ante tus ojos.

En tiempos antiguos, había piratas: era una época en la que los ladrones se hacían a la mar con la intención de explorar tierras desconocidas, ocuparlas y conquistarlas. No eran verdaderos «ladrones», sino viajeros adormilados, sin una brújula de verdad, que no sabían quiénes eran ni por qué vivían. En su delirio y con la percepción distorsionada, se sentían separados y animados a llenar un vacío que solo puede llenarse con quietud y con amor. Pero esa época está concluyendo. La inutilidad de sus acciones se ha hecho evidente. Incluso los propios piratas se están cansando y empiezan a darse cuenta de lo absurdo de apropiarse de lo que se convertirá en polvo.

Es probable que, en ocasiones, a lo largo de tu vida te hayas sentido abandonado en una isla desierta, sin un mapa o una estrategia para trazar un nuevo rumbo. Tal vez el estado del mar fuera turbulento, con vientos violentos que provocaron mareas altas, y te sentiste inseguro o temeroso de iniciar tu viaje. Mantén la calma y ten valor. Abrazar lo nuevo implica soltar lo antiguo. Tienes que abandonar las viejas formas de pensar, hablar y ser para explorar nuevos territorios, aprender, crecer y evolucionar.

> Sea lo que sea que puedas o sueñes que puedas hacer, comiénzalo. El atrevimiento contiene genialidad, fuerza y magia.
>
> JOHANN WOLFGANG VON GOETHE

¿Y si estás en alta mar y tu barco deja de navegar? ¿Y si vas a la deriva o te pierdes? ¿Y si no sopla el viento en tus velas? ¿Y si tu primer oficial o toda la tripulación abandona el barco? ¿Qué te mantendrá navegando en medio de la niebla y las tormentas? ¿Qué te animará y te ayudará a continuar cuando estés cansado y te abandonen las fuerzas? ¿Cómo mantendrás el barco en equilibrio sobre aguas turbulentas? ¿Cómo te asegurarás de que las velas estén bien alineadas para llevarte a tierras que despertarán los sentimientos más elevados en tu interior? ¿Cómo sabrás qué camino tomar cuando tengas que elegir? ¿Cómo reconocerás la llamada de una nueva visión y sabrás que ha llegado el momento de seguir adelante? ¿Cómo te desprenderás de lo que sea necesario para embarcarte en un nuevo viaje?

La respuesta es sencilla. Amor. Amor auténtico.

El amor es la fuente de la energía que impulsa tu barco, el *Astha-Brata* (los poderes supremos del ser). El amor es la base de nuestra existencia. El amor abastece las fuerzas naturales del universo: el sol, la luna, la tierra, el viento, el fuego, el agua y las estrellas. El amor es lo primordial porque lo da y lo recibe todo, sin reservas, y no requiere nada más porque es pleno y completo. El amor alaba, ve el destello divino oculto en el corazón de cada persona. El amor busca lo que es bueno y correcto. El amor es la expresión de la verdad que tienes dentro. El amor es lo que eres. El amor es supremo.

Con amor, imagina tu visión con el ojo de la mente. Permite que el amor alinee tus velas —*idep* (pensamiento puro), *sabda* (palabra pura) y *bayu* (acción pura)— con tu verdadero propósito. El amor crea fluidez interior. Con amor, elige tus palabras sabiamente, pronúncialas con autoridad, haz preguntas significativas, utiliza presuposiciones precisas, practica un mantra y emplea las fórmulas que has aprendido para trazar tu rumbo y dirigirte a la consecución de tu destino primordial. Abre el corazón y utiliza tu telescopio para ver a través de los «marcos» que te inspiren y te animen a navegar el mar infinito, sean cuales sean las circunstancias, rumbo a tu objetivo más elevado. Mantente alerta y escucha tu guía intuitiva. Sabrás cuándo es el momento de zarpar y cuándo el de regresar a tierra.

Puede que tengas que atracar tu barco, quedarte en esta tierra, construir un santuario y dar la bienvenida a otros viajeros. O tal vez te sientas llamado a otra tierra, zarpes y te embarques nuevamente en un nuevo viaje lleno de asombro y nuevas posibilidades. Explora. Observa el horizonte con tu telescopio. Mantén la calma, observa tu brújula, que señala la dirección de tu verdadero propósito, guiada por la voz de tu intuición. Cuando llegue el momento, prepara tu barco y hazte a la mar. No vaciles, no tropieces ni mires atrás.

El mar contiene todas las posibilidades. En él hay oscuridad y luz, dolor y placer, victoria y derrota. Sin embargo, no te dejas influir por las apariencias. Al contrario, observas «lo que es», el estado del mar, el tiempo, sin apegos, pues entiendes que todo cambia eternamente en el mar de amor infinito. Por consiguiente, encuentra la certeza en medio de la incertidumbre. Concéntrate en tu objetivo y navega por ese mar. Permite que el agua te vuelva más profundo. No pierdas tu «yo» en el siempre cambiante oleaje. Mantén la calma. Calmando tu mente, calmarás el mar.

Si durante tu viaje chocas contra un *Titanic* y experimentas malentendidos con alguien, sé consciente de que más allá del problema hay una oportunidad. Hay un lugar más elevado en el que vuestros espíritus habitan y armonizan. Tienes todos los recursos a tu alcance para establecer una comunicación íntima y efectiva, comprender, transformar los problemas, acercar mundos y organizar una fiesta en tu barco.

La influencia suprema está a tu alcance. Esta es una época en la que los seres conscientes como tú y como yo navegan por el mar infinito ofreciendo amor divino y luz suprema. Este es el viaje que tenemos por delante, un viaje de curación, un viaje de despertar... nuestro viaje a casa.

Querido, ha llegado el momento de trazar tu viaje y embarcarte en la aventura suprema de tu vida. Durante tu recorrido te encontrarás con muchos otros que también navegan por el mar infinito. Algunos simplemente pasarán dirigiéndote un saludo, una sonrisa y una bendición. Habrá otros hacia los que te sentirás atraído, de manera casi magnética, como si estuvierais destinados a viajar juntos durante un tiempo. Y así lo haréis. Junto a tus seres queridos navegarás hasta llegar a la isla de vuestra visión compartida. Allí desembarcarás, dispuesto a explorarla y a compartir tu amor con esa nueva tierra y su gente. Estás allí para dar, no para recibir. Estás allí para disfrutar y maravillarte por la vida. Has ido a ofrecer la totalidad de tus talentos y a contribuir a elevar ese nuevo hogar que has elegido, durante un tiempo. A través de tu presencia, insuflas vida nueva a esa isla. A través de ti, adquiere dimensiones nuevas y despierta en el reflejo de tu actual amor. Y así, la abrazas, y ella te abraza a ti. Te ves a ti mismo en el espejo de la existencia. En esa tierra todo florece con la magia de tu afecto sagrado. Vayas a donde vayas, estás en tu hogar, porque llevas tu hogar contigo. Tu corazón es tu hogar, tu amor es tu hogar, y cuando los compartes, todos estamos en nuestro hogar.

Este es el viaje del despertar... Esto es vivir en influencia suprema.

El principio.

Agradecimientos

Con amor en el corazón, deseo dar las gracias a todas las personas que han entrado en mi vida y que me han llegado, inspirado e iluminado con su presencia.

Deseo expresar mi más profunda gratitud a Linda Ferrari, mi hermana del alma y RDO (Reina de Operaciones). Tu hermoso corazón, tu mente brillante, tu presencia constante y tu gusto exquisito inspiran el trabajo al que dedico mi vida. Me siento honrada por compartir esta espléndida visión contigo. Gracias por estar a mi lado.

A mis magníficos estudiantes, y en particular a los poderosos Trabajadores de la Luz, que están titulados en Influencia Suprema en Acción (ISEA): vosotros, cada uno de vosotros, sois la fuente de mi más profunda inspiración. Es una gran alegría acompañaros en la consecución de la Gran Obra.

A mi maravilloso equipo y voluntarios, os saludo con enorme gratitud. Gracias por estar conmigo de manera tan constante y con tanta amabilidad.

A mi querida alma gemela: mi amiga Ash, gracias por tus interesantes reflexiones, tu espíritu generoso y tu risa franca.

Gracias también a Nick Delgado, mi amigo, campeón del mundo y maestro de la salud, por estar siempre ahí. A Taylor Ferrari, por tus inteligentes observaciones. A Larisa Stow, porque aprecio nuestra amistad trascendental y tu música sagrada. A Adil Panton, gracias por tu apoyo inquebrantable y por vivir el Sutra del Loto. Gracias también a Demian Lichtenstein, por tu corazón y tu visión, eres un tesoro. A Shapoor Farahmand, el León, gracias por ser alguien con quien puedo contar el cien por cien de las ocasiones. A Tzatzi Murphy y a Andy Zubia, sois mis ángeles en la Tierra. A Dawn Brown, gracias por tus observaciones y tus alineamientos divinos. A Judson Neil, gracias por viajar conmigo por tantos territorios. A Doc, estoy agradecida por nuestras profundas conversaciones que aportan conocimientos nuevos a la sabiduría antigua. 93. Querido Merrill, tu magia descubre las puertas del YO SOY. ¡El velo se ha rasgado! Y yo permanezco despierta y agradecida por nuestra conexión divina en el Gran Misterio. A Michael Shubert, gracias por tu presencia constante y tu auténtico corazón, y por apoyarme en tantos niveles. Significas mucho para mí. A Michael Bernard Beckwith y a la resplandeciente comunidad Agape, y a quienes ya he mencionado: sois mi familia del alma y os adoro con todo mi corazón.

Gracias a todos los que habéis colaborado en este libro: a mi editor Gary Jansen, gracias por ser un fantástico aliado y por plantearme retos constantes. Tus lúcidas observaciones tuvieron un valor inestimable para que esta obra adquiriera la forma presente. A Kathy Klingaman, gracias por convertir con elegancia las imágenes que tenía en la mente en una realidad manifiesta. A Barry Selby, gracias por capturar los momentos. Gary Sweet y Paula Brisco, valoro enormemente vuestro excelente trabajo de corrección.

A los precursores que compartieron conmigo su conocimiento y de los que he tenido la inmensa fortuna de aprender, os honro a todos, en particular a: Napoleon Hill, Tony Robbins, Richard Bandler, el maestro Choa Kok Sui, el maestro Co y Deepak Chopra.

A los increíbles líderes Garth Blumenthal, Chris Pass y Stuart Johnson, por abrirme puertas de oportunidades en los inicios de mi carrera.

A quienes cambiaron mi vida hace años y me inspiraron para seguir mi camino, en especial a Jim Rohn, el doctor Bredenburg, Anthony Fiorenza y Fred Warren.

A mi familia de sangre: Maria Teresa Hernandez, la mujer más extraordinaria, generosa y tenaz que conozco, mi madre, mami. Al hombre más encantador y fiel que conozco, mi padre, Valentin Hernandez, papi. Gracias por abrirme la puerta a esta aventura humana. A mi hermano Aaron, te quiero. A Ayo, gracias por tu espíritu amable y nuestros preciados paseos; y a Aya, por cuidarme durante mi infancia.

A los grandes avatares y maestros iluminados cuyas vidas encarnan influencia suprema, y a los escribas cuyos escritos descubrieron el camino; siento la mayor veneración y agradecimiento por vuestra sabiduría revelada: «Yo soy quien soy».